庫

33-106-2

新島襄 教育宗教論集

同 志 社 編

岩 波 書 店

まえがき

新島襄《にいじまじょう》は、「自由教育、自治教会、両者併行《へいこう》、国家万歳《ばんざい》」を「小生畢生《ひっせい》の目的」と断言する。教育事業を広め、キリスト教学校(同志社)を立ち上げればそれで良し、としたのではない。

教育とならんで、教会の設立やキリスト者の育成にも多大な関心を抱き、現にそのために東奔西走した。彼の肩書きは同志社校長に止まらず、牧師、宣教師でもあった。

近代日本における代表的な私学の創始者を見てみると、早稲田の大隈重信《おおくましげのぶ》は教育家であるとともに政治家として、慶応義塾の福沢諭吉《ふくざわゆきち》は教育家であるとともに、同時に偉大な言論人として、歴史にその名が記憶されている。その点、同志社の新島襄の場合は、世評では、三人中ひとりだけ、教育畑の功績が先行する。さらに言えば、教育だけに専心した人物、とのイメージが強い。

しかし、新島の活動も、ひとつの領域だけでは、終わらない。教育家であるとともに、キリスト教伝道に渾身の情熱を注いだ。これが本書を「教育宗教論集」と銘打つ所以《ゆえん》である。

本書の意図はまず、「教育者・新島襄」の思想や実践を世に普及させることにある。彼自身の言葉を通して、広く読者に正しく理解していただくことにある。たとえば、「私立大学」の重要性を認識し、その実現を夢見たばかりでなく、実際に誰よりも早く、日本で初めてその設立運動に着手した。この点では、新島が福沢諭吉に先駆けていた事実は、案外知られていない。

本書の願いは、これだけに止まらない。これまでの新島その人のイメージを、いくぶんなりとも軌道修正したい、というのが、もうひとつの意図である。すなわち、知られざる、隠れた「宗教者・新島襄」の側面を前面に押し出したい。

新島はキリスト教会とキリスト教学校を起爆剤として封建日本を打破し、精神的な近代化を成し遂げようとした。新生日本を誕生、前進させるためには、キリスト教をベースとする教育と教会というふたつの要素が、車の両輪のように絶対に不可欠である、と確信していた。

しかも、明治維新が戊辰《ぼしん》戦争の「勝ち組」による外面的、制度的な近代化に終わったのに対し、新島は「負け組」から多く輩出したプロテスタント教徒による精神的な近代化、いうならば「第二の維新」を目指そうとした。

そのためには、官に頼らない、あるいは阿《おもね》らない独立不羈《ふき》な民間人の育成こそが、差し迫った課題であった。この背景には、新島自身が、「日本最初の自由独立人」(木村毅《きむらき》『早稲田外史』)であったことが、指摘されねばならない。

新島こそ、近代日本にあって、在野精神を全身に充満させた私学人であり、宗教者の典型であった。十九世紀に展開された新島のきわめて特異な先駆的思想は、二十一世紀の今日にあっても、依然として輝きを失ってはいない。

二〇一〇年四月九日

『新島襄　教育宗教論集』編集委員会

目　次

Ⅲ 文明論

凡例

一、本書は主として『新島襄全集』全十巻（同朋舎、一九八三年―九六年）の中から、新島の教育思想、宗教思想をもっともよく表現すると考えられる四十二篇を選び、通し番号を付したものである。

二、収録にあたっては抄訳や省略をせずに、全文主義を基本とした。差別的と思われる表現が稀に見られるが、歴史資料であることを考慮して原文のまま残した。

三、日本語の講演、説教、序文等は全集の第一巻（教育編）と第二巻（宗教編）から採った。例外は全集未収録の資料番号5（『同志社百年史』資料編Ⅰ所収）と6（新島遺品庫蔵）の資料である。

四、英文の資料は全集第七巻（英文資料編）から選んだ。

五、資料は内容により三部に分け、さらにそれぞれを内容に応じて分類し、書かれた年月日順に並べた。ただし「1 同志社大学設立の旨意」は、例外として冒頭に置いた。

六、各部冒頭に短い「概説」を、そして資料毎に簡単な「解題」をつけた。いずれも文末に原稿作成者の名前を入れた。それぞれの文中にある（　）内の算用数字は、参照すべき本書の資料番号である。

七、解題の最初にある〔Ⅱ―二九一〕は、全集の巻数（第二巻）とページ数（二九一ページ）を示す。

八、テキストの再現にあたっては適宜、段落を設けて区切り、句読点、ふりがなを新たに付し、読みやすさを図った。

九、原文が英文のものは日本語訳をし、漢文、漢詩の場合は読み下した。

十、漢字・カタカナ交じり文中のカタカナは、ひらがなに直した。ただし、漢字・ひらがな文中のカタカナのうち、特殊な用例は、そのまま残した。

十一、仮名遣いは現代仮名遣いに統一した。

十二、資料中の（　）の用例は、原文通りである。編集者による注は、〔　〕内に付した。

十三、原文中の圏点類や傍線は、傍点に統一した。朱筆箇所、ならびに英文の強調表現（大文字綴）やイタリックも傍点扱いとした。

十四、漢字は原則として、常用漢字を用いた。

十五、明らかな誤記や脱字は、断りなく訂正するか、〔　〕に注記した。「工風」（工夫）などの新島特有の用例は、なるべく残した。

十六、語頭の「御」が、「ご」と読まれる場合は「ご」と表記する。「お」あるいは「おん」と読まれる場合は、「御」を残した。「み」と読む場合は、「御《み》」とした。

十七、巻末の「索引」には、人名、地名の原綴を含めた。

I　教育論

新島襄は、教育家である。同時に宗教家でもある。いわば二足の草鞋《わらじ》を履いた点に彼の行動と思想の特色が、もっともよく発揮されている。そこで、本書第I部では、彼の教育思想が前面に押し出された記録や資料十九篇を『新島襄全集』から選び、それぞれに解題をつけて紹介する。宗教論は、第II部で扱う。

この第I部で紹介する教育論は、大きく次の四つに分けられる。

① 大学設立にまつわる書類、五篇(1から5)

② 政府や京都府庁への申請や陳情といった行政へのアピール類、五篇(6から10)

③ キリスト教主義教育にまつわる論稿、六篇(11から16)

④ 女子教育論、三篇(17から19)

まず、①であるが、新島は幾度も筆を執《と》った。その中では、本書冒頭に掲げた「同志社大学設立の旨意《しい》」がもっとも有名であり、内容も整っている。新島が材料を出し、教え子の徳富蘇峰《とくとみそほう》が文章に仕上げたので、すぐれて美文である。本文では、「一国の良心」と言うべき人物群の育成、すなわち「良心教育」の必要性が、高らかに謳《うた》われている。

結果的に、新島の在世中には、同志社大学は実現しなかった。けれども、見落としてはいけないのは、彼の試みが、日本においては私立大学設立に取り組んだ最初のケースであった点である。彼以前にはそうした挑戦は、皆無であった。だが、実際には、新島の動きに刺激を受けて、福沢諭吉《ふくざわゆきち》が大学創りに着手し、奇《く》しくも新島の葬儀が京都で執行されたその日に、慶応義塾大学部を発足させた。

ついで、行政へのアピール類である。それらは新島が、いかに中央や地方の政府と緊迫した関係に立つことが多かったか、を如実に示す。たとえば、「請願帰朝の書」は、密出国者の新島が、合法的帰国を画策した苦悩の文書である。さらに、帰国後、同志社の開校や運営をめぐって、キリスト教の授業の実施や神学課程の設置といった面で、政府ならびに京都府庁との間で厳しい軋轢《あつれき》が生じた。時には、廃校寸前の危機もあった。

三番目のキリスト教教育論は、新島の面目が躍如する。その特色は、知徳併行主義にある。すなわち、知育に加えて徳育、とりわけキリスト教をベースにした精神教育を強調する。その他、「リベラリズム」や「地方」の視点、さらには「ひとり」を重視する姿勢にも、着目すべきである。

最後は、女子教育論である。新島は男子校を開校した直後、宣教団体《ミッション》(アメリカン・ボード)が開いた女子塾を引き取って女学校を立ち上げ、校長に就任した。彼は男子と同じ普通教育を女子にも施したかった。これは、生まれや性別、能力、成績などで人を差別することを一切しない彼の徹底した平等主義に基づく。

(本井康博)

〔大学設立〕

1　同志社大学設立の旨意

〔I―三〇〕 新島が生涯を賭《か》けて追求してきたのは、日本にキリスト教主義に基づく私立大学を設立することであった。当時日本には大学としては、政府がたてた帝国大学が東京にあるのみであった。新島は自分の夢を文字で表現するため、何通りかの主意書を書いたが、この「同志社大学設立の旨意」は活字にして全国に公表したものであり、教育理念の表明としては最終ヴァージョンに当たる。彼は一八八八年十月十三日付で要点を克明に記した手紙を徳富猪一郎《とくとみいいちろう》に送り(『新島襄の手紙』二四六頁)、二十五歳の徳富は師の意を体して、この文を執筆した。

ここには文明の基礎は教育にあり、教育は知育と徳育の併行主義たるべきであるとする新島の教育思想が鮮明に表現されている。同志社の辿ってきた道を振り返り、最近における高等教育への期待の高まりと相俟《あいま》って、今こそ私立大学を作るべき時であるとし、そこで「一国の良心」ともいうべき若者を育成するのだという高邁《こうまい》なヴィジョンを提示した上で、全国民に広く支援を訴えている。　　(北垣)

吾人《ごじん》が私立大学を設立せんと欲したるは一日に非《あら》ず。而《しか》してこれが為《ため》に経営辛苦を費やしたるもまた一日に非ず。今や計画ほぼ熟し、時期漸《ようや》く来らんとす。吾人は今日において、これを全天下に訴え、全国民の力を藉《か》り、その計画を成就せずんば、再びその時期無きを信ず。これ吾人が従来計画したる所の顚末《てんまつ》を陳《ちん》じ、併《あわ》せてこれを設立する所の目的を告白するの止むべからざる所以《ゆえん》なり。

回顧すれば既に二十余年前、幕政の末路、外交切迫して人心動揺するの時に際し、余《よ》、不肖《ふしょう》、海外遊学の志を抱き、脱藩して函館に赴き、遂《つい》に元治《げんじ》元年六月十四日の夜、窃《ひそ》かに国禁を犯し、米国商船に搭《とう》じ、水夫となりて労役に服する凡《およ》そ一年間、漸く米国ボストン府に達したりき。幸いにして彼《か》の国義俠《ぎきょう》なる人士の助けを得て、アーモスト大学に入り、続いてまたアンドヴァ神学校に学び、前後十余年の苦学を積めり。

而《しか》して米国文物制度の盛んなるを観《み》、その大人《たいじん》君子に接し、その議論を叩《たた》き、ここにおいて米国文明の決して一朝偶然にして生じたる者にあらず、必ず由《より》て来《きた》る所の者あるを知る。而してその来る所の者、偏《ひと》えに一国教化の敦《あつ》きより生ずるを察し、始めて教育の国運の消長に大関係あるを信じ、心窃かに一身を教育の事業に擲《なげう》たんことを決したりき。

明治四年、故岩倉特命全権大使等の米国に航せられしや、文部理事官田中不二麿《たなかふじまろ》君は、欧米諸国教育の実況を取調べの為《ため》その一行中にありき。時に余《よ》アンドヴァに在りて勤学せしが、徴《め》されて文部理事官随行の命を蒙《こうむ》り、理事官と共に北米中著名の大中小学校を巡視し、更に欧州に赴き、独逸《ドイツ》、仏蘭西《フランス》、英蘭《イングランド》、瑞西《スイス》、阿蘭陀《オランダ》、丁抹《デンマーク》、露西亜《ロシア》等の諸国を経歴し、学校の組織、教育の制度等を始めとし、凡《およ》そ学制に関する者は、聊《いささ》かこれを観察講究するを得、ここにおいて愈々《いよいよ》欧米文明の基礎は、国民の教化に在ることを確信し、而《しか》してわが邦《くに》をして欧米文明の諸国と対立せしめんと欲せば、独《ひと》りその外形物質上の文明を模倣するに止まらず、必ずその根本に向って力を尽くさざるべからざるを信じ、不肖を顧《かえりみ》ず、他日わが邦に帰らば、必ず一の私立大学を設立し、もってわが国家の為に微力を竭《つ》くさんことを誓いたりき。

明治七年、余が米国より帰朝するに際し、たまたま北米合衆国外国伝道会社の集会ありき。米国の紳士貴女、会する者三千余名、余の友人にしてこの会に集まる者頗《すこぶ》る多きにより、諸友余を要して臨会せしめ、且《か》つ訣別の辞を求めらる。ここにおいて始めて平生の宿志を開陳して曰《いわ》く、「今やわが日本は、社会の秩序破れ、紀綱《きこう》乱れ、人心帰着する所を知らず。今日において、わが日本に文化の美光を来さんと欲せば、宜《よろ》しく欧米文化の大本たる教育に力を用いざるべからず。顧《おも》うにわが同胞三千余万、将来の安危禍福は、独《ひと》り政治の改良に存せず、独り物質的文明の進歩に存せず、実に専ら国民教化の力にあるを信ず」。

陳《ちん》じてここに到り、余は覚えず涙を飲み、更に一歩を進めて曰《いわ》く、「故に余、もしわが邦に帰りたらば、誓ってこの事業に向って微力を尽くさんことを欲す。満場の諸君、余が赤心《せきしん》を看取《かんしゅ》し、幸いに翼賛《よくさん》する所なきか」と。語未《いま》だ尽きざるに、忽《たちま》ち満場の紳士貴女の激讃する所となり、即席に数千円の義捐金《ぎえんきん》を得、ここにおいて明治七年の末、胸中一片の宿志を齎《もたら》し、十余年来夢寐《むび》の間に髣髴《ほうふつ》たるわが本国に帰着せり。

明治八年一月、大阪においてたまたま故内閣顧問木戸孝允《きどたかよし》君に謁し、君に向って平生の宿志を吐露せしに、君深くこれを称賛し、専ら政府の間に斡旋《あっせん》し、余が志を貫徹するに力を藉《か》され、前《さき》の文部大輔田中不二麿《たなかふじまろ》君、前の京都府知事槇村正直《まきむらまさなお》君また賛助せらるる所あり。遂に山本覚馬《やまもとかくま》氏と結社し、明治八年十一月二十九日、私塾開業の公許を得、直《ただ》ちに同志社英学校を設立したり。これ即《すなわ》ち現今同志社の設立したる創始なり。

かくのごとくにして同志社は設立したり。然《しか》れどもその目的とする所は、独《ひと》り普通の英学を教授するのみならず、その徳性を涵養《かんよう》し、その品行を高尚ならしめ、その精神を正大ならしめんことを勉《つと》め、独り技芸才能ある人物を教育するに止まらず、所謂《いわゆる》良心を手腕に運用するの人物を出ださんことを勉めたりき。而《しか》してかくのごとき教育は、決して一方に偏《へん》したる智育にて達し得べき者にあらず、また既に人心を支配するの能力を失うたる儒教主義の能《よ》くすべき所にあらず、ただ上帝を信じ、真理を愛し、人情を敦《あつ》くする基督教《キリストきょう》主義の道徳に存することを信じ、基督教主義をもって徳育の基本と為《な》せり。吾人が世の教育家とその趣《おもむき》を異にしたるもここに在り。而して同志社が数年、荊棘《けいきょく》の下に埋没したるもまたここに在り。

この時に際して、吾人の境遇は実に憐れむべき者にてありしなり。茫々《ぼうぼう》たる天下、実に一人の朋友なき有様にてありしなり。基督《キリスト》教主義の徳育は、独《ひと》り愚民の為に嫌悪せらるるのみならず、また世上の大人君子よりも非常なる冷遇を蒙《こうむ》りしなり。然《しか》れども吾人同志の者は、真理は最後の戦勝者なるを信じ、互いに相助け、相励まし、着実に、穏当に、堅確《けんかく》に、余念なく吾人が志す所の者を実行し来りしに、幸いにして天下の輿論《よろん》は一変し、躬《み》親《みず》から基督教を信ぜざる人にても、基督教は実に一国の道徳を維持する勢力あることを識認し、天下の輿論、基督教を賛成するの勢いとなり、また一方においては、同志社教育の実効漸《ようや》く顕《あら》われ、その教育の懇篤にして親切なる、その学校の徳育智育二つながら並行《へいこう》して、決して偏僻《へんぺき》なる教育に陥らざるの事は、漸く世上の識認する所となり、同志社は実に書生を托するに足るの学校なりとの信用漸く世上に行われ、〔明治〕十四、五年の頃《ころお》いに至っては、学校の規模漸く大に、入学の子弟漸く多く、業を卒《お》わる者漸く増し、学科の程度漸く高きに進み、而して中には父兄をして独り普通科のみならず、その上に専門科を加えんことを請求する者あるに至らしめたり。ここにおいて、吾人が宿志たる私立大学の基礎漸く成れりと云うも、敢《あ》えて誇張の言にあらざるべし。

然《しか》りと雖《いえど》も私立大学は、実に大事業なり。これを設立するには、多くの人を要するなり。多くの金を要するなり。吾人は誰に向ってこの志を談じ、誰と共にこの事を行わんや。幸いにして或《あ》る部分の人の信用を得たりと雖も、吾人が当時の有様は全く孤立にてありしなり。然れども黙して止むべきにあらざれば、この時より同志相議《あいぎ》し、頻《しき》りに同感の士を天下に求めたりき。

而《しか》して各地往々その賛成を得たるをもって、遂《つい》に明治十七年四月、始めて京都府会議員を招待し、数回の演説を為《な》し、私立大学創立の目的を発言し、その重立《おもだ》ちたる人々の賛成を得、ここにおいて「明治専門学校設立の旨趣」と題し、大学創立の目的を記したる小冊子を発行して、賛成を天下に求めたり。これ私立大学設立の第一着手にてありしなり。

幸いにしてこの企ては天下諸名士の賛成を得たるに拘《かか》わらず、当時天下一般の不景気に際し、賛成者あれども、寄付者なく、寄付金の約束あれども、納金なく、吾人の企ても殆《ほとん》ど中止の有様にてありしなり。而して余はこの間再び海外に航し、同志社大学設立の事業は、同志諸氏に托し、この間ただ徐々その歩を進め、別に差したる程の事あらざりしなり。これを要するに〔明治〕十七年六月より二十一年四月迄《まで》、該校《がいこう》設立の為に集りたる金高は、その約束と納金とを合わせて、殆ど一万円に達したり。而《しか》してその大いに力を大学設立の事に尽くせしは、実に本年にてありとす。

本年は実に吾人が計画に取って幸福なる年にてありつるなり。本年四月、西京《さいきょう》においては、智恩院にて一大会を開き、六百五、六十名の京都府下諸紳士を招き、私立大学の設立の賛成を得んことを求め、而《しか》して北垣京都府知事のごときも、熱心この挙《きょ》を賛成せられ、自ら賛成し、併《あわ》せて府民の賛成せんことを求むるの演説を為され、爾来《じらい》京都倶楽部において、理事委員会を開き、今や既に資金を募集し居れり。その金高は未だ明白ならざるも、思うに京都府民の諸君は、必ず吾人が希望を空《むな》しくせざるべしと確信す。

京都においてかくのごとく着手するに際し、東京においてもまた聊《いささ》か着手したる所の者なきにあらず。本年四月、余出京し、大隈《おおくま》伯〔爵〕、井上《いのうえ》伯〔爵〕、青木《あおき》子〔爵〕等に見《まみ》え、宿志を開陳し、大いにその賛成を得たり。殊に大隈伯、井上伯のごときは、本年親しく同志社英学校を実視せられ、親しくその学校の模様を閲覧《えつらん》せられ、大いにその成績を称賛せられ、従ってその位置を進めて専門科を設くる事に就いては、一層吾人が志を翼賛せられたり。しかのみならず、余は京浜《けいひん》の紳商諸氏に向って平素の宿志を陳《ちん》じたりしに、幸いにして彼《か》の紳商諸氏も、大いにこれを賛成せられ、遂に東京において本年四月より本月に到る迄《まで》、左記のごとき寄付金額を得たり。

千　円　大隈《おおくま》〔重信《しげのぶ》〕伯　　三千円　岩崎久弥《いわさきひさや》君
千　円　井上《いのうえ》〔馨《かおる》〕伯　　二千五百円　平沼八太郎《ひらぬまはちたろう》君
五百円　青木《あおき》〔周蔵《しゅうぞう》〕子　　二千円　大倉喜八郎《おおくらきはちろう》君
六千円　渋沢栄一《しぶさわえいいち》君　　二千円　益田《ますだ》　孝《たかし》君
六千円　原《はら》　六郎《ろくろう》君　　二千円　田中平八《たなかへいはち》君
五千円　岩崎弥之助《いわさきやのすけ》君

而《しか》して後藤《ごとう》〔象二郎《しょうじろう》〕伯、勝《かつ》〔海舟《かいしゅう》〕伯、榎本《えのもと》〔武揚《たけあき》〕子のごときも、皆吾人が志を翼賛せられ、未だその金額は確定せられざれども、必ず多少の寄付金を為すべしと吾人に向って約せられたり。且《か》つまた本年五月、米国の朋友よりして、五万弗《ドル》の寄附金を申し込み、また本年八月、米国の一友よりしてさらに一万弗の寄附金を申し込まれたり。ここにおいて吾人が二十余年来の宿望今日に至りて漸《よう》やく内外の賛成を得、将《まさ》に達せんとするの緒《しょ》に就けり。

吾人は今日において天下同感の人士に訴え、この計画をして一歩を転ぜしめずんば、再びその期なきを信ず。今やわが邦《くに》朝野の重《おも》なる政治家中において、井上伯のごとき、大隈伯のごとき、後藤伯のごとき、勝伯のごとき、榎本子のごとき、青木子のごとき、皆吾人が志を翼賛せられ、これが為に周旋《しゅうせん》の労を厭《いと》われず、その他各地の紳士紳商に至っても、これが為に資金を投じ、これが為に周旋の労を執《と》らるる者、今や漸く多きを加えんとす。然《しか》りと雖《いえど》も大学設立の事業は、実に一大事業なり。全国民の賛成を仰ぎ、全国民の力を藉《か》らずんば、その成就《じょうじゅ》実に覚束《おぼつか》なきなり。これ吾人が今日において沈黙する能《あた》わざる所以《ゆえん》なり。

翻《ひるがえ》って現今同志社の位置を察すれば、吾人が企ての決して架空の望みにあらざるを知るべし。今や同志社は社員〔理事〕を増加し、通則を設け、その学政の上において、不朽の基《もとい》を定めたり。而して本社に属する諸学校は、同志社英学校、同志社神学校、同志社予備校、同志社女学校、別に一個の病院〔同志社病院〕あり。これに付属する〔京都〕看病婦学校あり。その詳細の統計は、左の一表を見て明白なるべし。〔表、省略。I―一三六参照〕

而《しか》して現今、同志社英学校の位置を挙げて高等中学同様に為《な》すは、既に一年を出でざるべし。今や我が同志社はかくのごとき位置に達せり。今日においてこの普通学科の上に専門学科を設くるは、これ実に止むを得ざるの勢いなり。これ実に避くべからざるの勢いなり。

今日は最《も》早《はや》大学を設立せざるべからざるの場合に達したりと謂《い》うべし。大学は学問の仕上げ場なり。既に普通の学科を修めて余力ある者は、必ずここに学ばざるべからず。大学は教育の制度において、絶頂の位置を占むる者なり。今や同志社は既に高尚なる普通科を教ゆるの学校となれり。これに加うるに専門学科をもってせざるは、所謂九仞《いわゆるきゅうじん》の功、一簣《いっき》に欠くるなり。然《しか》らば即《すなわ》ち同志社今日の位地は、実に私立大学を設立するの時期に迫りたりと云うべし。

吾人は以上において、私立大学を設くるの顚末《てんまつ》を陳《ちん》じたり。これよりして聊《いささ》か吾人が目的とする所を陳ぜんと欲す。吾人は教育の事業を挙げて、悉《ことごと》く皆政府の手に一任するの甚だ得策なるを信ぜず。苟《いやし》くも国民たる者が、自家の子弟を教育するは、これ国民の義務にして、決して避くべき者にあらざるを信ず。而して国民が自ら手を教育の事に下して、これを為《な》す時においては、独《ひと》りその国民たるの義務を達するのみならず、その仕事は懇切に、廉価に、活発に、周到に行き届くは、我自ら我が事を為すの原則において決して疑うべきことにあらず。我が同志社は不肖なりと雖《いえど》も、今日迄《まで》かくのごとくにして接続し来たれり。もし幸いに天下同感人士の賛成を得ば、愈々《いよいよ》かくのごとくにしてこれを拡《ひろ》めんと欲するなり。

吾人は日本の高等教育において、ただ一の帝国大学に依頼して止むべき者にあらざるを信ず。思うに我が政府が帝国大学を設立したる所以《ゆえん》は、人民に率先してその模範を示したる事ならん。思うに日本帝国の大学は、悉《ことごと》く政府の手において設立せんとの事にはあらざるべし。吾人は豈《あに》今日において傍観坐視するを得んや。吾人は政府の手において設立したる大学の実に有益なるを疑わず。然《しか》れども人民の手に拠《よ》って設立する大学の、実に大なる感化を国民に及ぼすことを信ず。素《もと》より資金の高より云い、制度の完備したる所より云えば、私立は官立に比較し得べき者にあらざるべし。然れどもその生徒の独自一己《いっこ》の気象を発揮し、自治自立の人民を養成するに至っては、これ私立大学特性の長所たるを信ぜずんばあらず。

教育は実に一国の一大事業なり。この一大事業を国民が無頓着にも、無気力にも、ただ政府の手にのみ任せ置くは、依頼心の最も甚だしき者にして、吾人が実に浩嘆《こうたん》止む能《あた》わざる所なり。凡《およ》そ一国文化の源となる者は、決して一朝一夕に生じたる者にあらず。米国のごときは清教徒《せいきょうと》が寂寞《じゃくまく》人なく、風《ほ》吼え、濤《なみ》怒る、大西洋の海岸に移住してより十五年を出でざるに、はやハーワルド大学の基《もとい》を開けり。而《しか》して今日に至っては、その学校の教員一百十人、書籍十三万四千巻、その資金は一千四百八十五万四千三百七十二弗《ドル》に達せりと云う。思うに米国人が自治の元気に富むも、豈《あに》この大学のごとき者、関わりて力なしとせんや。

独逸《ドイツ》のごときは我が邦《くに》足利の時代より続々と大学を設け始め、今は既に三十有余の広大なる大学あり。伊太利《イタリー》のごときも既に十七個の大学を有せり。而して我が邦においては、唯一の政府の手に依頼して建てたる帝国大学あるに止まるは、国民教化の目的において欠乏する所なきか。国民が教育に注意するの精神において欠乏する所無きか。国家将来の命運を慮《おもんぱか》るにおいて欠乏する所無きか。これ吾人が不肖を顧《かえりみ》ず、我が邦に私立大学を設立せんと欲する所以《ゆえん》なり。

教育とは人の能力を発達せしむるのみに止まらず、総《すべ》ての能力を円満に発達せしむることを期せざるべからず。いかに学術技芸に長じたりとも、その人物にして、薄志弱行の人たらば、決して一国の命運を負担すべき人物と云うべからず。もし教育の主義にしてその正鵠《せいこく》を誤り、一国の青年を導いて、偏僻《へんぺき》の模型中に入れ、偏僻の人物を養成するがごとき事あらば、これ実に教育は一国を禍《わざわ》いする者と謂《い》わざるべからず。

今や我が邦においては、欧米の文化を輸入するに際し、独《ひと》り物質上の文明を輸入し、理論上の文明を輸入し、衣食住を輸入し、鉄道を輸入し、蒸気船を輸入し、法律を輸入し、制度を輸入し、文学科学の思想を輸入し来たれりと雖《いえど》も、要するにその文明の由《よ》って来る大本大体に至っては、未《いま》だ着手する所の者あらざるがごとし。故に人心自《おの》ずから帰向《きこう》する所を失い、ただ智を翫《もてあそ》び、能を挟《さしはさ》み、芸を衒《てらわ》して世を渡らんとするに至り、而してこの弊風を矯《た》めんと欲する者無きにあらざれども、ただ国民文弱の気風を矯むるに汲々《きゅうきゅう》とし、所謂《いわゆる》角《つの》を矯めて牛を殺し、枝を析《さ》いて幹を枯らすがごとく、文明の弊風を矯めんと欲して、却《かえ》って教育の目的は、人為《じんい》脅迫的に陥り、天真爛漫として、自由の内自《おのずか》ら秩序を得、不羈《ふき》の内自《おのずか》ら裁制あり、即《すなわ》ち独自一己《いっこ》の見識を備え、仰いで天に愧《は》じず、俯《ふ》して地に愧じず、自《みずか》ら自個の手腕を労して、自個の運命を作為するがごとき人物を教養するに至っては、聊《いささ》か欠くる所の者なきにあらず。これ実に吾人が遺憾とする所なり。

　吾人の見る所をもってすれば、欧州文明の現象繁多《はんた》なりと雖《いえど》も、概してこれを論ずれば、基督《キリスト》教の文明にして、基督教の主義は、血液のごとく、万事万物に皆注入せざるはなし。而《しか》して我が邦においては、ただ外形の文明を取ってこれを取らざるは、これなお皮肉を取って血液を遺《のこ》す者にあらずや。今や我が邦の青年は、皆泰西《たいせい》の文学を修め、泰西の科学を修め、我が邦を扶植《ふしょく》する第二の国民とならんとせり。然れどもその教育たるや、帰着する所なく、皆その岐路に彷徨《ほうこう》する者あるに似たり。吾人はこれを見て、実に我が邦将来の為に浩嘆《こうたん》に堪《た》えざる者あり。吾人の不肖決して為《な》す所なしと雖も、皇天もし吾人に幸いを下し、世上の君子、吾人が志を助くることあらば、吾人不肖と雖も、必ず今日においてこの不肖を忘れ、この大任に当らんと欲す。

　これを要するに、吾人は敢《あ》えて科学文学の智識を学習せしむるに止まらず、これを学習せしむるに加えて、さらにこれらの智識を運用するの品行と精神とを養成せんことを希望するなり。而してかくのごとき品行と精神とを養成するは、決して区々《くく》たる理論、区々たる検束法の能《よ》く為《な》す所にあらず、実に活《い》ける力ある基督教主義にあらざれば、能《あた》わざるを信ず。これ基督教主義をもって、我が同志社大学徳育の基本と為す所以《ゆえん》、而してこの教育を施さんが為に、同志社大学を設立せんと欲する所以なり。

吾人の目的かくのごとし。もしそれこの事を目して基督教拡張の手段なり、伝道師養成の目的と云う者は、未《いま》だ吾人が心事を知らざる人なり。吾人が志す所の者、なおその上に在るなり。吾人は基督教を拡張せんが為に大学校を設立するにあらず、ただ基督教主義は、実に我が青年の精神と品行とを陶冶《とうや》する活力あることを信じ、この主義をもって教育に適用し、さらにこの主義をもって品行を陶冶する人物を養成せんと欲するのみ。

故に吾人が先《ま》ず将来において設けんとする大学専門の学科は、現今同志社に在る神学科の外において、政事、経済、哲学、文学、法学等に在り。もしこれらの諸学科を一時に設置すること能《あた》わずんば、漸次にその最も実行し得《え》易《やす》き者よりして設置せんと欲す。吾人が目的とする所の者は、既に以上に明言したる所の者なり。去《さ》ればこの大学なる者は、決して宗教の機関にもあらず、また政事の機関にもあらず、況《いわん》や一地方、一党派の人の能《よ》く為《な》すべき所の者にあらざるや素《もと》より論を俟《ま》たず。

故に吾人は敢《あ》えて吾人が赤心を開陳して、全天下に訴え、全国民の力を藉《か》り、もって吾人年来の宿志を達せんと欲す。勿論《もちろん》この大学よりしては、或《ある》は政党に加入する者もあらん。或は農工商の業に従事する者もあらん。或は宗教の為に働く者もあらん。或は学者となる者もあらん。官吏となる者もあらん。その成就する所の者は、千差万別にして、敢えて予《あらかじ》め定むべからずと雖《いえど》も、これらの人々は皆、一国の精神となり、元気となり、柱石となる所の人々にして、即《すなわ》ちこれらの人々を養成するは、実に同志社大学を設立する所以《ゆえん》の目的なりとす。

一国を維持するは、決して二、三、英雄の力にあらず。実に一国を組織する教育あり、智識あり、品行ある人民の力に拠《よ》らざるべからず。これらの人民は一国の良心とも謂《い》うべき人々なり。而《しか》して吾人は即ち、この一国の良心とも謂うべき人々を養成せんと欲す。吾人が目的とする所実にかくのごとし。諺《ことわざ》に曰《いわ》く、「一年の謀《はかり》ごとは穀を植ゆるに在り。十年の謀ごとは木を植ゆるに在り、百年の謀ごとは人を植ゆるに在り」と。蓋《けだ》し我が大学設立のごときは、実に一国百年の大計よりして止むべからざる事業なり。今や〔明治〕二十三年も既に近きに迫り、我が邦においては、未曾有《みぞう》の国会を開き、我が人民においては、未曾有の政権を分配せらる。これ実に我が邦不朽の盛事なり。而して苟《いやし》くも立憲政体を百年に維持せんと欲せば、決して区々《くく》たる法律制度の上にのみ依頼すべき者にあらず。その人民が立憲政体の下に生活し得る資格を養成せざるべからず。而して立憲政体を維持するは、智識あり、品行あり、自ら立ち、自ら治むるの人民たらざれば能《あた》わず。果たして然《しか》らば今日において、この大学を設立するは、実に国家百年の大計にあらざるなきを得んや。

吾人が宿志、実にかくのごとし。その志す所をもってこれを我が身に顧《かえりみ》れば、恰《あたか》も斧《おの》を磨《ま》して針を造るの事に類する者なきにあらず。余のごときは実に力、微にして学、浅く、我が国家の為に力を竭《つく》すと公言するも、内聊《いささ》か愧《は》じる所無きにあらず。然《しか》れども二十年来の宿志は、黙して止むべきにあらず。我が邦の時務は黙して止むべきにあらず。また知己《ちき》朋友の翼賛は目して止むべきにあらず。故に今日の時勢と境遇とに励まされ、一身の不肖をも打ち忘れ、余が畢生《ひっせい》の志願たる、この一大事業たる、大学設立の為に、一身を挙げて当らんとす。願わくは皇天吾人が志を好《よみ》し、願わくは世上の君子、吾人が志を助け、吾人が志を成就するを得せしめよ。

明治二十一年十一月

同志社大学発起人
新島　襄
京都寺町通丸太町上《あがる》

2　同志社大学設立の主意の骨案

〔I―㈣〕新島は同志社大学のヴィジョンを文字化するために、試行錯誤を繰返してきた。これは十三篇にものぼる主意書の中で、一八八二年という、初期に属するものであり、彼の漢学的表現が散見され、やや生硬な文章であるが、西洋文明の基礎は教育であることの指摘、アジアに自由制度の国を創るには、原動力としての私立大学が必要であり、それを関西に設立することを提案し、そのための支援を訴えている。当時の新島の頭には、文学(宗教・哲学)、医学、法学の三部から成る大学像が描かれていたことがわかる。　(北垣)

同志社大学設立の主意

維新以来時勢の変遷を説出《ときいだ》し来《きた》り、従来の漢学風を一変し、洋学を採用してより、往々便宜と智術のみを主張し、遂《つい》に只《ただ》利をこれ求むるの弊風を惹起《じゃっき》し、学者輩中多くはその本《もと》を探らず、その末に趨《はし》り、その基を固《かたく》せず、徒《いたずら》に速成を期し、甚しきに至りては糊口《ここう》をもって人間第一の急務となし、世の先導者をもって自任する身分ながらも、射利《しゃり》求名をもって学問の大目的とし、安逸を得るこそ人間最大の幸福なりと誤認し、汲々《きゅうきゅう》自らこれを求むるのみならず、門弟に向かい、世人に向かい、喋々《ちょうちょう》これを訓誨《くんかい》するをもって恥辱とせざるに至り、随ってその余波社会に伝及し、人の徳義を擲棄《てっき》し、ただ利をこれ争うの弊風を醸《かも》し来り、社会をして浮薄に流れ、腐敗に趣《おもむ》かしむるの害日一日より甚だしからしむ。

天の未《いま》だ陰雨《いんう》せざるに〔迨《およ》んで、彼《か》の桑土《そうと》を徹《と》りて、牖戸《ゆうこ》を綢繆《ちゅうびゅう》す〕とは古人の金言にして、吾人《ごじん》の殷鑑《いんかん》となすべき所なり。我輩夙《わがはいつと》にここに憂うる所あり、同志の友と謀り、一社を結び、明治八年をもって地を西京《さいきょう》の北隅に占め、英学校を設立し、品行端正、学術練達の米国人デビス氏を聘《へい》し、続いて同国の教師両三名、ならびに教育に熱心なる内国教員数名を招き、教育に従事せしめ、五年をもって卒業期限と定め、普通学科を授け、傍《かたわ》ら人間の要道をも誨《おし》え、専ら智徳並行の薫陶に尽力せしめたりき。

然《しか》るに裘葛《きゅうかつ》を易《あらた》むるなお未だ幾回ならざるに、生徒の学術は斐然《ひぜん》とし、進歩の実効を呈したるをもって、寸進尺進、これが改良を図りしも、世運日に進み月に新なるの際に当り、現に授業する所の学科のみに限れば、只《ただ》に学術の大意初歩にして、学術の奥蘊《おううん》に達せるものと云うべからず。また方今《ほうこん》の需用に供するに足るものとも云うべからず。依りて速やかに本科の教課を益々高等の学科に進めしめ、続いて大学専門部を設置し、生徒をして各々その好む所、長ずる所に順《したが》いて学術を専脩《せんしゅう》せしめば、大いに裨益《ひえき》する所あらんと希図し、断然大学設置に決意し、普《あまね》く我輩の親友に謀り、また広く天下の志士に計りしに、幸いに賛成を受けしのみならず、速やかに専門部を設置せられよとの委托を蒙《こう》むるに至りしは、これまた世運の然《しか》らしむる所なるか。

我輩この委托を蒙《こう》むり、我輩の責任重且《か》つ大なるを知り、勇進もってこの任に当たらんと欲す。然《しか》りと雖《いえど》も、大学を設置するや容易のことにあらず。数百の生徒を容《い》るべき校舎なかるべからず。また適応の教場を備えざるべからず。博学多識の学士を聘《へい》せざるべからず。それ校舎を立て、教場を備え、学士を聘するに、巨万の金額を要せざるべからず。然らば今何人か克《よ》く我輩の願望を洞察し、我輩の素志を賛成し、我輩の要求に応じてこの巨万の金額を恵投《けいとう》するものぞ。

方今《ほうこん》我が邦《くに》の富をもって欧米諸国の富に比すれば、決して富国と称すべからざるも、邦人《ほうじん》各々学術の文化に緊要なるを知り、一致戮力《りくりょく》せば、大学数個を設立し、またこれを維持せんことは決して至難ならざるべきも、方今明治政府の外《そと》、明治人民中になおこの美挙なきは、豈《あに》遺憾の至りならずや。これ全く我が邦人永く幕府の圧制、列藩の抑治《よくち》に生息し、不文《ふぶん》無学に迷盲し、維新の際に至り、初めて実用の学問を進取せしも、文化の感染日なお浅く、専門学科の必用なることを知らざるによるならん。

然《しか》らば我が邦人の他年迷夢を醒《さ》まし、学術の緊要なるを知るに至る迄、我輩手を束《つか》ねて大学設置の挙を待つべきや。否、否、決して然らず。世人言わずや、「美事《びじ》は怠る勿《なか》れ」と。我輩誤りて一日を遅延せば、恐らくは百年の損亡とならん。事の急なるを知り、速やかにこれに着手せざれば、また何《いず》れの日かその事を成すを得ん。今日我輩の急務は断乎《だんこ》としてこれを行なうにあるのみ。

大方の諸彦《しょげん》よ、我輩の学事に従事するをもって、大学を設置するもまた我輩の任なりと誤認し、徒《いたずら》に坐視傍観し賜《たも》う勿《なか》れ。今我が邦家の文化を進め、我が社会の基礎を堅《かと》うするは吾人の義務にして、只《ただ》にこれを学事に従事するもののみに委《ゆだ》ぬべからず。且《か》つ大学設置の如きは風俗を矯《た》め、教化を興し、我が同胞をして智徳兼備の民たらしむるに一日も猶予すべからざるものなり。

それ農夫にして好果《こうか》を得んとなれば、必らず先《ま》ず良種を播《ま》かざるべからず。国人にしてその文化を進めんとなれば、必らず先ず文化の源因たる大学を設置せざるべからず。欧州大学の設立は開明の第十九世紀にあらずして、却《かえ》って未開暗黒の八、九世紀より十五、六世紀の間にあり、また彼《か》の世紀に播きし所の良種は今の世紀の好果となれることを明証せんが為《ため》、左の一表を掲げたれば、幸いに一覧を垂れ賜え。〔表、現存せず〕

前上の表よりこれを考うれば、欧州諸国は夙《つと》に大学を設け、人才陶冶《とうや》に意を注ぎしは他なし、一はもって学術の奥蘊《おううん》を究め、一はもって人才を養い、国力を張るにありしことは、教育に熱心なりし人物の語によりてこれを伺い知るべきなり。彼《か》の欧州において宗教大革命の率先者たりし独乙《ドイツ》のルーサ〔ルター〕氏云えるあり、「父兄にしてその子弟を就学せしめざるものは国賊と云うべきものなり」。また同国の理学博士フィヒテ云えるあり、「我が独乙《ドイツ》連邦をして何《いく》つか他邦に卓越せしむるもの、必らず教育の力によるなるべし」と。

また我輩近頃、米国文部寮より該国大学《がいこくコルレジ》の報告を得たれば、該国大学の概況を左に記載し、もって一覧に呈せんとす。〔表、現存せず〕

前上記載せし所のものは一八八一年の上梓《じょうし》に係わり、一八七九年の報告によるものなれば、我輩曾《かつ》て得し所の一八七二年の報告と比すれば、一八七二年においては該国大学の全数は二百九十八個なりしも、一八七九年においてはその数三百六十四個の多きに至り、僅《わず》かに屈指の星霜を経ざるに大学の数六十六個を加えしは、実に世界において驚駭《きょうがい》すべき一大事件と云うべきものにして、該国人の教育を重んじ、同胞の福祉を計り、財産を吝《おし》まずして陸続《りくぞく》大学設立の美挙あるは、該国人の邦家を愛し、万世不朽《ばんせいふきゅう》の基《もとい》を立つべしとの熱情より発するものにして、その志士の目的は他に非《あ》らず、教育なるものは罪人を減じ良民を増し、国基を固《かと》うし、国力を張るに欠くべからざるものなりと。

米国刊行の一八八一年の教育報告中に、仏国において罪囚人《ざいしゅうじん》中、有文無文のものを区別して、その数を載せたるものを得たれば、ここに登録し、教育の必要なることを証《あか》しす。

罪人の総数　三千三百五十四人

読み書きの出来ざるもの　一千四百八十人

少し読み書き出来るもの　一千三百六十二人

読み書きの出来るもの　五百十二人

且《か》つ該国人の教育に熱心なるの要領は、その国人の智識道徳をして最高点に至らしめざれば、自由制度の国体を永続せしむる能《あた》わざるを了知するにあるなり。嗚呼《ああ》米国人にしてかくのごとき高尚なる目的あり、かくのごとき同胞相憐れむの熱情あり、巨万の金額を投じ大学を設立するに至るは、豈《あに》我輩東洋人の羨慕《せんぼ》して止まざる所ならずや。

西人《せいじん》云えるあり、「亜細亜《アジア》大州には自由制度の国なし」と。嗚呼皇天何ぞ我が東洋人を顧《かえり》みずして、かくのごとくも文化に後《おく》れ、西人の糟糠《そうこう》を嘗《な》めしむるに至るや。否、否、我輩我が国の現況を見て徒《いたずら》に痛歎すべからず、欧州人の文化を来たらしめしは、彼自ら労して而〔しか〕る后〔のち〕得たるもの也。

英人曰《い》えるあり。「皇天は自助者を助く」と。宜《うべ》なる哉《かな》、英国の欧州に兀立《こつりつ》する。彼も人なり、我も人なり。彼克《よ》くこれを為《な》して、我輩克くこれを為し得ざるの理あらんや。事の成否は為すと為さざると、勤むると勤めざるとに関われるものなれば、欧米諸国の今日あるは良《や》や故あるかな。

我が明治政府もここに見る所あり。維新多事の際、巨万の費用をも顧みず数百の書生を欧米に遣《つか》わし、且《か》つ早くも東京において一大学を設置せられしは、亜細亜《アジア》文化の魁《さきがけ》を為せしと云うとも決して過言にあらざるべくして、我が明治政府はかくのごとくも人民に率先し、已《すで》に既《すで》に政府の義務を尽くしたりと云うべきなり。

然《しか》るに我輩明治の民たるもの、政府の主旨を奉戴して速やかに同胞教育の便益を計らざれば、我輩在野の志士、上《かみ》は政府に対し、下《しも》は同胞に向かい、大いに恥づる所なき能《あた》わざるを得んや。また政府に於《お》ては曾《かつ》て日本全国を八大学区に区分せられたれば、他年各区に一大学を設置せられんことは疑いを容《い》るべき所に非《あら》ざれども、なお未だその挙に及ばざるは、一にして足れりとせらるるに非《あ》らず。恐らくは国事多端の然らしむる所なるか。然らば我輩維新の民たるもの、縦令《たとい》八大学を設置するの資力なきも、せめては民資を集合し一大学を関西に創立し、上はもって政府の主旨を賛成し、下はもって同胞就学の便に供せんとす。

我輩かくのごとく弁じ来たれば、論者或《あるい》は問わん、「我輩大学を設立せば先《ま》ず何等の専門学を授くるの目的なるや」。答えて曰《い》わん、「我輩大学を立つるの主旨は普《あまね》く諸学科を脩《しゅう》するにあれば、只《ただ》に一、二の専門に限るべからず。資力の加増するに随い学科をも増加せしむべし。然《しか》りと雖《いえど》も、欧米諸国に於《お》て設けられたる宗教、哲学、理学、文学、医学、法学等、大学専門科のごときは容々易々に設くべきものにあらざれば、先ず三部を設け布《し》いて、諸学科に及ぶべし」。然らば論者また問わん、「三部とは何ぞ」。曰《いわ》く、「宗教兼哲学(当分便宜の為、哲学を宗教部に合併す)、医学、法学なり」。

乞う、これよりこの三部を置くの目的を陳述せん。

一、宗教並びに哲学を授くるの目的は、克《よ》く造化の妙理と人間の要道とを探らしめ、また明《あきら》かに事物の奥蘊《おううん》を究めしめ、学者をして真理の奥妙《おうみょう》を味わい、志操世界に逍遥《しょうよう》せしめ、進んでは同胞の福祉を計り、邦家の進歩を望み、退いては一身の徳義を脩《おさ》め、本心を磨き、真理に基づきて動止し、真理と共に生息し、弱きを憐《あわれ》み、暴を制し、曲がれるを矯《た》め、正しきを賛《たす》け、百折不撓の銕腸《てっちょう》を練り、金石も徹すべき精神を養い、普《あまね》く同胞の幸福を希図し、共に進みて文化の最高点に至らんことを要するにあるなり。

二、医学を授くるの目的は、医は乃《すなわ》ち仁術たるの本意に基づき、富豪のものに佞《ねい》せず、貧窶《ひんる》の人を擯《しりぞ》けず、身体上の疾病《しっぺい》を治療するのみならず、また人心上の固疾に至る迄《まで》も医治することを計り、疾病の源とも云わるべき心中の病を療治し、我が同胞の身体をして心と共に健全ならしめ、人間最上の歓楽福祉を嘗《な》めしめば、真の国医と云うべくして、その功も僅小ならざるなり。依《よ》りてかくのごとく真医を養成するは方今《ほうこん》の一大急務と云わずして何ぞ。

三、法学部を設くるの目的は、邦家の進歩、同胞の福祉に関し、急務中の一大急務にして、身を捧げて犠牲とし、政事社会に投ぜんとする志士の需用に供するにあるなり。吾人幸いにこの活動社会に生息し、また已《すで》に昨〔明治〕十四年十月十二日の明詔《めいしょう》〔明治二十三年に国会開設する旨の詔書〕をも蒙《こうむ》りたれば、吾人一日も国会の準備に怠延して可なるべけんや。抑々《そもそも》国会のごときは我が　天皇陛下も早晩これを開設するの御旨《みむね》なきにはあらざれども、人民の切に願望せし所より、遂に彼《か》の明詔ありしに至りしならんと推考すれば、吾人明治の民たるもの、その大任に当るの人物を養成して、大政に参与せしめざれば、吾人は実に　天皇陛下の罪人と云うべきものなり。吾人この美世《びせい》に遭逢《そうほう》し、この大任を負担しながら、猶予不断、国会開設の期に至るもなお準備を怠り、人物はなし、人物は乏しと云いて、その任に適応するの人物を撰挙せず、随《したが》って上は　天皇陛下の叡慮に叛《そむ》き奉り、下は自身の頭上に不幸の暗雲を惹起せしめば、嗚呼《ああ》それ誰の過ちぞや。然《しか》らば吾人のこの準備を為《な》すに一日も怠るべからざるは、世人も普《あまね》く了知せらるるならん。依《よ》ってこの準備に充《あ》てんとするは他なし、法学専門部を設くるにあるのみ。

　また我輩の鄙見《ひけん》をもって論ずれば、今の士人の準備と称して徒《いたずら》に速成を期し、法学の皮相を嘗《な》め、その根元を探求せざるがごときは、実に国会開設以前の準備と云うべくして、開設以後《いご》の準備と称すべからず。故に大学に於《おい》て天下の俊才を陶冶《とうや》し、普《あまね》く学術を修せしめ、古今の歴史に亘《わた》らしめ、法学の根元を究めしめ、政事の沿革に通ぜしめ、また徳義を尊び、然諾《ぜんだく》を重んじ、六尺《りくせき》の孤も托《たく》すべく、百里の命《めい》もよすべく、大節に臨むも敢《あ》えてその主義を屈せず、事変に逢うも決してその所置を誤らず、深く同胞の幸福を計り、遠く邦家の安寧を望み、国人の憂いをもって己《おのれ》が憂《うれ》いとなし、国人の喜びをもって己が喜びと為《な》し、一身を抛《なげう》ち邦家の犠牲と為すも敢えて辞せず、敢えて厭《いと》わざるの愛国丈夫を養成せん事こそ、我輩の切望して止まざる所なり。

かくのごとく三学部を設くるの主旨を述べたれば、なお理学、文学の二部に関し一言陳《ちん》ずる所あらんとす。今我輩彼《か》の三部を先にし、この二部を後にするは決してこれを蔑視するにはあらざるなり。只《ただ》資力の速やかに及ばざるを憂い、少しくこれを遅延せしむるのみ。方今《ほうこん》、物質進歩の時に当り、我輩只に志操上の学科に限り研窮《けんきゅう》せば、我輩はまた時運を洞察せざるものと云うべきなり。物理学、文学のごときも、実に文明組織に関し最も緊要なる元素たれば、資力の及ぶに随い、速やかにこの二部をも設置せん事は我輩の素《もと》より企図する所なり。

さて前上の主意を一読し来らば、論者或《あるい》は問わん、「我輩は何の資力もなくしてこの大事を挙げんとするは、全く書生の想像、空中築城の類にあらざるなきを得んや」。答えて曰《い》わん、我輩この素志を抱けるは今日に於《お》いて初まりしにあらず。方今、邦家急進変遷の際、軽卒浮薄の風波を生じ、人々末に流れ、源を探らざるがごときは止むを得ざる所にして、時勢の然《しか》らしむる所なるべきも、吾人坐視徒食して、速やかにこれが挽回を謀らざれば、往々我が全社会をも沈没せしむるに至らん事は今日の風潮をもって卜《ぼく》すべければ、我輩不肖の身をも顧《かえり》みず、不遜の責をも厭《いと》わず、速やかに大学を設置し、邦家の基《もとい》を立てん事を希図するなり。且《か》つ我輩、名利の私心を抱きこの挙あるにあらず、我が同胞中なお未《いま》だ我輩の求むる所に応じて大学を設けざれば、我輩敢《あ》えてこの大任に当らんとするは、万《ばん》止むを得ざるに出ずる所あるなり。

且《か》つ大学設置のごときは、国会の準備のみをもって目的とするにあらず、普《あまね》く諸学科を設け、製造、殖産、商法、貿易、経済、文学等を振興せしめ、また風俗を教化一新し、人種、人心改良の点に至る迄《まで》関する所あらんとし、我が同胞をして維新の民たる品格に叛《そむ》かざらしめ、我が日本を泰山《たいざん》の安きにおき、上は　天皇陛下の叡慮を慰め奉り、下は同胞の幸福を来《きた》らしめ、朝《ちょう》に圧抑の政なく、野《や》に不平の民なく、上下《しょうか》各々その宜《よろ》しきを得、人々各々その分を楽しみ、共に進み共に勤めて、一日も早く我が東洋に真の黄金世界を顕出せしめんと欲するなり。故に我輩の目的は一時の需用に応じ、一世の喝采を求むるにあらず、また一世の批評に依《よ》りて左右変更するものにあらず、またこの挙たる、我輩明《あきら》かに邦家万世《ばんせい》に対し、大いに裨益する所あるを確信したれば、今日をもってこの事に着手せんと欲するなり。

抑々《そもそも》同志社英学校のごときは、元来我輩資金を有し、これを設立せしにあらず。一片、、、、、、の精神、一滴の感涙克《よ》く米国人の心を動かし、その賛成を得、その寄附によりその基を立つるに至りしなり。我輩今の英学校をもって予備門となし、進んで大学専門部を設けんと欲す。

且《か》つ前上掲載せしごとく、宗教兼哲学、医学、法学の三学部を設くるに当り、我輩予《あらかじ》め計画なかるべからず。宗教兼哲学のごときは校中已《すで》に準備なしと云うべからざれば、これをして完全たらしむるは至難の事たらざるべきも、医学、法学の二部に至りては、更に資金を募らざるを得ざるなり。且ついかに減省《げんしょう》するも法学部設置のごときは、米国の法学博士一人を聘《へい》せんとすれば、二千五百元《ドル》の年給を与えざるべからず。今の弗《ドル》相場により算すれば我が金円にして四千円なり。この四千円の利を生ずべき元金は、乃《すなわ》ち一割の利にして四万円を要すべく、且つ年給の外、他に多くの諸費もあるべければ、他に一千円の利を生ずべき元金の備えなかるべからず。然《しか》らば乃ち法学部のみにして五万円の資金を要する事は明瞭たるべし。且つ医学部のごときは、米国の名医二名を聘せんと欲すれば、九万円の備えなかるべからず。

故にこの二部を置かんとするには、必らず十四万円の資金なかるべからず。この巨額の金円を募る、決して容々易々の事にあらず。我輩普《あまね》く江湖《こうこ》諸彦《しょげん》の賛成を得るにあらざれば、決して我輩の目的を貫徹し能《あた》わざる事は明々白々たれば、臥《ふ》して願わくは大方《おおかた》の諸彦よ、先《ま》ず大学の我が文化に緊要なるを了知し、また我輩の素志如何《いかん》を洞察あり、徒《いたずら》に匆々《そうそう》看過するなく、この大任は各自の頭上にあることを確認せられ、学力あるものはその学力をもって世に捧げ、資産あるものはその資産をもって世に出し、同情相顧み、同舟相助け、何《い》つか共に文明の彼岸《ひがん》に達せられん事を。

嗚呼《ああ》諸彦にして幸いに我輩を賛成し、速やかに大学の基を置き賜わば、乃《すなわ》ち邦家万世《ばんせい》の基を置くものにして、諸彦は乃ち天の未だ陰雨《いんう》せざるに〔迨《およ》んで、彼《か》の桑土《そうと》を徹《と》りて、牖戸《ゆうこ》を綢繆《ちゅうびゅう》〕し、災害を未然に防ぐ智人と云うべく、また良種を播《ま》くの良農夫と云うべくして、好果を得るの日は将《まさ》に遠きにあらざるべし。

明治十五年十一月七日午前九時

この草案を終る　　　　　　　　　　　　　　　　　　　　　　　　　　襄

3　同志社設立の始末

〔I-七三〕文明の基礎としての真の教育という、新島の一貫した教育のヴィジョンは、彼の十年にわたる欧米での留学体験に基づいたものであることをこの「同志社設立の始末」は証《あか》しする。この文章の特色は、一八七四年のラットランドにおけるアメリカン・ボード年次大会での新島の募金アピールの成功を自分の言葉で語っていることである。パーカー博士、ページ前知事らを初めとする大口寄付の約束は新島を喜ばせたが、老農夫と老寡婦から受けた二ドルは彼を感動させた。この文章の示す新島の演説は雄弁に響くが、その場に居合わせた新聞記者による客観的な記録(『同志社百年史』通史編、一九〜二〇頁)は、少し異なるニュアンスを伝え、別の意味で感動的である。アメリカン・ボード当局からはほとんど無視された演説であった。

(北垣)

幕政の末路、外交切迫して、世運転《うた》た危殆《きたい》に傾き、人心動乱するの時に際し、襄不肖《ふしょう》、夙《つと》に海外遊学の志を懐《いだ》き、脱藩して函館に赴き、暫く時機を観察してありしが、遂《つい》に元《げん》治《じ》元年六月十四日〔旧暦〕の夜半、窃《ひそか》に国禁を犯し、米国の商船に搭《とう》じ、水夫となりて労役に服すること凡《およ》そ一年間、海上幾多の困苦を嘗《な》め、漸く米国に到着するを得たり。

爾来《じらい》益々志を決し、他日大いに我が邦《くに》の為に竭《つく》すところあらんと欲し、遂にアムホルスト大学に入り、日夜勉学に怠らざりしが、未だ幾年を経ざるに、数々篤疾《とくしつ》に罹《かか》り、形骸空しく志を齎《もた》らして異郷の土と化せんとせしが、幸にして一生を万死の間に快復するを得たりと雖《いえど》も、為《ため》に大いに体軀の健康を害し、学業上障碍《しょうがい》を受くること極めて尠《すくな》からざりき。

然《しか》れども苟《いやしく》も学業の余暇あれば必ず諸州を歴遊し、山河を跋渉《ばっしょう》し、務めて建国の規模を探り、風土人情に通ずるを以て事とし、到る処の大中小学より博物館、書籍館、盲唖《もうあ》院、幼稚院、その他百工技芸の講習所、百種物産の製造所に到る迄概《までおおむ》ねこれを検閲し、或は諸州の学士、有名の人物に接見し、親しくその議論を聴くを得て、大いに悟る所あり。以為《おもえ》らく、蓋《けだ》し北米文明の原因多端なりと雖《いえど》も、その能《よ》く制度文物を隆興せしめたる所以《ゆえん》のものは、要するに教化の力にして、その教化の力のかくのごとく偉大なる所以は、教育の法その宜《よろ》しきを得たるにあることなりと。ここに於《おい》て始めて教育の国運の消長に大関係あるを信じ、身の劣才浅学なるをも顧《かえりみ》ず、自ら他年帰朝の日は必ず善美なる学校を起こし、教育を以て己が責任となさんことを誓いたり。

明治の初年、故岩倉特命全権大使の米国に航せられしや、文部理事官田中不二麿《たなかふじまろ》君これに随行し、欧米諸国教育の実況を取り調べらる。時に襄正にアンドヴァ邑《むら》に在りて勤学せしが、また召されて文部理事官随行の命を蒙《こう》ぶる。襄、敢《あ》えてこれを辞せず、直《ただ》ちに旨を奉じて、理事官と偕《とも》に先《ま》ず北米中著名の大中小学の学校を巡視し終わって、更に欧洲に赴き、蘇格蘭《スコットランド》、英倫《イングランド》、仏蘭士《フランス》、瑞西《スイス》、和蘭《オランダ》、丁抹《デンマーク》、独乙《ドイツ》、魯西亜《ロシア》等の諸国を経歴し、学校の組織、教育の制度等を初めとし、凡《およ》そ事の学政に関する者は、聊《いささ》かこれを観察、講究するを得、その周到善美を尽くせるを観《み》て、感益々切なり。

惟《おもえ》らく、抑々《そもそも》欧洲文明が燦爛《さんらん》としてその光輝を宇内《うだい》に発射せしものは、主として教化の恩沢《おんたく》に因《よ》らざるはなし。而《しか》して教化は文明の生命にして、教育は治安の母たることを悟り、愈々《いよいよ》帰朝の後は必ず一の大学を設立し、誠実の教育を施し、真正の教化を布《し》き、以《もっ》て社会の安全を鞏固《きょうこ》ならしめ、以て我が邦の運命を保ち、以て東洋に文化の光を表彰せんことを望み、造次《ぞうじ》にも顛沛《てんぱい》にも敢《あ》えてこれを忘るることなかりし。

且《か》つまた随行に先だちて忝《かたじけ》なくも我が邦大政府より、特旨を以て曩《さき》に国禁を犯して脱奔《だっぽん》せし罪科を免除せられ、しかのみならず数々登官の恩命を蒙《こうむ》りしが、襄に於《お》いては将来誓って一身を教育事業に擲《なげう》ち、以て真正の開明文化を我が邦に来さんことを望むの切なるより、固く辞して拝せず。理事官と欧洲に別れ、再び米国に航し、アンドヴァ神学校に帰り、勉学年を累《かさ》ね、遂に卒業の初志を達することを得たりき。

明治七年の秋、襄の将《まさ》に米国を辞して帰朝せんとするに際し、偶々《たまたま》碧山州《ヴァーモント》ロトランド府に於て、亜米利加《アメリカ》伝道会社の大会議〔アメリカン・ボードの年会〕あり。襄の友人にしてこの会に与《あず》かる者頗《すこぶ》る多きに因《よ》り、諸友襄を要し、勧めて臨会せしめ、且《か》つ訣別の詞を需《もと》めらる。

襄乃《すなわ》ち会場に赴き、演壇上、米国三千有余の紳士貴女に見《まみ》え、平素の宿望を開陳して曰《いわ》く、「凡《およ》そ何《いず》れの国を問わず、苟《いやしく》も真正の文化を興隆せんと欲せば、須《すべか》らく人智を開発せざるべからず、社会の安寧を保全せんと欲せば、必ず真正の教育に依《よ》らざるべからず、方今《ほうこん》我が邦日本に於《おい》ては、現に戊辰《ぼしん》の変乱を経て旧来の陋習《ろうしゅう》を破り、封建の迷夢を醒《さ》まして、明治の新政を行うの際、社会の秩序破れ、紀綱《きこう》紊《みだ》れ、人心帰着する所を知らず。今日に於て我が日本に真正の教育を布《し》き、以《もっ》て治国の大本を樹立し、以て人智を開発し、以て真正の文化を興隆せんと欲せば、宜《よろ》しく欧米文化の大本たる教育に力を用いざるべからず。

回顧すれば今を去る十一年前、襄の郷国にありしや、当時の国勢日々に危うきに瀕《ひん》するを観《み》て、憂憤の心に堪えず。慨然《がいぜん》五大洲歴遊の念を発し、一片訣別の辞もなく父母、弟妹、郷友に別れ、衣食住の計もなく、幕府の大禁を犯して一身の窮困を顧みず、愈々《いよいよ》蹶《たお》れて愈々奮い、生命を天運に任せて成業を万一に期し、孤行単立、長風万里の波濤《はとう》を越え、遂に貴国に渡来せしもまた、只《ただ》真正の開明文化と真正の自由幸福とを、我が日本国に来さんことを祈るの丹心《たんしん》に外《ほか》ならず。

顧《おも》うに我が邦同胞三千余万将来の安危禍福は、独《ひと》り政治の改良に存せず、独り物質的文明の進歩に存せず、一に教化の烈徳その力を効し、教育の方針その宜《よろ》しきを得ると否とに係わること、昭々乎《こ》として復《ま》た疑うべきに非《あら》ず。今や襄、貴国紳士諸友と袂を分かちて恙《つつが》なく我が国に帰るを得ば、必ず一の大学を設立し、これが光明を仮りて我が国運の進路を照らし、他日日本文化の為に聊《いささ》か涓埃《けんあい》の報を効《いた》す所あらんとす。嗟呼《ああ》満場の聴衆諸君よ、襄の赤心寔《まこと》にかくのごとし。誰か襄が心情を洞察し、幸いにこの一片の素志を翼賛する者ぞ」と、且《か》つ演じ、且つ問い、慷慨《こうがい》悲憤の余り、不覚数行の感涙を壇上に注ぎ、情溢《あふ》れ、胸塞《ふさ》がり、言辞を中止するその幾回なるを知らず。

語未《いま》だ尽きざるに聴衆中忽《たちま》ち人あり、背後に直立して揚言すらく、「新島氏よ、予、今氏が設立せんとする学校の為に一千弗《ドル》を寄附すべし」と。これなん華盛頓《ワシントン》府の貴紳、医学博士パーカ氏にありし。その言未だ畢《おわ》らざるに碧《ヴァーモント》山州前府知事ページ氏もまた起《た》ちて、一千弗を寄附するの約を為せり。これに次ぎ五百弗、三百弗、二百、一百或《あるい》は五十、三十弗贈与の約ありて、静粛たる場中忽然《こつぜん》として歓呼の声宛《さな》がら沸くがごとし。

既《すで》にして慇懃《いんぎん》に良朋諸士の好意を謝し、離別を告げ、将《まさ》に演壇を下らんとする時、一老農夫あり。痩身襤褸《そうしんぼろ》を纏《まと》い、徐《おもむろ》に進みて襄の前に至り、戦慄止まず。懐中より金二弗《ドル》を出し、黯然《あんぜん》涙を垂れて曰《いわ》く、「余は碧《ヴァーモント》山州北なる寒貧の一農夫なり。この二弗は、今日余が帰路汽車に乗らんとして携えし所なり。然《しか》れども今、子《し》が演説を聞き、深く子が愛国の赤心に感激せられ、自ら禁ずる能《あた》わず。仮令《たと》い余老いたりと雖《いえど》も、両足尚《なお》能く徒歩して家に帰るに堪ゆ。これ固《もと》より僅少数うるに足らざるも、子が他日建設する大学費用の一端に供するあらば、余の喜び何ものかこれに過ぎんや」と。

已《すで》にして会散じ、襄もまたロトランド府を出で行くこと未《いま》だ一里ならざる時、忽《たちま》ち背後より襄を呼ぶ者あり、顧《かえり》みてこれを視《み》れば一の老婦なり。急に襄に近づき、絮々《じょじょ》語って曰《いわ》く、「媼《おうな》は近村の一寡婦にして、貧殊《こと》に甚《はなは》だし。然《しか》れども教育の一事に於《おい》ては聊《いささ》か子が素志を助けんとするの意あり。今嚢《のうちゅう》中僅かに有る所の金二弗《ドル》を呈す。然るに曩《さき》に会場に於て敢《あ》えてこれを言わざりしは、誠にその軽少なるを愧《は》じてのみ。寡婦の微志幸いに領収あれよ」と言い畢《おわ》りて泣く。

襄転《うた》た米人が我が邦を愛するの懇篤なるを思い、感喜これを受け、曾《かつ》て友人に語って曰く、「ロトランド府集会に於て、最も襄が衷情《ちゅうじょう》を感動せしめたる者は、かの老農夫と老寡婦との寄附金にてありし」と。その後、四方有志者の贈る所陸続《りくぞく》雲集し来り、襄が宿志を達せんとするの基本、略《ほ》ぼ定まるに至れり。

既にして纜《ともづな》を桑港《サンフランシスコ》に解き、明治七年の末始めて本邦に帰着し、日夜学校設立を計画してありしが、八年一月大阪に於て偶々《たまたま》、故内閣顧問木戸《きど》孝允《たかよし》公に謁し、乃《すなわ》ち公に向いて真正教育の要理を説き、併《あわ》せて平生の宿志を吐露せしに、公深くこれを称賛せられ、加うるに公は曾て在米の日より襄と相識るを以て、専ら政府の間に周旋《しゅうせん》し、襄が志を貫徹するに務め賜えり。

襄乃《すなわ》ち地を京都に卜《ぼく》し、前文部大輔田中不二麿君、前京都府知事槇村正直《まきむらまさなお》君の賛助を得、遂に山本覚馬《やまもとかくま》氏と結社し、明治八年十一月二十九日、私塾開業の公許を得て、直《ただ》ちに英学校を開設したり。

これ即《すなわ》ち今の我が同志社の設立せし始末の大略なり。

新島　襄

4　私立大学設立の旨意、京都府民に告ぐ

〔I-一三〕知恩院の大広間を会場にして、京都府知事、府会議員、名士らにむかって私立大学設立の必要を力説した演説。内容は、「1同志社大学設立の旨意」に近い。「人民の教育は、人民の負担」という言葉には、教育権が政府にではなく人民に属することを意味するとともに、教育資金負担の責任を民間に求める私立大学の理念が明示されている。本篇は『国民之友』二十二号(明治二十一年五月十八日)に掲載されたものである。なおこの演説草稿が『同志社百年史』(資料編I、三六〇頁)に収録されている。両者を比較すると本篇の方がかなり分量が多い。『国民之友』掲載にあたり徳富蘇峰《とくとみそほう》による加筆があったと思われる。(伊藤)

明治二十一年四月十二日　京都知恩院に於いての演説

理事委員諸君の御周旋により、本日ここに、この大会を開き、不肖《ふしょう》なる私が、私立大学校設立の事に付き、京都府知事を初めとし、両書記官、諸課長、両区長、戸長、府会議員、各会社頭取、新聞記者の諸君、その外《ほか》府下の紳士方、並びに、神戸大阪よりの、来賓諸君の前に出て、一言を吐露するを得るは、私に於《お》いて、殊《こと》の外の面目と存じます。扨《さて》、諸彦《しょげん》の御来臨を仰ぎましたは、この府下に、一《いっ》の私立大学設立の事を、御相談致し度《た》き事でござります。

この私立大学設立の事は、明治十七年以来、私と山本覚馬《やまもとかくま》両人が、発起人となり、府下の紳士、若干名の賛成を得て、早く已《すで》に、天下に訴え、江湖《こうこ》諸君の翼賛を仰ぎました。然《しか》るに兎角《とかく》、時機の未《いま》だ到来せざるにや、多少の賛成家を得て、漸々《ぜんぜん》と寄付金も受け居《お》りましたが、余り果敢々々敷《はかばかし》き進みもなく、今日迄《まで》参りました。併《しか》し、時機と申すものは、待たねばならぬものの、亦〔また〕人間より来〔きた〕らしめねばならぬ者と存じまして、今回理事委員方の御尽力を乞い、この大会を開いた訳でござります。

これより、何《な》に故《ゆえ》に大学が必用と申す事に付き御話し申しまする。なぜに大学を要するかと申せば、大学は智識の養成場なり、宇宙原理の講究所なり、学問の仕上げ場なり、と答えまする。又大学は文化の源と、否〔いな〕一国の基と申して苦しからず。

扨《さて》、人間には、天より、智性、徳性を付与されまして、これを磨《みが》けば進み、磨かざれば退《しりぞ》く事は、造物主宰の原則、人間の通理にして、つまり、開化人とは、即《すなわ》ちこれを磨いて進んだ民を申し、野蛮人とは、自忘自棄して、この智性、徳性を磨かぬものを申します。当時学者の称《とな》えまする、優勝劣敗も、この道理に基づいた訳であります。「天は自ら助くる者を助け、勤むるものに与う」とは、西洋人の心に銘じて忘れざる事で、今日欧米の文化は勉強の結果でございます。

私、曾《かつ》て汽船に乗り、遠州灘を航するとき、日本形の帆《ほ》前船《まえせん》が、向かい風の為《ため》に吹き戻され、西洋形の汽船は、烈《はげ》しき風に向かいながら、少しの頓着《とんちゃく》もなく、進み行くを見て、智識を磨いた人民の作った船と、智識を磨かぬ人民の作った船の、比較をなし、大いに痛く、人智の磨かずんばあるべからざるの理を悟りました。

日本船には第一キール(船底を一貫したる木)がなく、随《したが》ってまぎりが、ききません。少しの無理に直《ただち》に沈没致します。西洋船には、その船底に、キールを付けたれば、幾多の帆を揚げ、風に懸《か》くるも、容易に沈没せず、殆《ほと》んど風に向かい航する事が出来まする。而《しか》してこれにても満足せず、米国のフールトン氏は、今より八十二、三年前の比《ころ》より、蒸気機関を船中に仕懸《しか》けて、船を動かす事を発明してより、世界の航海をして、遂に今日の如《ごと》く盛んにならしめました。

欧米諸国にては、この十八、十九世紀の中に於《お》いて、何程《なにほど》の新発明を為《な》し、又如何計《いかばか》り学問の程度を進めましたか。実に夥《おびただ》しき事にして、枚挙に遑《いとま》あらぬ事と存じます。これに反して我が日本徳川氏の昇平三百年間に於いて、何一つの新発明がありましたか。何の進歩を為しましたか。この一点を論じ来《きた》れば、我が日本人は、甚《はなは》だ智識脳力の乏しきものの如く思います。否《いな》、智識脳力の乏しきにあらず、全く智識脳力を活用せざるに由《よ》る事と思います。当時は幸いに我が日本も、多くの外国船を買い入れ、又、造船場も出来ましたが、これよりは造船場にて、船を造るに必要なる、智識学問の講究所が、必用にございます。これは只一《ただひとつ》の例証に申した迄《まで》ですが、凡そ一国の開明を進めんとなれば、必ず理学なり、化学なり、哲学なり、神学、文学、社会学、経済学、政事学、法律学等、諸学科を講究し得べき、大学がなければなりません。又況〔いわん〕や、大学は、学者芸人を作り出すのみならず、実に一国の元気となり、精神となり、又柱石となり得べき人物を養成せねばなりませぬ。本立而〔たちて〕末生ず、開明の花を望まば、先ず開明の根を培〔つちか〕い、文化の流れを汲まんとならば、宜しく文化の源に遡らねばならぬ事と存じます。

方今《ほうこん》我が日本人は、仏朗西《フランス》の法律を称賛して、これを採用しますが、仏の法律学も決して一朝に進んだ訳でなく我邦《わがくに》に於《お》いて頼朝が覇府《はふ》を鎌倉に開きし頃より、はや、パリスには、大学の設けがありまして、羅馬《ローマ》の法律を講じ出しました。英国にては、我が北条の時代よりかの有名なる、オックスフォルトに大学の基《もとい》を置き、法学、哲学、理学などを講究し出し、独乙《ドイツ》国にては足利の時代より続々大学を設け初め、今は已《すで》に三十有余の宏大なる大学がありまして、而《しか》して今の文運の隆盛を来《きた》らしむるの基礎となりました。その外《ほか》、伊太利亜《イタリア》の如きは、欧州中第二の強国に位するも、国中、已に十七箇の大学校を有し、その内二、三の大学の如きは、しかも、一千人有余の書生がおりまする。

米国の東部なる、ニューイングランドに清教派の祖先が、移住しましたは、我が大坂落城六年の後でありますが、その開墾以来、十五年を出でざる内に、早や、ハーオルド大学の基《もとい》をすえ、青年の薫陶に尽力しました。彼《か》の米国人が独立自治の元気に富むも、この大学の如きは、与《あずか》りて力ありと申して可なりと存じます。

今や我が日本も、維新以来その名に負《し》かず、事物日に新たに、月に盛んに、徐《おもむ》ろに春風も吹き来たり、文化の花も将《まさ》に綻《ほころ》びんとし、早や、東雲《しののめ》告ぐる朝《あした》となり、赫々《かっかく》たる太陽は正に東天に昇らんとし、僅々《きんきん》一年を余《あま》して、国会開設の盛典を観《み》んとするの時となり来たりましたは、これ皇天の賜《たまもの》にして、吾々《われわれ》のこの時代に遭逢するは実に、吾々の慶幸と申すべし。吾人は豈《あ》に皇天の賜を空《むなし》うすべけんや。皇天亦《また》吾人に望む所あらんか。

嗚呼襄の如きは、才劣にして学浅く、邦家の為に竭〔つく〕すと公言するも、少しく心愧〔はずか〕しゅうございまするが、今の時世と境遇とに励まされ、身の不肖をも打ち忘れて、この大事業なる、大学設立の一事に当たらんとするは、甚だ大胆の如くに見えまする。只私に於いては、区々たる一分を竭さんとするの志、恰〔あたか〕も浅間ヶ嶽の火噴黒烟の如く、勃々として起り来たり、日夜に自ら制する能わざるに苦しみ、遂に発して一場の演説となり、又一片の文章となり、汎〔ひろ〕く天下に公言するに至りました。これ只、外〔ほか〕ではありません。人民の手に依りて、宇宙の原理を講究すべき、私立一大学を起し、我が邦家千百年の後を計らんとするにあり。これ襄が畢生〔ひっせい〕の志願にして、死しても、斃〔たお〕れても止まざる所の願望でございます。

人或《ある》いは問わん、「東京に立派なる帝国大学校のあるのに、爾《なんじ》は何を苦しんで又々大学を起さんとするか」と。余はこれに答えて曰《い》わん、「抑〔そもそ〕も一国人民の教育は、人民の負担すべきものにして、教育上の事は、何もかも、政府の着手すべきものには、非ず。我が明治政府の東京に大学を起せしは、人民に率先して、その模範を示したる事ならん。想うに将来、日本全国の大学は、政府の手を以て尽《ことごと》く立てんとするには非《あらざ》るべし。察するに我が政府も亦《また》、吾々人民に望む所あるか。去れば吾々も宜しく座視傍観すべき事ではありますまい」。

それ教育は国の一大事なり。この一大事を吾人人民が、無頓着にも、無気力にも、我が政府の御手にのみ任せ置くは、依頼心の尤〔もっと〕も甚だしきもの、又愛国心の尤も甚だ乏しきものならずや。

我が政府憂いて　人民憂えざるの理《ことわり》あらんや
我が政府労して　人民労せざるの理あらんや

吾人は、いつまでも小児ではなりません。宜《よろ》しく振〔奮〕って我が本分、義務を尽さなければ、なるまいと思います。これ襄の熱心、私立大学を起さんとする以謂《ゆえん》でございます。

米国の如きは、五千余万の人民ありて、今已《すで》に三百五、六十余の専門大学を有して居ります。我が国も三千八百余万の同胞がありまする故に、たった一の帝国大学を以て足れりとする事なく、第一の大学は官立に関わりたれば、願わくは第二、第三の大学に至っては、全く民力を以て立てたきものでござります。

人又問わん、「何ぞ京都を撰《えら》んで大学を立てんとするや」と。答えて曰《い》わん、「関東已に一大学あり。関西も亦一大学なかるべからず」。

吾々が、関西に大学を起さんとするのは、少しく学術分権の意なきにあらねども、地を京都に卜《ぼく》しましたのは、地理その宜《よろ》しきを得たるからであります。ご覧なさい、京都の地は、山高く、水清くして、恰《あたか》も仙境の如し。青年が繁雑の世塵《せじん》を避けて、深く学び、静かに考うるには、尤《もっと》も可適《かてき》の地と云わざるを得ません。抑《そもそ》も桓武天皇が、都をこの地に遷《うつ》し給いしも、蓋《けだ》し以謂《いわれ》ある哉《かな》。

京都は古《いにしえ》より、花の都と称えられ、祇園や島原の遊廓あり、嵐山の花見、鴨川の夕涼みなどありて、世間よりは、何となく、怠惰人が閑日月《かんじつげつ》を徒消する保養所の如くに、見《み》做《な》されましたが、近頃の府民の挙動を見ますれば、必ず遠からず、従前の体面を一変するであろうと信じます。

看《み》よ看よ、諸君、鴨川の東に於《おい》て高き煙筒より黒煙の立ちのぼるは、何の現象ぞ。諸会社の結合、諸銀行の設立あるは、何の原因ぞや。西南には淀川の利あり、京阪鉄道の便あり。東には近江の太湖〔琵琶湖〕の水運あり。北に長浜、敦賀間の鉄道の設けあり。又長浜より進んで、名古屋、半田に達し、直《ただち》に汽船に連絡するの便あり。殊に又関西鉄道会社の鉄道布設も甚《はなは》だ遠きにあらざれば、東海道鉄道と連絡するの日来たらば、どうでしょう。

且《か》つや亦《また》、吾人が最も注意する所の疏水工事の如き、大谷山を打ち抜き、東山を通して、太湖の水を疏通せしむるの日に、なりましたならば、鴨川の東は、巍然《ぎぜん》たる、大工場、大製造場となるは、吾々の疑を容《い》れざる所であります。最早《もはや》、府下の紳商諸君が、その資財を活用して、大運動を試みるの時機到来せり、と云うて宜《よろ》しかろうと存じます。

諸君よ乞う、

花の都を一変して　製造の都と為せ

遊惰の都を一変して　勉強の都、大学の都と為せ

願わくは旧帝都の地に、民力を以て、一の大学を立てられよ。京都已《すで》にその地理を得たり。これ亦《また》天の賜《たまもの》ならずや。吾人地理を占め、又時機を得たり。これ亦天の賜ならずや。吾人地理を占め、又時機を得たり。この上要する所は、吾人の同心協力なり。吾人若《も》し幸いに、天の時、地の理、人の和を得ば、天下豈《あに》何事か成らざらん。

往昔、シラキュースの戦《いくさ》に、陣中弓矢の不足を告げたれば、市中の婦女子は、尽《ことごと》く頭髪を切って弓弦《ゆみづる》と為《な》したと申します。又魯国《ロシア》の婦女子は、土方となりて砲台を築き、米国のミシガン州に大学を起さんとする企てありしとき、一農夫は己《おのれ》の田地を抵当となして借金し、その大学に寄附したと云います。これは己の子孫が就学の便を得る事を喜ぶのあまり、己を忘れて為したる事と思います。

今を去る事十五年前、余が米国を辞し去らんとするとき、一の大会に臨み、告別の演説を為した事がありますが、その時我が日本にも、どうかして一大学を建設したしと陳《の》べたれば、聴衆中より起《た》って一千弗《ドル》寄付の約束を為せしもの三人あり。続いて五百、三

百、二百、一百弗《ドル》等、即坐に寄付金の約束を致し呉《く》れ、僅《わず》か十分間を出《い》でざる内、五千弗の金額に達しました。ここに於《お》いて余は深く彼等の好意を謝して別れを告げ、演壇より下ろうとするとき、一老農夫が、来りて余に二弗《ドル》を与えて曰《いわ》く、「この二弗は予《よ》が汽車賃に当つるの用意なり。去れども、予なお健足なれば、徒歩して村に帰らん。乞う、この二弗を受けて、大学設立費用の一端に加えよ」と。又別に一人の老寡婦は、この大会の終りしあとで、同じく二弗を寄附して曰く、「この少金は寡婦が教育上の寸志と思い受け呉れよ」と。

嗚呼《ああ》、前者と云い、後者と云い、余は寔《まこと》に両人の志は、五千弗《ドル》を寄付したる人に劣る事なしと、感喜これを受けて帰朝致しました。

斯〔か〕くの如く、今の同志社英学校の設立は、外国人の寄附金に関わりました。今吾人の計画する所の大学は、願わくは、本邦人の力を以て立てたきものでございます。余は明治十七年以来、この大学の計画を為し初め、先《ま》ずその基礎を置かんには、少なくとも七万円の金を要すべしと申しましたが、爾来《じらい》金利の相違する所より、今は少なくとも十万円以上を要さねばならぬ事に成り来たりましたれば、願わくは府下の紳士諸彦《しょげん》には、その十万円中、幾分かを負担し賜《たま》わらば、余はこれより東京、大阪、神戸、滋賀を初め、全天下に訴え、全国民の力を借りてこの大学を起さんと望みまする。

幸いにこの挙を賛成せられたる、理事委員諸君よ、府下の紳士諸君よ、大阪神戸より臨場せられたる来賓諸君よ、この大学の挙は、区々たる一個人の事にあらず。又、一地方の仕事にもあらず。又、決して耶蘇〔ヤソ〕教拡張の手段にもあらず。実に我が国民の文化の境遇に進み、最大幸福を得ると否とに関わる一大事件なり。国の盛衰興亡に関わる一大事件なり。即ち全国民の一大仕事なり。満場の来賓諸君よ、願わくは、この挙を吾が物となして、これを成就せしめ、長く邦家の基礎となし、千百年の為に計られん事を、襄の諸君に向い、熱望し止まざる所であります。

5　同志社大学設立の大意

『同志社百年史』資料編I、一八七〜一八八頁）本体は活版一枚刷りのビラで「明治二十二年四月十日　大阪東区本町一丁目十七番地　大阪国文社印行」と記されている。「1 同志社大学設立の旨意」が天下に広告された後にも、新たにこのような文章が作成されていた。大阪で開かれた大学設立資金募集の会の会場などで配布されたものと考えられる。内容としては、同志社大学はあらゆる宗教の学生を受け入れる教育機関であることを強調していることが注目される。この文章は『新島襄全集』に未収録の資料である。（伊藤）

大学は智識の源泉にして文明の基礎なり。方今《ほうこん》、欧米の諸国がその富強を致しその隆盛を極むる所以《ゆえん》の者は、大学の設けその宜《よろ》しきを得、人物の養成その法に適《かな》い、政治に法律に殖産に工芸に、苟《いやし》くも世に出《い》でて天下の事に当たらんと欲する有為《ゆうい》の人物は、皆多くこの大学の門より出ずるに因《よ》らずんばあらず。これを以て英と云い米と云い独と云い仏と云い、各《おのおの》数十の大学ありて頻《しき》りにこれが規模を進め、盛んにこれが拡張を計らざるものなし。

然《しか》るに今、試みに富強天下に冠たる英独二国をしてその大学を廃し、その国民をして大学教育の途《みち》を失わしめんか。智識の源泉ここに涸《か》れ、文明の基礎ここに傾き、再び野蛮の国を欧州の中に視《み》るは蓋《けだ》し遠きにあらざるべし。

今や我が国の文明は駸々《しんしん》として東洋諸国を凌駕《りょうが》し、将《まさ》に一躍して欧米とその開化を競《きそ》わんとするの時に当たり、吾人《ごじん》翻《ひるがえ》って我が国の実情を観察するに転《うた》た寒心に堪《た》えざるものあり。我が政治、法律は果たして能《よ》く彼と相対して耻《は》じざるの地位に進みたるか。我が殖産工業は果たして能く彼と拮抗《きっこう》するの勢力あるか。我が海陸の兵備は果たして能く彼の侵襲《しんしゅう》に当たるの実力あるか。吾人《ごじん》思うてここに至る毎《ごと》に、未《いま》だ曾《かつ》て痛嘆大息《つうたんたいそく》せずんばあらず。

然《しか》らば則《すなわ》ち如何《いか》にして可ならんか。吾人の信ずる所は只速《ただすみや》かに有為の人物を養成するにあり。それ人物ありて而《しか》して後、政治、法律改良し、人物ありて而して後、殖産工業振起し、人物ありて而して後、兵強く軍振《ふる》う。人物なくんば仮令《たとい》天然無上の良国たるも必ず印度《インド》の轍《てつ》を踏まんのみ。然りと雖《いえど》もこの人物たるそれ何《いず》れよりか来《きた》る。その出《いず》るや偶然に非《あら》ず、必ずこれを大学の門に望まざるを得ず。方今《ほうこん》我国の学事は稍《やや》その面目を一新し、下《しも》、尋常小学より、上《かみ》、高等中学に至るまで、漸《ようや》く将《まさ》に備わらんとす。然れどもその大学に至りては、日本全国独《ひと》り官立帝国大学の東京にあるのみ。我国狭しと雖も人口既に三千八百万余の多きに達せり。豈《あに》一個の大学を以て足れりとせんや。

聞く、独逸《ドイツ》には三十余の大学あり。伊太利《イタリー》には十七の大学あり。米国にも亦《また》数十の大学ありと。宜《うべ》なる哉《かな》、彼は愈々《いよいよ》文明に進み、我は纔《わずか》にその後に随うや。吾人夙《つと》にこれを憂い、微力を顧みず自《みずか》ら奮《ふる》って私立大学の計画に着手したるは、実に明治十七年の頃にてありき。当時天下の人士これに応ずる者甚だ少なかりしと雖も、今や国勢一変して、吾人とその感慨を同《おなじゅ》うする者、天下到る所に多く、関東に関西に教育篤志の人士は吾人がこの挙を激賛し、既に義金を投じてその計画を賛助せらるるに至れり。これ実に時勢の然《しか》らしむる所にして、大学設立の時期到来せりと云つべし。吾人この好時期に際遇したれば、猶《なお》進んで全天下の有志者に訴え、以てこの計画の速《すみや》かに成就せんことを切望する者なり。

然《しか》るに世人、往々我が同志社大学の精神とその目的とを誤解して宗教大学なりと謂《い》い、その目的は基督《キリスト》教を拡張するに在りと謂う。嗚呼《ああ》これ何等の誣言《ふげん》ぞや。畢竟《ひっきょう》我が大学の性質を弁ぜざるの致す所なり。抑《そもそ》も普通大学の目的たるや高等の学術を教授し、即《すなわ》ち政治、法律、文学、理学、工学、医学等の専門を置き、社会万般の事業に適用する有為の人物を養生するに在るなり。彼《か》の単に神官僧侶、若《も》しくは耶蘇《ヤソ》宣教師等を養成して、各自宗教の伝播を謀《はか》るは、これ宗教学校の任なり。今同志社が計画する所の者は普通大学にして、世の所謂《いわゆる》宗教学校には非《あ》らざるなり。

同志社大学は政治、法律、文学、理学よりその他の高等学科に至るまで漸次これを教授せんと欲す。豈基督《あにキリスト》教拡張を以《もっ》てその目的となすものならんや。然《しか》れども我が同志社は特に徳育を重んずるが故に、学生の品行を方正にし、その精神を陶冶《とうや》するに最も勢力ある基督教を以てこれが基本となすなり。吾人は信ず、仮令《たとえ》有識多能なる人物と雖《いえど》も、若《も》しその心術の正しからざるに於《おい》ては、国家を益するの甚《はなは》だ少なきことを。然れども吾人は敢《あ》えてその信仰の如何《いかん》を問わず。仏者なり、儒者なり、神道家なり、又無宗旨家なり、その品行にして方正なるに於《お》いては、我が大学は喜んでこれを入れ、その望む所の学術を教授し、以て国家有用の人物たらしめんと欲す。

我が大学の門戸は広く開《ひ》らけ、我が大学の空気は自由なり。学生若《も》し基督《キリスト》教を以てその精神を練磨せんと欲せば、これを信ずるも可なり。若し又、該教《がいきょう》を嫌忌し神儒仏若しくは自己の能力を以てその心術を鍛練せんと欲せば、各自の信仰に随いてこれをなすも亦《また》自由なり。我が大学は豈《あに》これ等の自由を束縛する者ならんや。江湖《こうこ》の君子、幸いに我が同志社大学の目的を誤る勿《なか》れ。同志社大学は已《すで》にかくの如き精神を以てその設立を企てたれば、これが賛成助力も亦これを全天下の教育有志家に望まざるを得ず。

嗚呼《ああ》、大方の諸君子よ、吾人が微〔志〕を憐《あわれ》み、この大挙を翼賛せられんことを希望に堪えざるなり。

明治二十二年

同志社大学発起人　新島　襄

〔行政へのアピール〕

6 請願帰朝の書

〔新島遺品庫収蔵文書、目録、上1219〕一八七一年三月、新島はボストンで森有礼《もりありのり》少弁務使(公使に当る)に会ったとき、新島が帰国の請願書を書くならば、これを日本政府に取り次いで、パスポートが下付されるよう斡旋《あっせん》しようと告げられた。新島としても、いつまでも密出国者として日陰者を押し通すことは意に添わなかったので、六月になってこの請願書を書いたが、キリスト者としての自分を日本政府がどのように扱うのかわからないため、結局これは出さないで終わったようである。この請願書では密出国前後の消息やキリスト教の真理との出会いなどにも触れており、しかも独立の人格を維持しようとする傾向を読み取ることができる。のちほど森の好意によってパスポートと留学免許が下付された(Ⅵ—八四、Ⅹ—一一七参照)。(北垣)

至愚《しぐ》は素板倉主計頭《もといたくらかずえのかみ》之家来にて、兼ねて江戸表《おもて》にて洋学に志し候処《そうろうところ》、何分果敢《かかん》取り難きにより、洋人より直伝《じきでん》を得んと存じ、元治《げんじ》元年三月、主人より暇を乞い、江戸表より乗船し、箱館《はこだて》へ罷《まか》り越し、英学及び航海術等を修業仕《つかまつ》らんと存じ候処、彼《か》の地にて是《これ》ぞと申す洋学生もこれなく、且《か》つ留在の洋人中には多分利に走る商人耳《のみ》にて、格別至愚修業の為《ため》には相《あい》成り申さず、大いに失望仕《つかまつ》り候《そうろう》。さりながら江戸を去りし節には業若《も》し成らずば再び家に帰らじと決心仕り候故《ゆえ》、志を遂げずして空しく家郷に帰るは一切至愚の素志にござなきのみならず、国を憂え民を愛するの志益々憤起し、且つ五大洲を歴覧せんとの望益々拡張し、少年の狂気何分《なにぶん》圧伏し難く、恐れ多くも国禁を犯し、且つ身の不肖《ふしょう》をも顧《かえりみ》ず、同年六月十四日〔陰暦〕夜半、ひそかに亜国の商船に乗り込み、翌朝同港出帆仕り候。

扨《さて》、その節至愚義《ぎ》、格別所持の金もこれ無きにより、船頭の給仕人と相成り、傍《かたわ》ら水夫の役をも勤め、種々の辛苦を嘗《な》め候得共《そうらえども》、憂国還《また》憂国、憤然として身を思わず、益々窮すれば益々激《げき》し、半ヶ月の日数を歴《へ》て、恙《つつが》なく支那国の上海港に落碇《らくてい》仕り候。

扨、同所にて他の亜船に乗り移り、矢張《やは》り船頭の給仕人と相成り、水夫の役をも相勤め、同船にて、上海、福州府、交趾《こうし》のサイゴン府、呂宋《ルソン》のマネルラ〔マニラ〕港等に参り候《そうらい》て、支那海に航する事凡《およ》そ八ヶ月有半、それよりして印度《インド》海、及び亜太覧《アトランチック》海に航し、千八百六十五年七月二十一日、滞碍《たいがい》なく合衆国のマスサチュセッツ邦の都府ボストンに到着仕り候。

扨《さて》、その船の船頭は甚だ心切なる者にして、至愚《しぐ》渡海中は航海術を教え呉《く》れ、且《か》つボストンへ到着せし後、同港の住人ハルディー(その船の持主)と申す者へ相頼み、学校へ遣《つか》わし呉れ候。但《ただ》しこのハルディーと申す者は頗《すこぶ》る寛仁なる者にして、至愚の深く本国を愛し、厚く学を志すを感じ、且つ至愚のその窮せるを憐《あわれ》み、衣類等をよきに買い斉《ととの》え、アンドワ邑《むら》のアカデミーへ遣わし呉れ候。

扨《さて》、同所に留学する事凡《およ》そ二年、それよりアーモスト・コルレジ(大学校)に入学し、彼所《かしこ》に留学する事凡そ三年、但し右の二ヶ所にて、文法、算術、歴史、窮理書、本草学、点算、度量、測地学、地理、天文、セーミ、擦地学〔地質学〕、鉱物学等を攻め、去る九月より再びアンドワ邑《むら》の真理学館〔神学校〕へ入学し、当時至大至妙、天地万有の造物者、乃《すなわ》ち独一真神の真理、及びパレスティン国の古史をしらべ、傍《かたわ》らグリーキ語を学び居《お》り候。

扨、至愚《しぐ》のごときは唯に駑駘耳《どがのみ》ならず、兎角《とかく》多病、虚弱、且つ眼を患い候故《そうろうゆえ》、何分《なにぶん》成業の義、所存のごとく進み兼ね、今に碌々《ろくろく》書頭に消光仕り候。然《しか》りと雖《いえど》も憂国愛民の志益々憤興し、縦令《たとい》不肖の身なりと雖も、何《いず》れ成業の余は帰郷し、至愚兼ねて学び得し学術真理を有志の子弟に伝えん事、至愚の望む所に御座候。

近頃聞く、国家一新し、天皇頗《すこぶ》る賢明、傑才を挙用し、草廬《そうろ》の士に至る迄《まで》も尽《ことごと》くその志す所を得、その長ずる所を伸ばすを得しは、至愚の身仮令《たとい》天外に在りと雖も欣喜《きんき》躍々《やくやく》せざるを得ず。これ乃《すなわ》ち千里の馬骨を求め、且つ「請う隗《かい》より初めよ」の時勢とも存じ奉《たてまつ》り候。さりながら、若し　明朝《めいちょう》旧例に依り、至愚の国禁を犯し、皇州を脱奔《だっぽん》し、米国へ渡航せしを以て至愚の身に加刑し賜うは、　明朝至愚の丹心を知らずと申すべく、若《も》し又幸に　明朝の恵憐《けいれん》を得て帰郷せし後、朝命を以て可東《かとう》、可西《かさい》と使役し賜わらば、これまた至愚の甘んずるところに非《あら》ず。

臥《ふ》して願わくは　明朝一個の書札を投下し、至愚帰郷の義を許容し賜らば、至愚において喜欣幸甚の至りに候。且つ帰郷の後、草莽《そうもう》の士をもって相接し、至愚をして不羈《ふき》の士とならしめ、至愚の存意に順《したが》い東西し、兼ねて学ぶ所の術、攻むる所の道をもって有志の子弟に伝え候《そうら》わば、至愚において足れり。

書に臨み、万一を尽くし難く、唯願う、　明朝恵憐《めいちょうけいれん》を加え賜え。

新島七五三太《しめた》
敬幹　花印

7　私塾開業願

〔I-三〕京都府に呈出された同志社英学校開設のための申請書。「学制」の規定では私立学校の設立は政府の認可事項とされた。第四十三章で「私学私塾及家塾ヲ開カント欲スル者ハ其属籍住所事歴及学校ノ位置教則等ヲ詳記シ学区取締ニ出シ地方官ヲ経テ督学局ニ出スヘシ」と定め、第百七十九章で申請書文例を示す。同志社英学校はこれに沿って「私塾」として申請された。書類は「学区取締」→「管轄庁(京都府)」→「(文部省)督学局」(実質審査)→「(文部省)本省」のルートをたどるが、当時、政府中枢には岩倉使節団時代の新島の知己で、この事業に好意的な木《き》戸《ど》孝允《たかよし》、田中不二麿《たなかふじまろ》が在職していた。この開業願提出の三ヵ月後、一八七五年十一月二十九日に「官許同志社英学校」は創立された。（伊藤）

一　私塾位置

第三大学区京都府管下第五番中学区上京第十番小学区相国寺門前町

一　教員履歴

合衆国新約克邦《ニューヨーク》クロットン邑《むら》

宣教師　ジェー　デー　デビス

当八月　三十七歳八ヶ月

右は幼より邑《ゆう》校に入り予備学を致し、千八百五十九年九月、ウイスコンシン邦内のベルート・コルレジ(大学の一部分)に入り留学する事二年、その時南北戦争相起こり申し候《そうろう》に付き、兵丁に加わり戦場に趣《おもむ》き、凱陣の節はコロネル(一レシメント隊司令官)官に昇進。千八百六十四年九月より同校に再入。千八百六十六年七月　卒業。普通学科の免状を得。又同年九月シカゴ府内の神学校に入り、千八百六十九年七月　卒業。神学免状を受く。千八百七十年十一月日本に渡航。神戸に在留せる殆《ほと》んど四年、頗《すこぶ》る国語に通じ候間《そうろうあいだ》、私共義、今度《このたび》月給百円を与え私共学校へ雇い入れ、教授仕《つか》まつらる可《べ》く候《そうろう》。

一　同上

京都府上京《かみぎょう》三十一区四百一番
山本覚馬《やまもとかくま》同居
平民　新島　襄
当八月　三十一歳七ヶ月

右は千八百六十五年十月　合衆国マッサチュセッツ邦アンドワ邑《むら》の予備校に入り、千八百六十七年九月迄《まで》在校。同年九月より同邦アモルスト・コルレジに入り、千八百七十年七月迄在校、芸術免許を得、同年九月よりアンドワ邑の神学校に入り、千八百七十二年三月より文明諸外国学校の形況探索の為、文部理事官田中文部大丞《たいじょう》に随行。亜国《アメリカ》東部、欧羅巴《ヨーロッパ》州諸国を覧歴仕《つかまつ》り、千八百七十三年九月アンドワ神学校に再入、昨年七月卒業。神学免状を受け申し候《そうろう》。

一　学科　英語(綴字　文法　作文)　支那学(史類　本朝史　支那史)　生徒の求めに任す。
算術　点算　度量学　三角法　地理　天文　窮理　人身窮理　化学　地質学
万国歴史　文明史　万国公法　文理学　経済学　性理学　修身学

一　教則　五年間を以て生徒卒業期限とす。
毎年開業九月一日より　一月五日　四月八日
毎年休業十二月二十四日　四月一日　六月三十日
毎日八時間を以て授業時間とす。且《か》つ毎日曜日を以て休暇とす。

一　塾則　身許《みもと》及び行状正しき生徒の入塾を許し、月俸授業料として毎月金三円を納《おさ》めしむ(但《ただ》し美味を好む者は別にこれを求むべし)。通学生徒は授業料として毎月五十銭を納むべし。
然《しか》し窮《きゅう》生徒よりはその高を減じて納めしめ、或《あるい》はこれを受けざるもあり。
右の通り開業仕《つかまつ》り度《た》くこの段願い奉《たてまつ》り候《そうろう》也
上京《かみぎょう》三拾一区下丸屋町四百一番地　山本覚馬《やまもとかくま》同居
新島　襄
結社人
山本覚馬

明治八年八月四日
廿三日出す
九月四日相済候也
京都府庁宛

8　デイヴィスの講義に関して府知事への弁明

御　受〔その一〕

〔I―三〕　同志社英学校の開校(一八七五年十一月二十九日)直前に、新島は槇村正直権知事《まきむらまさなおごんちじ》から急遽《きゅうきょ》、呼び出しを受けた。同月二十二日に、市内の仏教団体が、府庁に質問書を送って同志社開校に抗議したからである。新島はやむなく、校内での聖書の講義は差し控える、との誓約書を提出して、急場を凌《しの》いだ。それから四年後、京都府学務課の課長と課員が同志社を「視察」し、デイヴィスが授業で聖書を講じている現場を目撃した。新島は府に呼び出され、「弁明文」(始末書)を書かされた。　(本井)

弊社《へいしゃ》創立の際に当たり、耶蘇《ヤソ》聖経は校内において教授為《な》しつかまつる間敷《まじ》き旨、書面を奉呈致し置き候処《そうろうところ》、先般、学務課長、横井忠直《よこいただなお》殿他一名、教授巡覧の為《た》め、弊校へ御越の節、雇入《やといいれ》教師、デビス氏、耶蘇《ヤソ》聖経を以《もっ》て生徒に教授仕《つかまつ》り居《お》り候を、御見届けこれ有り、昨六日、御呼び出しの上、兼ねて御府庁迄《まで》、差出され候誓詞に違背するは如何《いかが》の事と御尋ねこれ有り候間《そうろうあいだ》、恐《おそ》れ乍《なが》ら小生の見込み、陳述仕《つか》まつる可《べ》く候。

さて、前誓詞には耶蘇《ヤソ》聖経は校内にて教授為《な》し仕《つかまつ》り間敷《まじ》くと申し上げ置き候え共《ども》、聖経は校内に於《お》いて一切相用いずと申し上げ候主意にこれ無く、一つの教科書として校内で教授為し仕り間敷と御誓申し上げ候、と存じ奉《たてまつ》り候。

且《か》つ、その節、特に拝謁《はいえつ》を得、修身《しゅうしん》学に関する耶蘇《ヤソ》の教誡《きょうかい》は、書中多分これ有り。それを以て論説の証《あかし》となし、基礎となし、その奥義を論ずるに至れば、一つのその教誡によらざるはなし。故にこれを全く断絶するは、甚だ六《むつ》か敷《し》き事と申し上げ候《そうら》えば、修身学に関する分のみは苦しからず、と仰せ付けられ候間、修身学に関する分は、弊校において教授仕り候とも、御差《さ》し支《つか》えこれ無き事と存じ奉り、雇入教師に修身学に関する分のみ教授仕り候事、差し許し置き候。

且つ、デビス氏の聖経より相用《あいもち》い候《そうろう》は、教科書中、不足の分もこれ有り候間、止《や》むを得ざる事に、聖経中より教誡《きょうかい》を引き、相教え候次第に及び候。

右、御尋ねの御受《おんうけ》を呈し奉り候間、至当の御処分仰ぎ奉り候なり。

上京《かみぎょう》区第二十二組寺町通松陰町百四十番地

明治十二年六月七日

同志社々長　新島　襄

京都府知事　槇村正直《まきむらまさなお》殿

御　受〔その二〕

〔I-四〕 学務課の同志社「視察」が行なわれたのは、一八七九年五月二十八日であった。デイヴィスが校内で聖書講義をした件で、新島は六月六日に府庁で尋問を受け、翌日、弁明書を提出。しかし、九日に府は納得できないとして、書き直しを命じた。それがこの弁明書で、十五日に府に再提出された。新島としては、苦しい弁明を強いられた。

文中のホプキンス(Mark Hopkins)は新島旧知の学者で、アメリカン・ボード会長とウィリアムズ・カレッジ学長を兼務していた。同志社では、彼の著作『脩身学』(内容は、II-六〇五。原題は *The law of love and love as a law, or, Moral science, theoretical and practical* by Mark Hopkins. Scribner, 1869.)が、使用を禁止された聖書の代わりにテキストとして利用されていた。

（本井）

弊社《へいしゃ》創立の際に当たり、耶蘇《ヤソ》聖経は校内において教授為《な》しつかまつる間敷《まじ》き旨、書面を奉呈致し置き候処《そうろうところ》、先般、学務課長、横井《よこい》忠直《ただなお》殿他一名、教授巡覧の為《た》め、弊校へ御越の節、雇入《やといいれ》教師、デビス氏、耶蘇《ヤソ》聖経を以《もっ》て生徒に教授仕《つかまつ》り居《お》り候《そうろう》と御見届けこれ有る趣《おもむき》を以て、昨六日、御呼び出しの上、兼ねて御府庁迄《まで》、差出され候誓詞に違背するは如何《いかが》の事と御尋ねこれ有り候間《そうろうあいだ》、早々取調べ候ところ、デビス氏、学務課長御巡覧の節は、ホプキンス氏脩身《しゅうしん》学を教え終わり候に、生徒中よりホプキンス氏論説の基礎とも致し候耶蘇《ヤソ》の教誡《きょうかい》につき、不審のかどこれ有り、発問致し候ところ、教科書中不足の分これ有り候間、止《や》むを得ざる事に、聖経中より耶蘇《ヤソ》の語を引用し、答弁に及び候旨、申し述べ候間、私より向後のところ、精々《せいぜい》注意仕るべく旨、申し渡し置き候。

右、御受《おんうけ》の為め此《かく》の如く候也《なり》。

六月十五日

但《ただ》し、七日差し出せしに、その書付は九日に槇村より下げ渡し、書き直すべき事になれり

裏

槇村宛

9 神学専門科設置御願

〔I－二〕同志社英学校は、五年制の「英学本科」（普通学校）として発足した。翌年、「熊本バンド」を受け入れたために、急遽《きゅうきょ》三年制の「余科」（実は神学校）を新設した。「余科」を名乗ったのは、キリスト教に対して批判的であった槇村正直《まきむらまさなお》知事が、神学科の設置に難色を示したからである。ところが、一八八一年一月に新たに知事に就任した北垣国道《きたがきくにみち》知事は、キリスト教や同志社に好意的であった。そこで、同志社は神学科の組織化と充実化を図った。一八八二年九月の新学期に、それまでの神学コースを専門科に昇格させて「英語神学科」と改め、新たに「別科神学科」（日本語三年コース。一八八〇年に三ヵ月コースとして発足）を設置した。ここに示した設置願は日付を欠くが、そのころ作成されたものと考えられる。（本井）

弊校《へいこう》開設已後《いご》、五ヶ年の英学本科卒業の上、志願の者のみに限り、余科の名義を以《もっ》て神学、并《なら》びに道義学等、教授仕《つかまつ》り来《こ》し候処《そうろうところ》、今回、神学に付き一層の改正を加え、別紙教科書の通り、神学科を二分し、英語を以て専《もっぱ》ら教授仕候分を英語神学科と称し、又邦語《ほうご》を以て教授候分を邦語神学科と称し、該科を弊校の一専門科と支度《した》く候間、従来の英学本科の外《ほか》、更に神学専門科設置の義、御許容被成下度《なしくだされたく》、此《この》段願上　奉《たてまつり》候也。

同志社員総代

新島　襄

10　改正徴兵令に対する意見書(A)

〔I-八三〕民権運動の高揚に手を焼いた明治政府は、二つの効果的な抑圧政策を実施した。一つは一八八三年四月に改正新聞紙条例を発令し、発行保証金供託を制度化して、多くの出版社を廃業に追い込んだ。他の一つは同年十二月二十八日に出された改正徴兵令である。官学に徴兵猶予の特典を認めたこの改正は、民権運動家の温床でもあった私学から退学者を続出させた。一八八四年には同志社からも退学者が急増し、影響は甚大だった。新島は、私学といえども一定の学業水準があり、「操練科《そうれん》」を新設する場合には徴兵猶予の特典を与えるよう政府に働きかけた。なお同様の草稿類が、他に三篇ある(I-八一以下)。(伊藤)

今回改正徴兵令発布に付き、私塾保存の見込み立たざる所より困却《こんきゃく》の至り、私塾永続の策を立て、又《また》大政府今日の御政略にも妨《さまた》げなからん事を望み、左の二件を思考し、他日の御参考に供せんと存じご一覧を仰ぎ奉《たてまつ》り候《そうろう》。

一、改正徴兵令、第十一、十二、十八、十九条の如《ごと》きは、官公府県立学校を保護し、その教育を勧むるの旨趣なりと認むれば、右数条の如き教育保護の徳沢《とくたく》は只《ただ》に官公府県立学校のみに止《とど》まらず、厳重なる試験(学科授業法並びに操練科等)の上、府県立中学高等科に準ずるものと、或《あ》るいはその右に出《い》ずるものと認めらるる私立学校にも霑被《てんぴ》せられん事を切望す。

或いは、左の厳重なる試験法を設け、及第《きゅうだい》したるにたるものには服役一ヶ年にて、帰休を命ぜられん事を要す(但《ただ》し第十一、十二条に準ぜられん事を要す)。

数学(算術　点算　度量学)　漢(日本史　支那史)　経書文章類　英学正則

作文(英　和)　会話　文法(問答は英語を用ゆ)　地理　万国史　英国史(グリース史　羅馬《ローマ》史　或いは独　仏　米国史)　文明史　生理　物理　化学　地質(金石学鉱物)　植物　理財　星学　英文学　修辞　論理　心理　道義等

意見　即《すなわ》ち請願の箇条

一、新令第十一、十二、十八、十九条の如《ごと》きは、官立府県立学校を保護し、その教育を勧むるの旨趣なりと認むれば、右数条の如き教育保護の徳沢《とくたく》は只《ただ》に官立府県立学校のみに止《とど》まらず、これに準ずるの高等私立学校にも霑被《てんぴ》せしめんを切望す。

一、学科教授法等高低の度、定まらざれば保護の恵沢に霑被する事能《あた》わず。故に吏胥《りしょ》を派出せられ、教科書の如何《いかん》、教授法の実況如何を視察せられん事、固《もと》より願う所なり。而《しか》して或《ある》いはその高度未《いま》だ十充ならざる所あり、或いは授業法等未だ尽くさざる所あれば、吏胥、告知により改正修補することを欲す。

数学、漢学、支那史、日本史、英語にて会話、文法、地理、地文学、万国史、英米独、生理、物理、化学、文明史、地質、植物、理財、星学、修辞、英文学、論理学、心理、道義等

英語は正則、外国教師にして大学の専門卒業証を有する人、三人以上のもの。

法、理、文の三課

一課に少なくとも専門学卒業証を持ちたる外国人一人。

大学と見做《みな》さるる以上は十一、十二、十八、十九条の特典を賜わらす〔べし〕。

一、第十九条に準じ生徒修学中の猶予を賜わりたる上は、その最寄《もより》陸軍営所の士官を派出し、私塾在校の生徒をして尽《ことごと》く操練科に従事せしめ、その技芸に熟達したるものには該《がい》士官より該科卒業証を附与し、該塾の学科を卒業したる上、操練科卒業証に学科卒業証を添え軍監に差出し、その調査を受け、然《しか》る後、第十一条、十二条により服役の年限を短縮せられん事を切望す。

万一私塾において学科卒業証を濫用《らんよう》するの恐れありと見做《みな》さるるなれば、生徒卒業の都《つ》度《ど》、試験吏員を派し、その人員、年齢、修学の年限、卒業の試業等、詳細に調査せられん事を要す。公費を仰《あお》がずして多く学生を薫陶する事なれば、大政府より又は地

方官より又は軍監より、試験丈《だ》けの労を仰ぎ奉《たてまつ》り候。官を派する丈《だ》けの労費を仰ぎ奉り候。

一、改正徴兵令の一度発布せしより以来、当校に修学するの生徒、兵役を猶予せられん事を希望し、往々当校を去り、官立府県立の学校に入学せんと図るもの、少々にして止《とど》まらず。且《か》つこれ等の生徒を調査すれば最早《もはや》適齢に達するものか、或《ある》いは殆《ほと》んど適齢に近づきたるものか、皆多くは勤学に堪え、著しく学業に果敢取《はかど》るものと見做《みな》すべきものなれば、生等の如く一身を抛《なげう》ち心血を灑《そそ》ぎ、千思万慮、少年薫陶に従事するの輩は、彼等に向かい最も楽しみを抱き望みを置き、屈指、その成業を期するや一日も千年只《ただ》ならず。然《しか》り而《しこう》して俄《にわ》かにこれ等をして泣くなくも他校に転学せしめば、生等の失望何等ぞ。又《また》校中残す所を調査すれば、或《ある》は年齢至少にして非常の勤学に堪え難きものか、或は年齢已《すで》に適齢を超越し、徐々漸々、学業の急進に適せざるもの計《ばか》りなるべし。思い一《ひと》度《た》び茲《ここ》に至れば生等の失望又何等ぞ。嗚呼《ああ》、賢なる内閣諸公にして少しく顧慮する所あり、私塾に従事する生等も私塾の生徒も、矢張《やは》り、聖天子を仰ぎ、明政府を戴くの臣民たれば、公平無偏の律令を垂《た》れ賜《たま》い、私塾にあるの生徒をして官立府県立学校の生徒と同一の徳沢《とくたく》に霑被《てんぴ》せしめては、私塾に従事する生等の雀躍感泣《じゃくやくかんきゅう》の至り、邦家の為《ため》、明天子の為、必ず卒生の力を出《いだ》し、聖恩に酬《むく》ゆる所あらんと、人才陶冶《じんさいとうや》に竭《つく》す所あらんとす。

十七年二月

西京《さいきょう》同志社英学校長並社長　　新島　襄

〔キリスト教主義教育〕

11　地方教育論

〔I-四〇八〕伝道旅行先の群馬県原市《はらいち》で一八八二年七月十五日に行なった演説草稿。演説会には聴衆が六、七百人集まった(V-一五三)。本稿は前日の安中演説草稿(「37 文明を組成するの四大元素」)の裏面に書かれている。地方名望家有志が基金を出し合って「上等小学卒業生」を受け入れる中等学校を作り、地方社会に奉仕する人材を育成する必要性を説く。これが我が国を振興させ、民権を盛んにするとし、この構想を海陸強兵論という「浅論」と対比している。(伊藤)

教育に付いて論ずるに何の差別もあるまじきに、何故《なにゆえ》地方教育論を為《な》すかを問えば、答えて曰《い》わん、我国の教育の如《ごと》きは東京、中央に集まり、何学も中央に行かねば学問のなき事に成行き、又中央の地に於《おい》て受ける所の悪風は、生徒を腐敗せしむるに□《ママ》し。これを薫陶《くんとう》し、これを養生するに、勢力の乏しき事あれば、今日の勢いを以《もっ》て論ずれば真正の教育を地方に布《し》くに如《し》かず。

地方に布かんとすれば、先《ま》ず地方の有志輩、協同一致して醵金《きょきん》をなし、その任に当たるの人を撰《えら》み、上等小学卒業生のその校に進み、高等なる学科を学び、経済の大意なり、法律の大意なり、物理学、機械学等の大意なり、又古今の歴史なり、農学の大意なり、普通を教えしめ、卒業の上は一通りの教育を受けたる人となり、地方にまいり、如何《いか》なる役も勤まり、県会議員なり、一会社の長なり、一の農家の戸主なり、一通りの学問ある上は、縦令《たとい》無事の日には日向《ひなた》にあり、各々の家業事を預かるも、一旦《いったん》事あるときは地方の率先者となり、村落の骨となり、教会の基《もとい》となり、自由を皇張し、又物産をすすめ、人々にもよき手本を示し、学者たる者は自《みずか》ら尊大にあり自ら先生となるにあらずして、却《かえ》って身を社会の犠牲となし、社会の進歩を計るの人を養成せば、我が国何ぞ振るわざる、我が民権の起きざるを憂えん。

義塾を起こし、往々これを米国のコルレジの如き者となし、広く学びたる人を養成するに如《し》くはなし。

米国のガーウヒールド氏のごときはコルレジの中葉の人な□《ママ》は、自由民権の養成所はこのコルレジにあり。この義塾の挙なくんば如何《いかが》して国の勢力を養い得べきぞ。

海陸軍を増すは弥《いよいよ》末の浅論なり。

12　キリスト教主義高等教育機関設立のために

〔Ⅶ－四三〕原英文。新島は一八八四年秋にヨーロッパ経由で渡米した。彼としては米国の知人や有識者たちに自分が日本で大学設立のために奮闘していることを正しく伝えるために、英語の文章を必要とした。そのため、「明治専門学校設立旨趣」（Ⅰ－九五）の英訳を思いついたものと思われる。これは米国滞在中にアメリカン・ボードを通して刊行することになる「日本におけるキリスト教主義高等教育のためのアピール」（次の13）執筆のためのステップとなった。校名は最初「明治専門学校」だったが、やがて徳富《とくとみ》猪《い》一郎《いちろう》の助言に基づき、「同志社大学」に変えられた。文明の基礎としてキリスト教主義高等教育が必須であることを雄弁に宣言している。

（北垣）

日本における最近の政治上の変化は、何世紀間にも亘《わた》って社会の基盤を形成してきた封建制を一掃しました。さまざまな変化が影響力を着実に増していくにつれて、社会変革はいちじるしく進み、私たちは今やまったく新しい国に住んでいる感じです。日本の政治制度、教育方法、通商、産業が改善したことを強調する人がどの階層にも存在します。私たちはこれらの重要さを認める点で彼らに心から同意するものですが、現状を調べてみると、ひとつだけ悲しく思う点があります。それは何でしょうか。

それは日本に、新しい学術を教えるにあたり、キリスト教道徳に基づいて建てられた大学が存在しないことです。これこそは私たちの文明が必要とする基盤なのです。自然環境の有利さという点で、日本は決して欧米に劣るものではありません。そうであれば、私たちの文明にこれほどの大差があるのはなぜでしょうか。日本人の中には真面目な目的を持つ人が少ないということ、これまた確かなことです。だからこそ大学が必要なのです。

私たちはヨーロッパの例から学ぶことができます。十六世紀に偉大な改革者ルターは言いました。「子供を学校にやることを拒否するような親は国家の敵であり、処罰されるべきだ」と。ドイツの哲学者フィヒテも言いました。「ドイツがヨーロッパ文明の先頭に立っていることの原因は、ドイツの大学から発散する力の中に見出される」と。十二世紀はヨーロッパ文明の黎明期《れいめいき》でした。当時パリ大学ではギリシア哲学が研究され、ローマ法がボローニャ大学で研究されていました。一六〇〇年になるまでにイングランドにオックスフォード、ケンブリッジの両大学、スコットランドにはエディンバラとグラスゴーの両大学、ドイツにはプラハ、ハイデルベルク、ライプツィッヒ、チュービンゲン、イェナの諸大学が設立されていました。オランダ、スペイン、ポルトガル、オーストリアにもまた大学がたてられました。

アベラール、ロージャー・ベイコン、ケプラー、ガリレオ、ベイコン卿《きょう》、ロック、ニュートン、ミルトン、ライプニッツ、カント、リード、ハミルトンらはこういった国々における偉大な学者として有名です。ピム、ハンプデン、ピット、フォックス、バーク、ジョン・フス、ウィックリフ、ルター、カルヴァン、ノックスらは政治と宗教における改革者でした。これらの大学の影響を通して、哲学と科学が発展し、専制政治と封建制度は阻止され破壊されていき、僧侶や貴族の権力に対して抵抗運動が起こり、自由と自治への欲求が点火されていきました。宗教改革とイギリス革命がヨーロッパの状況を変えたのです。

一八〇〇年にはヨーロッパに百以上の大学が存在し、その影響の下で文明の進歩が加速されたことは、異論をさしはさむ余地のない事実です。目を転じてアメリカの大学を見ますと、アメリカにはすでに三百以上の大学があり、しかもそのうち政府の作った大学は八校だけなのです。注目すべき大学としてハーヴァード、イェール、プリンストン、アーモスト、ウィリアムズ、ダートマス、オベリンなどがありますが、中でもハーヴァードは最も有名です。ハーヴァードには現在教授が百十人、図書館には十三万四千冊、そして千四百八十五万三百七十二ドルの維持基金があります。一八七二年にアメリカには二百九十八大学がありましたが、これに続く七年間のうちに六十六大学が設立されました。アメリカにおける高等教育機関の成長は世界の驚異の一つです。

一六二〇年に巡礼の始祖たちは神を礼拝する自由を求めてプリマスに上陸しました。彼らはキリスト教道徳の上に学校を建てたのでした。二百六十年間にわたって彼らの子孫は父祖の精神を継承し、父祖の目的を維持してきました。そのような学校が悪をなす者の数を減らし、善をなす者の数を増やすのだと彼らは信じました。そのような学校が自由の精神を育《はぐく》み、国家の基盤となるのだと彼らは信じました。キリスト教大学こそが自由の安全弁であると彼らは信じました。彼らの自由な教育機関は、この精神の結果であることを、私たちは疑いません。

わが国の政府は大学の重要さを認めるや否や東京に一つの大学を設立し、また幾つかの中学を建てました。これらの機関は私たちの知的、物質的な成長を促すものではありますが、道徳的な成長を促すことはありません。儒教を基盤として天下の道義を改善しようと努めている人々は少なくありません。しかし私たちは彼らの努力を喜ぶことはできません。なぜなら中国の道徳律は人々の心を心底から摑《つか》む力がないからです。すべての東洋の国々はほとんどの場合自由とキリスト教道徳を欠いているため、文明を急速に発達させることができないのです。ヨーロッパ文明を誕生させたのは自由の精神と、学術の発達と、キリスト教道徳だったのです。結果を原因まで遡《さかのぼ》ってみれば、学術はキリスト教の基盤の上に打ち立てられていることがわかります。

それ故日本でもその同じ基盤の上に教育を構築するまでは文明を築くことができないと、私たちは信じています。この基盤さえあれば、国家は岩の上に打ち立てられたも同然です。この基盤は剣によって征服できるものでなく、嵐もそれを打ち壊すことができず、大海もそれを打ち負かすことができません。中国の古臭い道徳律に頼っていては、その基盤は砂上の楼閣同然であり、荒波が押寄せてくれれば崩れるだけです。

そういう訳で私たちは高度の近代学術を教え、純然たる道徳に基礎を置くような大学を設立したいと望んでいます。私たちはこのためにまじめに努力してきました。この精神に基づいて私たちは明治八〔一八七五〕年に京都に同志社英学校を開校しました。学生の数が年を追うて増えてきましたので、今や私たちは目標を大学を創ることに定めました。明治十六〔一八八三〕年四月に私たちの趣旨を公表しましたところ、おびただしい激励をいただきました。時を同じくして京都で有志の集まりを持ち、校名を明治専門学校としました。私たちは先《ま》ず歴史、哲学、政治、経済学等の学科、それに続いて法律、医学の学科を作るための基金を集めることに決めました。これを達成することは容易ではありません。建物と教授招聘には多額の金を必要とするからです。私たちは少数であるため自力で必要な金を捻出できません。しかしながら、今この大学を設置するという目的を棄てるつもりはありません。私たちは新日本のために働かなくてはならないのです。真の愛国者ならば必ずそうすべきです。私たちの目的を達成し、この大事業をなしとげるために、なにとぞ、できるだけの力を貸してください。皆様のご支援なしには、私たちの目的の実現はできないからであります。

一八八四年五月

13　日本におけるキリスト教主義高等教育のためのアピール

〔Ⅶ―三五九〕原英文。一八八五年十月、米国に滞在中であった新島は、アメリカン・ボードを通して、日本におけるキリスト教主義高等教育機関の設立を訴える文書を印刷、公刊した。それにはアメリカン・ボードのN・G・クラーク主事、ウィリアムズ大学のマーク・ホプキンズ学長、アーモスト大学のジュリアス・シーリー学長の三人による推薦の文章が添えられていた。新島はここで、キリスト教の日本伝道を促進するためには、キリスト教主義高等教育こそが緊急の課題であることを強調している。それには政治学、歴史、文学、哲学といった非神学系科目がクリスチャンである教授たちによって教えられるべきであるとする。これは彼が同志社英学校の開校準備にあたっていた頃からの、重要な確信の一つだった。しかしアメリカン・ボードの宣教師の多くは、京都の学校を説教者養成のためのトレーニング・スクールであるべきだと考えていた。この近視眼的な見解に新島は抵抗し、日本では、近代科学をはじめとする非神学系科目を教授するのでなければ、優秀な学生を集めることはできないと信じた。これは同志社英学校設立以来の新島の確信であった。（北垣）

古い日本は滅んだ。新しい日本が勝利をえた。古いアジア方式は静かに消えつつあり、最近移植された新しいヨーロッパの思想は力強く、はなばなしく成長しつつある。ここ二十年間に日本は一大変化をとげ、大きく躍進したため、もはやもとの状況に帰ることは不可能になっている。

日本は古い衣をかなぐり捨てた。今や、よりすぐれたものを採用する用意がととのった。毎日おびただしい数の新聞が全国に配られ、読者の間に新しい変化を求める新鮮な欲求を絶えず作り出している。日本の指導者層も、古いかたちの専制的封建制に堪えられなくなり、またアジアの道徳、宗教のすり切れた教義にも満足できないでいる。一、三年前に彼らは憲法を要求する声を挙げ、すでに天皇から、一八九〇年に憲法を発布するという約束を得ている。もろもろの異教は彼らの探究心からすれば、単なる古い迷信の残骸にしか見えないのである。

最近、義務教育が小学校において実施され、学校数はおよそ三万に達した。これは一般大衆の知識を刺激し、高めるのに大きな役割をはたすものであることが立証されている。東京帝国大学は年々百名にのぼる高度の教養を身につけた卒業生を世に送り出し、この人たちはあるいは官吏として、あるいは個人の資格で、それぞれ責任ある仕事につきつつある。もう一つの大学がやがてこの国の二番目に重要な商業都市である大阪に政府の手でたてられ、高等教育を熱心に渇望している若者たちを受け容れることになる筈《はず》である。

最近の日本における外形上の進歩について長々と述べる必用はなかろう。それについては次のように言えば十分であろう。日本沿岸の水域には、今や日本の船舶がひきもきらずに往来している。道路は絶えずよくなってきている。トンネルがあちこちに掘られ、重要な商業都市を連結するために鉄道が敷設されている。全国津々浦々に電信網がはりめぐらされた。これほど短い期間に日本がなしとげてきたものを概観するとき、われわれは日本が必ずやヨーロッパ文明の形をとるであろうこと、そして日本は、その国家目的を達成する栄誉を見るまでは、決してやむことのない国であると考えざるをえないのである。

最近の変化と進歩をもたらすために、日本は痛みの中で、莫大な財産と貴重な血を犠牲にしてきた。事実、日本の勝利は高い値を払ってあがなわれたものである。それは急速に、しかし立派になしとげられた。それは急激な運動であった。しかし驚くべきことには、日本は自らたどってきた道中において、ほとんど過ちを犯さなかった。日本は能力が許す限り、最善をつくしてきた。

政治上の革命の最も重要な時期はほとんど過ぎ去り、政府も社会も、まもなくある新しい形へと展開していくであろう。しかし、どのような形を取るというのか。筆者にはこれからすぐ先のことが、過去よりももっと深刻な問題に見えるのである。われわれの将来は何であるのかという問が、われわれの間で必然的に問われている。

たしかに日本は自主的な立憲政府をもつよう運命付けられている。日本はその国民を完全に教育しなくてはならない。もし自由な憲法と高等教育が国民に保証されるなら、これこそはすばらしい偉業というべきである。しかしながらこれら二つの要因は、まさに言論の自由をもたらす要因なのであって、このために自由な意見同士の間に恐るべき衝突をもたらしかねないのである。だから、それを阻止するものがなければ、国家をあげてのとんでもないほどの混乱状態におちいることが、日本の運命となるかもしれない。今の日本のように、国民が自分勝手な歩み方をするにまかせておけば、国家再興への望みは永遠に失われるというべきであるかもしれない。

しかるに、危急の際には、常に無限の知恵をもって国々を支配し給う神が、この国家的な災いと絶望からわれわれを救い出すために介入し給うたのである。十字架を背負うたアメリカの宣教師たちがわれわれの国土に上陸し、国民の魂を救う福音を宣《の》べ伝えて下さったのは、早すぎも遅すぎもしない、まさに絶好の時であった。彼らのまじめな働きと絶え間のない祈りとによって、キリスト教会の礎《いしずえ》はまもなく築かれたのだった。

日本で伝道を開始したすべてのミッションは、数年間の経験をへてから、日本で宣教を進める上で最上と思われる一般的な政策を、一致して採用するようになった。それはすなわち牧会《ぼっかい》に当たる者として日本人のクリスチャンを育てる、ということである。現在日本にはその種の学校が六校以上ある。日本の国土でこのようにして育てられた人たちは、あちらこちらへ出掛けていって、新しい教会を設立した。短い期間のうちに多くの魂を新しい信仰へと改宗させるにあたって彼らがすでになしとげたことがらは、単なる人間の力であったとして説明するにはあまりに大きな事実であるように思われるのである。「神はわれらのために戦い給う」——これがわれわれの叫びであったといってよい。

アメリカン・ボードの傘のもとで、たった十六年前に日本の中心部で始まったミッションは、大いなる祝福を受け、最近では大きな収穫の喜びを経験した。最新の報告によれば、現在三十三教会、三千人の教会員、十四人の按手礼《あんしゅれい》を受けた牧師、九人の仮牧師がいる。この七月に現場の一宣教師は、ボードに書いた報告の中で次のように述べている。「一月以来わがミッションとの関連で六つの教会が組織されました。ひと月に一教会の割合です」。兄弟たちの賢明な導きを通して、この諸教会では宣教精神が大いに養われてきた。彼らはすでに日本基督《キリスト》伝道会社、さらにまた教育会を組織して、福音宣教事業を遂行するためにアメリカン・ボードの宣教師団と協力している。それはこぢんまりとした出発だった。しかし自給への欲求はすでに彼らの努力の中に明白にあらわれている。

ここで喜んで触れさせて頂くのであるが、われわれの教会は大部分が自給の教会であり、教会のうちのいくつかは創立時以来ミッションからの金銭的な支援を一度も受けたことがなかった。以上はアメリカン・ボード宣教師団が日本に第一歩を印して以来、なしとげてきたことのあらましである。しかしその成功の原因について、ここでどうしても述べておかねばならない。

もちろん悩んでいる魂に平和の福音をたずさえていった宣教師諸君が、現場を大いに足によって往き来したという事実は否定できない。けれどもその功績の相当な部分は、諸教会にきわめて熱心な、克己心にとんだ日本人の兄弟たちを派遣することをめざして、京都に何年か前に設立された、アメリカン・ボードの教育機関に帰せられるのである。この学校は五年間の英学教育と、さらに三年間の神学教育を行っている。学校は創立後まもないものであり、まだ十分に設備がととのったとは言えないが、それでもなお日本国の塩となるよう運命付けられているものと思われる。学校は完全にキリスト教の基盤の上にたてられており、今ではヤソの学校として人々から公然と認められている。学校は国中の各地から多くの若者を惹《ひ》きつける中心となった。たいていの者は未信者のままで学校にくる。学校を出ていく前に、若干の例外はあるが、ほぼすべての者がクリスチャンになっているのである。

この学校を拡大し、改善してほしいという要望が絶えずなされてきたので、アメリカン・ボードは最近、さらに多くの人を送り、さらに多くの資金を出して学校を強化すべく、異例の措置を取られた。そこでもっと多く建物が建てられた。設備の購入も進んだ。図書館には書物がふえた。英学校普通科も近年は大いに改善されてきた。神学科もまたカリキュラムを拡大するために大胆な一歩を踏み出した。それでもなお、しなければならないことが沢山ある。もしもわが国にわれわれのミッション・スクールよりもさらに高級な学校がないのであれば、わが校の現状はかなりよいものだといえよう。しかし政府のたてた大学は近年非常な発展をとげ、多数の卒業生を送り出すようになってきた。貧弱な教育しか受けていない者は、社会の指導者としては役に立たないとして、公職から退かなくてはならない日が、われわれのところにもやがて来るであろう。そのような社会の中で、キリスト教の伝道者として第一線を占めるためには、われわれの若者たちは一流の教育を受けなくてはならない。

日本で十年間の経験を積んでみて強く確信することがある。それは、日本人を教化するための最良の方法は、日本人の伝道者を育て上げることであり、そのような伝道者は、日本でみつけうる最良の若者たちに最高のキリスト教的教養を与えることによってのみ確保できる、ということである。それは高くつく仕事であるかもしれない。しかしそれは最後には必ずつぐなわれて余りが出る。ミッションの事業が信仰の事業であるべきことはもちろんである。しかしわれわれの場合、知的教養はどうしても無視できないものである。よりよい教育を受けた者はより大きな仕事をすることができる。伝道者としての資格をよりよく満たしている者は、そうでない者にくらべて、自給し、自己の拡大をはかるような教会を一層早く組織することができる。そういうわけで、最良の若者たちに広い教養を与えることが、彼らを主《しゅ》のご用のために勝ち取り、備えていくのに最も必用欠くべからざる手段となるのである。伝道事業を実践するというこの大きな要求以外に、高等教育について考慮を要することが今一つある。

われわれの学校には、その環境が伝道者になることを許さない若者や、また伝道者には不向きな若者が何人かいる。彼らはわれわれのところにやってきて、五年間の英学の課程を修める。しかし、学校には神学以外に高度の課程を置いていないために、さらに学問したい者はどこか外《ほか》の所に行かねばならなくなる。彼らはこのミッション・スクールに居る間にキリストに導かれる。しかしよそへ行けば、キリストを捨てる危険が生じる。彼らはまだ年も若いのである。彼らの信仰は十分に固まっていない。彼らはなお手当てを必要としている。彼らは、不信仰の深みに落してしまうには貴重すぎる宝のようなものである。

彼らがよく行くことになる学校というのは、東京帝国大学のことであるが、そこでは国家との関連のためにキリスト教は全く排除されている。そこでは彼らの信仰はさめてしまうことがある。彼らはかつて見出した道から迷い出ることがある。そのような学生についてはどうしたらよいのか。解決しにくい深刻な問題である。われわれの考える唯一の道は、〔同志社において〕二、三の学問分野のための講座を備えることである。それにより、彼らは将来の有用性のために利益を得ることになるであろう。

もしも医学校が設立され、クリスチャンの医師がそこで養成され、キリスト教の伝道者たちとともに手に手を取って、主《しゅ》のご用をはたすために送り出されていくならば、これはわれわれの宣教事業を助け、押し進めることになるであろう。日本で十二年間すごし、最近帰国された一宣教師〔J・C・ベリー〕は、この目的のためにアメリカの人々に緊急のアピールをして下さった。けれども医学校を始めるには莫大な資金が必要であるので、同宣教師の要望に対してこれはというような反応はまだあらわれていない。

昨年京都で、同志社において政治学、歴史、文学、哲学の講座を設けようという、いま一つの運動が始まった。同志社の関係者はこの決定的な処置にふみ切らざるをえなかった。なぜなら第一に、われわれはあの若者たちがその専門分野の学問を修めるために、キリスト教学校の聖なる壁の内側に彼らをとどめておくことができると感じたからであり、第二に、われわれは、神学以外にもそのような科目が設置されれば、喜んでわが校に来たがる者たちを惹《ひ》きつけることができると思ったからである。

アメリカの友人諸君の中には、われわれが軌道から外《はず》れ、もともとの学校計画からは無縁な何かを始めようとしている、と見る人がいるかもしれない。われわれもまたはじめには、そのような意図はなかった。しかし現状がどうしてもこのような針路を取らざるをえなくさせるのである。またわれわれがあまりにも野心的に事業を進めようとしているといって、非難する人があるかもしれない。そのような人に対し、われわれは時勢に取り残されることを恐れている、とお答えしよう。もしわれわれが地の塩であるよう運命付けられているとするならば、われわれは取り残されてはならない。

将来国家を指導しようという有望な若者たちを獲得して、これを育成すること、そうしていけない理由があるだろうか。北部の人々が南部の黒人を高めるためにやったこと、東部の人々が西部の人々を育成するためにやったこと、それは宣教師を派遣すること以外に、強力な大学や神学校を移植することを通してであった。これこそが日本の新しい世代を育て上げるための真の道を示しているといえよう。

もしわれわれがただ神学教育だけに限定しているならば、社会の中でわれわれが影響を及ぼしうる範囲は、キリスト教の教会だけに限られてしまうかもしれない。しかし、もしわれわれが完全なクリスチャンの教師陣のもとで、神学以外の他の専門分野を若者たちに提供するならば、それは或る階層の若者を捉えて、学校の中で彼らを教化するためのすばらしい機会となるであろう。それ以外には彼らの心を捉える方法はないと思われるのである。

われわれはキリスト教が全人類に益をもたらすものであることを信じる。すべての人々をキリストの方へと誘い入れるためには、低い所と同じく高い所にも、われわれの影響力を拡大していけない理由があるだろうか。なぜわれわれのキリスト教主義学校の中で、クリスチャンの伝道者や教師を養成するのと同じく、クリスチャンの政治家、クリスチャンの弁護士、クリスチャンの編集者、クリスチャンの商人、を養成することに対し、深刻に反対しなくてはならないのであろうか。キリスト教によって日本を救うということ、これが不肖《ふしょう》われわれの目的とするところである。

わが東洋人の魂と肉体は完全に清められるべきであり、天におけるごとく地においても、キリストの輝かしい王国を建設するために、それらは主《しゅ》にむかって献《ささ》げられなくてはならない。もしわれわれが、神の御心《みこころ》に沿うて、パンのかたまりの全部をふくらますために、社会のさまざまな領域において人々を養成するのでなければ、われわれがぐずぐずしている間に他の連中がやってきて、すぐに破滅の種子を播《ま》きはしないかと恐れる。救い主がルカ福音書十六章八節で仰せられたことを想い出して頂きたい。「この世の子らはその時代に対しては、光の子らよりも利口である」。

高等教育に関してそのような措置を取れば、当然のことながら、野心のある学生たちは神学科から他へと引っぱられていくのではないかという、不当な恐れが起こるかもしれない。あるいはそうかもしれない。しかし英学校〔普通科〕にはこれまで以上に多くの学生が入学してくるであろうし、その結果何名かは、神学科に大きな損失を与えることなしに、他の分野へまわすことができるであろうと、われわれは信じている。それどころか、われわれは、他の学科から神学科へと何人かの学生を惹《ひ》きつけることさえできるであろう。そのような措置のために何らかの不都合が起こるかもしれない。しかしそれにしても、そのために達成される益によってつぐなわれて余りがある、ということにもなりうるのである。ここで、この企てに関して、いくつかの理由を述べることを許して頂きたい。

一、そのような措置は、若者たちをして普通科の課程を終わったのちにも学校にとどまらせ、さらに研鑽《けんさん》をつませることになるであろう。それは、彼らのキリスト教的な性格の発展強化に貢献することになろう。

二、そのような措置は、思慮深い父母たちの意に沿うことであろう。すなわち彼らは当然のことながら、若者のおちいりがちな悪や腐敗に対する防波堤となれるくらいに、しっかりとした徳性を養い育てるような学校へ、子どもを送りたいと思うであろうから。

三、このようにして広い教養を身につけた若者たちは、必ずや、社会によい影響を及ぼす好機会にめぐまれることであろう。社会の各層において、よい教育をうけた、まじめなクリスチャンたちの言行は、直接間接にこの大目的を大いに助けるであろう。時には間接的な努力の方が、直接的な努力よりも、もっと素早く結果を生むものである。

四、この措置は、神学科に深刻な害を与えるどころか、必ず神学科を益し、強めることであろう。

五、われわれは専門課程に力を入れることによって、キリスト教教育に対する幅の広い基盤を置きたいと望んでいる。

今やこの措置を取って、国内で最も優秀な若者たちを同志社に集め、最高の善と、最高の目的のために、彼らを育て養うべき時が熟しつつある。このようにしてわれわれは、この大突撃を試み、三千七百万の貴重な魂をキリストの為に獲得する仕事に乗り出さなくてはならない。真理の種子は今すぐに播《ま》かねばならぬ。ぐずぐずしていると折角の好機を不信心者の手に渡すことになり、大変な災いを招き、あの美しい島帝国を取り返しのつかないほど、不毛の地と化してしまうことであろう。ああ、アジア第一等のうるわしい国日本よ。「もしわたしがあなたを忘れるならば、わが右の手を衰えさせて下さい。わが舌をあごにつかせて下さい」〔詩編、百三十七編五〜六節〕。

すでに述べたように、京都では、特別な部門のための講座を設置すべく、募金運動が去年始まった。しかしわれわれの仲間は非常に少ない。いま国民は不景気のためにうちひしがれており、さらに最近、非常な洪水が国土に破壊をもたらした。そういうわけで、われわれは彼らから多額の寄付を期待することはできない。昨年この目的のために、特に京都の多数の名士に参集を求めたとき、われわれは彼らに、一八九〇年までに資金を与えてもらいたいと強く要望した。それは天皇が憲法を発布される年であり、われわれはこの政治上最も記念すべき年を記念して、大学を設立したいと願ったからである。

この訴えは彼らの間に大きな熱意を呼び起こした。中には分に応じて、できるだけの寄付を約束してくれた人もあった。だからわれわれは、二、三人の日本人教授を雇うにちょうどよい程度の資金は達成できるであろう。しかし若干名のアメリカ人を教授として確保するに十分なだけの資金を受けることは、とても期待できないのである。そういうわけで、アメリカの友人諸君から、政治学、歴史、文学、哲学の講座を設置するために、二、三人分の教授招聘用の資金を与えられるならば、われわれの目的を助けて頂くこと甚大というべきである。

近代ヨーロッパの不信仰の大波が、どれほど危険な仕方で日本の岸辺に打ち寄せているか、米国ではわかって頂ける方が少ないのではなかろうか。けれども、わが国が最近辿《たど》ってきた道に深刻に注目し、観察してきた日本人の目には、現代は容易ならぬ時期に思えるのである。日本における将来の戦いは、外国の侵入者との戦いではなく、それは必ずキリスト教対不信仰の戦いとなるであろう。

神がご自身の御国《みくに》のために戦われるのだからといって、われわれは準備もしないで、平静を保っていればよいであろうか。われわれが自分の戦いを戦うのでなければ、神はわれわれを助け給わないのではあるまいか。今こそわれわれは日本を腐敗と不信仰から救うために、渾身の力をふるって、キリスト教教育とともに、伝道事業を押し進めるべき時である。アメリカン・ボードは賢明にも、その力の及ぶ限り教育の面で、われわれに援助の手をさしのべて下さった。しかしわれわれの仕事をさらに効果的に進めていくためには、まだまだしなければならないことが残っている。主《しゅ》の軍隊は、戦いがまだ始まったばかりのところで阻止されるわけにはいかない。戦場に次々に強い人々を送りこむためには、強い手段が講じられなくてはならないのである。

ところでこのアメリカの偉大な共和国の中に、差し迫った国家的危機からわれわれを救い出すために、時宜にかなった援助の手をさしのべて下さる方はないものであろうか。この国には、貧しい人間を益するために、自分の財宝をどのように用いるのが最善の道であるかを、深刻に考えている方々もおありだと思う。そのような方々に対し、われわれはまじめに懇願し、声を大にして「われわれを思い出して下さい」と叫ぶものである。願わくは、神が、心ある人々の心に触れ給うて、その賜物《たまもの》の一部をわれわれに与えさせられますように。こうして、アメリカ合衆国と日本の間の永続的な平和の記念碑として、日本にキリスト教主義高等教育のための講座が設置せられ、それを通して、何百万人という日本人とその子孫が、祝福を受けることができますように。

14　同志社創立十周年記念講演

〔I―一〇五〕一八八五年十二月十八日の新島は、多忙であった。前日の午後、一年半ぶりに欧米旅行から帰宅したばかりの新島は、この日、四つの集会でスピーチを披露しなければならなかった。新島が書き残したスピーチ原稿はない。現場にいた学生(広津友信)が、以下の四つのスピーチを筆記してくれていた。

まずは、午前十時から同志社礼拝堂(チャペル)定礎式である。留守中に竣工した彰栄館に続く、二番目のレンガ校舎(今はいずれも、国指定の重要文化財)である。新島は式辞の中で、「教育の基本は宗教にある」、「この礼拝堂は同志社の基礎、精神である」と力説する。　(本井)

〔同志社礼拝堂定礎式における式辞〕

この礼拝堂定礎式を施工する祈禱を神に捧ぐる前に当たり、この堂設立の事につき、聊《いささ》かわが意を陳《の》べんとす。抑《そもそ》も教育は、宗教と密接の関係ある者にして、教育の基本は宗教にあり、と謂《い》うべし。故《ゆえ》に、欧米文明諸国、いずれの著名なる学校にも、礼拝堂の設けなきはあらず。且《か》つ、最も美麗を尽くし、十分善良に作りあるを見る也《なり》。

それは何となれば、教育と宗教の関係、実に一なる所より然《しか》らしむ。而《しこう》してわが同志社教育は、実にキリスト教と密接の関係ある者にして、今日、この定礎式を行ない、これを神に奉献するは、後来、我が大いに喜ぶべき事なりと思う。何となれば、この礼拝堂は、わが同志社の基礎となり、また、精神となる者なればなり。

西洋諸国の学校に於《お》いては、已《すで》に宗教の教育に欠くべからざる関係あるを知り、これを貴重すと雖《いえど》も、我が日本は未《いま》だ然《しか》らず。基督《キリスト》教を賤《いや》しむるは、学生の常にして、わが同志社にも亦《また》、この教えを嫌う者なかりしにもあらず。然るに今日、この堂を神に捧ぐる事を得るは、真に進歩を顕《あらわ》す者と謂《い》うべし。又、今日の時勢を見る時は、この堂は是《これ》、実にわが日本に大なる関係を有する者なり、と信ずるなり。

前陳するが如《ごと》く、西洋諸国にては、宗教と教育が並行せざれば、真に学校を成す能《あた》わず。彼の米州コルドバ大学校〔不詳〕の如きは、断然と基督《キリスト》教を入れざる精神を以《もっ》て設立し、数多《あまた》の人々、大金を捐《なげう》ちたるものあれども、到底その主義を貫徹する事能わず。近来に至りては、有名なる説教師等を招聘し、生徒に向かって基督教の真理を説かしむるに至れりと云う。

然《しか》らば、即《すなわ》ち礼拝堂なる者は、決して学校に廃すべからざる者と思うなり。而《しこう》して、大意を略言すれば、独《ひと》りわが礼拝堂は、わが日本国に大関係あるのみならず、わが生徒のこれを以《もっ》て精神と為《な》すべき者なりと云う爾《のみ》。

続いて、書籍館《しょじゃく》(現有終館)定礎式である。これより十一年前のラットランド集会(アメリカン・ボード年会)で、新島は声涙ともに下るスピーチをした。それが契機となって、約五千ドルの寄付が得られた。これが一年後に京都で開校に漕ぎ着けた「同志社の核」となった。新島は定礎式では、往時を偲んで、この時の大口寄付者のことから、説き起こす。(本井)

〔書籍館定礎式における式辞〕

わが同志社は、米国有志者数人の若干金を寄付せられし者に依《よ》りて立つ者なり。余《よ》が米国を去り、始めてわが国に帰朝せんとするに臨み、かのボストンの伝道会社大会(アメリカン・ボード年会)の際、一弁を振るうて学校の必要を説きし時、かのワシントン府のパーカー氏、ボルモント(バーモント)州旧知事、ページ氏、ニューヨークの有名なる商人、ミスター・ドッジ氏の三名、各千ドルを寄付せられたり。

余、今度渡航の節、この三人の凡《すべ》てに面晤《めんご》する事、能《あた》わざりしが、パーカー氏を訪《おとな》いし時に、氏は階上より降り来り、余を抱き、暫時互いに一言を出す能わず。良久《ややひさ》しうして、先年の厚意を謝したりし。氏は今日、八十有二の高寿なれども、真に矍鑠《かくしゃく》たる老翁なり。

それよりページ氏にボストンの会場に於《お》いて面会し、互いに握手一礼を呈し、種々談話の末、同氏の真影〔写真〕をわが同志社の為《た》めに請う。氏、これを諾し、帰るや否や、直に病魔の犯す所となり、自から筆を取る事をも出来ず、細君の代筆を以《もっ》て一書を送り、撮影二葉を贈られ、一は同志社に、一は余に与えらる。

而《しこう》して、余再び彼に会う事を得ず。その翌日、氏は天津神国《あまつみくに》へ逝かれたり(矣《かな》)。然《しか》り而して、ドッジ氏は、已《すで》に永眠に就かれたれば、その細君に逢い、その礼を述べたりき。

以上、わが校に関する事なれば、聊《いささ》か述べて、以て定礎式の演説となすと云う爾《のみ》。

午後は、同志社創立十周年記念式である。場所は「運動場《うんどうば》」(体育館)。京都府や滋賀県の知事、衆議院議長などの来賓を迎えた晴れの場で、新島はいきなり退学者の話しを切り出した。涙に咽《むせ》びながらの熱弁が、会衆の胸を激しく打った。退学者に思いを馳せて述べた、「諸君よ、人一人は大切なり。一人は大切なり」の一節(前半部)は、現在、同志社新町キャンパスの校舎側面に大きく彫られ、入構者の目を奪う。

（本井）

〔同志社創立十周年記念式における式辞〕

往事《おうじ》を述べる時〔こと〕は、実に数多《あまた》あれども、これを除く。又、卒業生の事を云わんか、これ亦《また》、数多あれども、これを除く。諸君と共に今、往事を追想して紀念したきは、昨年、我れ不在中、同志社を放逐《ほうちく》せられたりし人々の事なり。

真に彼らの為《た》めに涙を流さざるを得ず。彼らは或《ある》いは真道を聞き、真の学問をなせし人々なれども、遂に放逐せらるるの事をなしたり。諸君よ、人一人は大切なり。一人は大切なり。

往事は已《すで》に去れり。これを如何《いかん》ともする事能《あた》わず。以後は我ら実に謹《つつし》むべし(先生流《りゅう》涕《てい》、胸塞ぐを演《の》べらる。満場一人として袖を濡《ぬ》らさざる者、なかりき)。

今、聊《いささ》か帰路航海の事を引きて、我が意を明《あきら》かにせんとす。

我、今度、サンフランシスコを出帆するや、海上暴風、真に乗客痛み、余も亦稍々《しょうしょう》労したりしが、船長この困難にも拘《かか》わらず、兼ねての船路と異なりたる迂曲の線路を馳せ、十数日の間は真に困難なる中に、遥かに洋中を走り、将《まさ》に我が日本に着せんとし、殆《ほとん》ど二、三百里にして、稍《よう》やく西北に向かって、日本の港に入れたりき。

我が同志社の来歴も亦《また》、これと同一なり。真に困難の中に一意に神に任せ、この進歩をなしたり。而《しこう》して今日、十年期に於《お》いても、決して喜ぶべき時にあらず。未《いま》だ、その港に達せざる者なり。今日、已《すで》に見る結果は、未だ全き者にあらずして、数百年の後にあらざれば、真に喜ぶべき時、真の果を見るべきには至らざる也《なり》。然《しか》れども、我が同志社は、この進路を決して変えざる也。

夜は新島の帰国歓迎会である。会場は同じく体育館である。このスピーチもかなり場違いな内容である。つまり、新島自身は、自分が同志社の創業者や功労者と見なされることを拒否する。そればかりか、「先導者」、「先生」と呼ばれること自体を悲しむ。この日も、あらためて「先生と呼んでくれるな」と学生たちに懇請する。デイヴィスによると、卒業式などで新島を総長の椅子に座らせるのは、並大抵のことではなかった（『追悼集』二、六八頁）。（本井）

〔新島襄帰国歓迎会における挨拶〕

我が愛する内外の教師、生徒諸君、又諸方教会兄姉と京都に在る兄姉に向かって、歓迎の答えを為《な》す事を得るは、余に於《お》いて最も面目の事と思う。我、諸君に迎えられ、その演説を聞く時は、我が心、喜悦と懼《おそ》れとを以《もっ》て満たさる。

諸君は、余を以て我が校に功労あり、又教会の先導者たる者の如《ごと》く思わるれども、我は決して先導者にも非《あら》ず、又功労ある者に非ず。余は已《や》むを得ずしてこれを為《な》す者なり。勿論《もちろん》、我より外《ほか》にその人を得れば、その人、これを為すべし。然《しか》れども、学校は必要なれども、その人未《いま》だ起こらず。

然《さ》れば、余が如《ごと》き者も、起《た》たざるを得ず。請《こ》う、襄より始めよ、とて、奮起したれども、未だ如何《いか》なる事に至るか、又如何になすべきかを知らず。今日の如きは、無論更に思いの外《ほか》なりき。是《これ》、余が偏《ひとえ》に教師の労を謝し、その働きを以《もっ》て我が社〔同志社〕、今日に至れり、と謂《い》う所以《ゆえん》なり。

今、諸君に迎えらるるに当り、航渡の事に付き語られ、抑《そもそ》も何故《なぜ》日本を離れて、遠く海外に赴きしか、我れ病を脳に持つ為《た》めに甚だ薄弱なり。〔医療宣教師の〕ベレー氏等、切に米国に赴き、保養する事を以てす。

故に我れ、京を去るは実に悲しく、我が国を離るるは実に喜ばしからざりしと雖《いえど》も、決心断行、昨年四月に諸君と分袂《ぶんべい》したりき。余、今尚覚ゆ、諸君と共に分かるる時は、実に悲しかりき。

然《しか》れども、神守りて今日の喜悦に至らしむ。かつて余、スイスの山中に散策せし時、無人の地〔サン・ゴタール峠〕に於《お》いて、病に罹《かか》り、傍に家もなく、人もなければ、困難維谷《これきわまり》、辛《かろ》うじて杖に依《よ》り、山を下り、一小屋を見出し、暫時その中に臥し、殆《ほとん》ど死に就かんとせし事あり。

その時、余、神よ若《も》し聖意ならば、我が魂を取り給え、と祈禱したりしが、我が心には尚、心に掛かる事あり。又、実に我が妻と我が父母を愛するの心は、切なり。我死するならば、我が同志社諸君より埋葬して貰いたき心ありき。

米国に至るや、皆日本の景況は如何《いかん》、同志社の形勢は如何、と切に語らん事を乞《こ》うて止《や》まず。我保養の為に至りしも拘《かか》わらず、その求め切なれば、至る所に於《お》いて、諸教会、及び日本全体の形勢と我が同志社諸君リバイバル〔信仰の高まり〕の実験を記して〔同志社の学生から〕余に送られたる者〔ペーパー〕を人々に語れば、皆喜びてこれを聞き、日本兄弟の自治の精神、伝道の熱心なるを称せざる者なく、或《ある》いは握手して、余に兼ねて日本の為に祈り居《お》りたり、と告ぐる者あり。或いは、金を寄送せんと約し、以後祈らんと約する者もありき。若《も》し、同志社にリバイバルなかりしならば、我れは米国に赴く事、能《あた》わざりしと感ぜり。

かつてボストンの教会に於いて、米国伝道会社〔アメリカン・ボード〕七十年期紀念会を開かれたる時に、我が日本より呈せられたる祝文を同会書記〔総幹事〕、ドクトル・クラーク氏、朗読せられたれば、一同実に感喜したりき。

我常々、諸君を忘るる事能《あた》わず。我は常々諸君の祈禱の中に包まれ居る事を知り、真に安然なりき。而《しか》して日本に帰朝して後は、何をなさんか、如何《いか》なる事あるかを思わず、又生命の弱き事と神の中に在ることを知り居れり。

我は才力なく、学力なく、先導者となるに足らず。然《しか》れども、我は只《ただ》我が日本を愛す、道を愛す、兄姉を愛す。

諸君よ、我は諸君より先生、先生と曰《い》わるるを悲しむ。昨年一度、我は諸君の余を先生と呼ぶ事なきを乞《こ》えり。然れども、諸君は尚、余を先生と呼び給う。然《しか》れども、我れは価なし。只《ただ》、神の意に従うのみ。神意ならば、何事をも為《な》さんと欲す。我は只、日本を愛して事をなす人と同心なるのみ。同じく神意を奉戴《ほうたい》する者は、是《こ》れ一なり。斯《か》かる者は、世に勝つ。見よ、主《しゅ》は「我れ已《すで》に世に勝てり」と曰給《いいたま》えり。我ら、この主と偕《とも》にあり。何ぞ勝たざる事あらんや。諸君よ、若《も》し神の意を為さば、決して破るる事なし。是《ここ》に省《かえりみ》る所あれ、今日は是《これ》、最も好《よ》き時節なり。若し、この時に際し、事を為して世を去らば、神の前に称せらるるならん。

15　夏期学校に対する感情

〔Ⅱ-四九〕一八八九年七月四日、同志社で開催された第一回夏期学校における演説。全国から参集したキリスト教系諸学校の青年たちに向けられた話で、後日『青年道標』(第一巻、第十号)や露無文治《つゆむぶんじ》編『学生之大会』等に掲載された。未来の日本国を背負う青年に必要なのはキリスト教の感化であること、それが明治維新につづく「将来日本の心霊上の維新」の原動力と

なることを新島は熱く語った。さらに宗教無縁の諸学校にもキリスト教の力が広がることを期待している。　（伊藤）

余《よ》は今朝極めて簡単に夏期学校に対する一片の感情を諸君に述べんと欲するなり。余の心中は実に喜《よろこび》と望《のぞみ》の二者をもて満てり。

何が故《ゆえ》に喜ぶ乎《や》。兄弟姉妹、老若男女を論ぜず東より西より南より北より、この一堂に相会《あいかい》し、経験に富める内外諸先生、諸牧師の口よりして聖書に付き、伝道に付き聴聞さるゝは何等《なんら》の幸福ぞや。これ蓋《けだ》し日本未曾有《みぞう》の一大事実ならずや。又《ま》た多くの人ここに集まり相倶《とも》に神の言葉を研究し、神の聖霊を祈るは何等の愉快ぞや。知らず今日の会合、如何《いか》なる関係を将来日本伝道上に波及せんか。余は予言者にあらざれども、必ず神の深意この会に存するあるを感ぜざるを得ざるなり。これ余が大いに喜ぶ所以《ゆえん》なり。

何が故に望む乎《や》。非常に希望を抱く乎。試みに思え、この夏期学校に集まれるもの何《なん》人《びと》なる乎《や》、主に九州の英学校、東京の明治学院、青山英和学院、大坂三一学校、その他新潟、仙台地方の生徒諸君教員諸君なりとす。而《しか》してこの人々は殆《ほと》んど有為の青年なりとす。西洋大家の言に曰《いわ》く「その国の盛衰を卜《ぼく》せんと欲せばその国の青年を見よ」と。余曾《かつ》て伝道会社の実況を聞くに従来日本の信徒は書生少なく青年少なしと。然《しか》るに今や多くの基督《キリスト》青年を得たり。明治学院、青山英学校等は多くこれ基督を信ずるの青年なり。加之《しかのみ》ならず基督教の生命《いのち》ある道なるを知らざりし商業学校にも、基督《キリスト》を全く知らざりし高等中学にも、唯物論の盛んなりし帝国大学にも、既に基督教青年同盟会あるを見るに到り、而《しか》して今日この青年諸君がここに集まり神の言葉を研究さるるは、嗚呼《ああ》何等の一大事実〔なる〕哉《かな》。

それ日本明治維新の功業は実に青年書生の手にありしなり。将来、日本第二の維新、日本心霊上の維新は又《ま》た吾人《ごじん》青年の手にあるものなり。曩《さ》きには長州等僅々《きんきん》の青年これを遂げり。吾人青年は全国、力を協《あ》わせて第二維新を全《まっと》うせざるべからず。日本、元気を振起するに力を尽《つく》さゞるべからず。苟《いやし》くも基督《キリスト》の元気を拝し基督の招きに入りたるもの、豈安閑《あにあんかん》として坐視すべきの時ならんや。各自の職業に従《した》がい神に犠牲となりて働かざるべけんや。

斯《か》くの如くに諸方より集まり来たり神の言葉を研究するのみならず、愈々《いよいよ》将来は連絡を通じ気脈をなし基督《キリスト》の為に勉めんとす。それ一木の松これを燃やすも勢い微《かすか》なり。二本三本相合して燃やさんか、非常なる勢いあるなり。かく東西より集合せる青年諸君の上に聖霊の火下《くだ》り、諸君が精神を鞏固《きょうこ》ならしめ、而《しか》して合し、而して散じ、而して来《きた》り、而して去らば、日本全国を基督に導《みち》びく決して難《かた》きにあらず。実に日本の将来は希望に満てるかな。これ余が大いに望む所以《ゆえん》なり。

この事に付き彼《か》の国、米青年会中最も経験あるウヰシャード氏が今日日本の為に尽力せられ、又た夏期学校に周旋しくれらるるは吾人に取りて非常の幸福、吾人豈《あに》一言の謝辞なかるべけんや。

翻《ひるがえ》って考うれば今日は実に七月四日、米国史上最も記憶すべきの日にして、独立自由を宣告したるもこの日なり。今日米国は非常に悦ばしき日にして、ニューヨルク府、ボストン府等にては祝砲を放ち烟花《はなび》を飛ばし、種々の祝意を表することなり。ウヰシャード氏並びに米国宣教師諸君は米週十三州独立の挙を想うて定めて喜悦の至りならん。然《しか》れども今日、日本にある兄弟姉妹が何千万中より挺《ぬき》んでて神に仕え、神の手にありて独立するを見れば、その喜悦や果たして如何《いかん》。啻《ただ》に自《みずか》ら独立するのみならず三千八百万余の同胞兄弟姉妹を神に導かんことを宣告するを見れば、ウヰシャード氏の労苦も聊《いささ》か満足さるゝものあらん。宣教師諸君の喜悦は啻に本国の独立を祝するの比にあらざらん。余、今この夏期学校に対する感情則《すなわ》ち喜と望に付いて陳《の》ぶること斯《か》くの如《ごと》し。

16 教育論

〔I–四五〕全文鉛筆書きのメモで作成年月日は不詳。教育について頭に浮ぶことを次々と書き留めていったのであろう。教育事業家新島の教育に関する発想がナイーブに現れている。想いは教育の方法、人物の養成、「虚用」の防止、教員の資質、授業の効き目(「ききみ」)、生徒の活性化、女子教育、体操、兵式体操など多岐に飛翔している。（伊藤）

教員となるの順序

教育の法方《ほうほう》は実用に立つ人間を養成す、以謂《いわゆる》芸術が入用なり。然《しか》し重《おも》なるものを占むるは人物が本《もと》になる。法方は実用の人物を養うに役立つものを要す。元来は虚用に走る人間が多く、東洋は最も多し。西洋も免《まぬが》るべからず。士族・今に御役人、兵丁、封建時代では良い、今日は間に合わず。自《みずか》ら問えば案が立たぬ、自分が受けた教育〔と〕違うておる。そのもの等が今日、世の要務に当たる事多し。一令出ずる毎《ごと》、人々が是《これ》はよくて、ぞろぞろこれに随う。時勢の変遷、免《まぬが》る能《あた》わざるもの、訳の分らぬ事は用心せねばならぬ、研究せねばならぬ。そこで実用に立ち得る人を養成するに至らねばならぬ。

虚用の例を挙げれば、作文を見られよ、それ分かるべし。数術に注意せられよ。物理化学は分かるまい。その作文を取りて云えば、何の事を取りて云うかと云う、皆虚用の分に属す。残花を見るか景色を賞《ほ》むるか、或《ある》いは人、病気を見舞うか、菓子か魚を土産という人がある。菓子、魚が人間の代理となる。

菓子、魚をやれば義理がすむと云う。これを子供から教えだす。病気見舞いにあらず、軽薄のものなり。泰平の世のもの気に付かぬ。

又花をみる景色をかかするが、何の用にもたたぬ。その他、文章といえば多分の文を書く。なくてよい文字がある。「粗末軽少」を文に加える、これを無用なり。「笑納」はこれはおかしい。

子供に教えて害があり益はない。気を付ければ見易く、算術が見易い。黒板に写す、時を移す、生徒は益を蒙《こうむ》らず。その才能人に発達さする事を克《よ》くやらず。発達するの法は暗算をやらすると分かる。修身科の諸義○《ママ》説の事柄が違う。

学校に行き見ると、生徒が教員の挙動を見る。教員は時間を大切に思わぬ。生徒がこれ等と遊んでほしいと思うものは少ない。これが肝要になれば無益の時を費やさず。都《と》鄙《ひ》を論ぜず、活発ならざる人間のおる。遊怠なる生徒には、教員も遊怠なり。学力も進まず、これを養う〔は〕体操なり。校内のみならず野外の体操を要す。旗取り競争等、大勢を寄せてやる。生徒が活発になれば、惰《なまけ》なる教員は間に合わぬ。

火急〔に〕数学を為《な》すれば教育が出来〔る〕。

教育法に主と□《ママ》なお□□《ママ》周密に□《ママ》左にあらず。教育は芸術を人に教ゆる力になる。然《しか》しそれは足らぬと云うが分かる。教育と云うものは、年若きもので、人の薫陶《くんとう》により往きおるものを云うなり。その治むべきは何か、と問うに、その人となり人物を克《よ》く肝要とみなしてもらうが教育の重点。

好《よ》き人物になりて芸能があればその人の働きが広く国家へ働き多くなる。然《しか》し芸術を少し知りても世に害をなす事少なし。人物がよからずして芸能にすすむも世に害を為《な》す多し。

教員が慥《たし》かな人物でなければ薫陶《くんとう》は出来ぬ。教員の身に発する光をゆく。教育は薫陶々々。

鋤手《すきて》となり草ぬく、大工を為すなり、各々これを好みてなす。懶怠《らんたい》を慢《あなど》って足〔る〕。然《しか》れば実用の教育となる。実用に立たざる三分の二は損となる。寧《むし》ろ無きがよい。

右に申せば今の教育は経済主義の教育なりと云うならん。今の経済の意は従来とは違う。

経済は金をも労力をも消した力が、ききみ〔効き目〕を持たねばならぬ。ききみの好《よ》きが経済なり。学校の経済は第一経済なり。教員の人物、学力が乏しきは不経済、月給は損となる。経済とは規律、衛生が必要なり。衛生を殴するは教育の主義を敗《やぶ》る。経済は意深し。よき教員を得ざれば月給は廉《れん》なるも不経済。

次に女子教育

この府下に随分よきも、府外は甚だ不完全。女子は就学の比例三分の一、男子が三分の二、転ぜざるべからず。女子は三分の二を要す。女子は天然の母、天然の教員、子供は母の手になるその時が極めて大事の年齢。

女子と男子と学力は同じならず。女子教員がヨリ好結果を見る。日本がよい国柄にしたいならこれを為《な》さねばならぬ。万国皆《み》な尽《ことごと》く競争世界なり。日本、維新以来少しよい。未《いま》だ中々難《むずか》し。今日世界と競争出来ず。怠らば大変。

それ同様に大切のものは簡易科の学校なり。就学童は半々より少なし。十人を割りて五とするに五人は五人を引きさく。無学は働きが鈍《にぶ》し。収穫が少なし。これら人を国にかかえおれば国々進む目度《めど》はない。これらを簡易科にやらねばならぬ。これは卑しいものでない。これを重んずべし。左《さ》れば不就学の数は減ずべし。貧乏人の子を学校によこす事に仕かけるは大切なり。国を為《な》す半分が今の有様なら、ならず。国の存亡に関わる。

教員の事について談ず。教員は教育の脳髄なり。師範校、如何《いか》なる学校でも教員その人を得ざればいかぬ。故に教員を養成する人物が大切なり。その気質を養成するにあり。学科を一々克《よ》く本気に学ばねばならぬ。

農業、大工、鍛冶屋《かじや》

兵式体操もいる。人物は完全のものを要す。卒業の後に卑しき地位に立つ。生徒を預かる点より論ずれば、第一に高い、郡区長の注意を要す。日本で慥《たし》かなる地位にある教員は築建の地行になるやつ。人が出て呉《く》れねばならぬ。後の日本を安全にす難《ママむずか》し。

郡区長諸賢にも細密に考えられよ。十円でも一円でもそのきき目を見られよ。使う丈《だけ》の金は是非使わねばならぬ。知事の外《ほか》、学務課教員の外、他よりそのきき目をみられよ。学校の経済のきき目を見られよ。ぢ《ママ》、、せおく行け、然《しか》らざれば真実の進歩ならず。郡区の政を克《よ》く挙ぐるに行政が行届きのみにて足らず。今年は去年よりよいと進歩せねば政を克く挙げたと云うにあらず。

〔女子教育〕

17　同志社女学校広告

〔I―二〕新島校長自ら作成した同志社女学校の生徒募集広告。女学校が、京都御苑《ぎょえん》内のデイヴィスの借家(旧柳原前光《やなぎはらさきみつ》邸)から、今出川通を越えた向かい側の旧二条家屋敷に移転したのは、一八七八年の新学期(九月)であった。この広告は、F・フーパーが赴任した一八八三年六月に作成された(I―三の「一八七六年六月」は誤り)。学校の立地が、教育環境としては最高であることを謳《うた》う。注目すべきは、知育に偏重せずに、むしろ「婦徳」の涵養《かんよう》を心がけている、と述べている点である。知識の開発だけに陥った女子教育はむしろ弊害が多い、と忠告する。　(本井)

方今《ほうこん》、文運日に月に隆盛に赴き、天文、地誌、博物、窮理《きゅうり》、凡百《ぼんぴゃく》の学術、一として備具、講究せざるなく、実に古今未曾有《みぞう》の大美事《みごと》と謂《い》う可《べ》きなり。

女子教育の如《ごと》きも、各府県女子師範学校、女学校、女紅場《にょこうば》の設けありて、男子と均《ひと》しく開明の教育を受くるは、実に慶《よろこ》ぶ可《べ》き幸いの至りなり。然《しか》り而《しこう》して、一利あれば、一害随《したが》いて生ぜざる事能《あた》わざるは、理勢の然《しか》らしむる所にして、婦人、聊《いささ》か学識ある者は、自己の才能に誇り、婉娩《えんべん》聴従たる童習の美徳を銷亡《しょうぼう》し、世俗をして婦人は寧《むし》ろ無学なるも従順ならしむるの勝《まさ》れるに若《し》かず、との嘆きを発せしむるに至る。これ偏《ひとえ》に教育者、婦徳の教誨《きょうかい》を怠り、徒《いたずら》に智識のみ開発せんと欲するに坐するものならん。

我輩、大いに茲《ここ》に憂うる所あり。本校に於《お》いては、専《もっぱ》ら婦徳養成上に注意し、勧奨訓誡、以て謙遜慈愛、忠貞自治の良質を培養せしめ、学課は本邦《ほんぽう》語を以《もっ》て高等の普通学を教授し、外国女教師二名を雇い、英語を以《もっ》て英文学を教授せしめ、その他、裁縫、割烹《かっぽう》、洒掃《さいそう》、諸礼、唱歌等、婦人一身上に必要なる事件のみを教授し、且《か》つ、家事老錬《ろうれん》の婦人を置き、女教師を補翼〔輔翼《ほよく》〕せしめ、生徒疾病《しっぺい》の際も速《すみ》やかに着手し、厚く看護して、万事、母姉の気遣いとならざるよう注意せしめんと欲す。

願わくは、江湖《こうこ》の諸彦《しょげん》、女子の来学を促されん事を。

校は上京《かみぎょう》区第十一組、今出川《いまでがわ》通り常盤井殿《ときわいどの》町五百四十三番地に在り、土地広豁《こうかつ》、校の正南には　御苑《ぎょえん》の設けありて、空気の通暢《つうちょう》極めて好《よ》く、学校舎清潔、且《か》つ市中熱閙《ねっとう》の地に遠ざかり、静閑なるを以《もっ》て、勉学には佳適《かてき》の所なり。

校長　　新島　襄

外国女教師　アンナ・Y・デイヴィス
同　フランセス・フーパー
漢学教師　宝生《ほうしょう》 豊《とよ》
教員　高松《たかまつ》 仙《せん》
同　田代《たしろ》 初《はつ》
同　杉田《すぎた》〔寿賀《すが》〕
執事　岸岡《きしおか》きし
裁縫教員

18　京都看病婦学校設立の目的

〔I−二〇〕一八八六年九月二十日、大日本私立衛生会京都支部会において、アメリカン・ボードの医療宣教師ベリーと共に新島は、当時計画中であった京都看病婦学校について講演した。これはその日の講演の草稿である。看護婦教育はナイチンゲールに始まるが、その真の淵源はキリストによる愛の教えにあることから説き起こし、その愛の教えの実践としての看護婦養成をめざした。同志社病院の設立も同時進行しており、総合大学としての同志社の医学部構想の実現に向けた努力をうかがうことができる。日本における看護婦養成機関としては京都看病婦学校は、東京で高木兼寛《たかぎかねひろ》の始めた有志共立東京病院看護婦養成所(一八八五年四月)に続き、二番目に古いもので、一八八六年九月に授業を開始している。一八九〇年代半ばに同志社は財政困難に陥り、一八九七年に京都看病婦学校は同志社病院とともに、その管理を佐伯理一郎《さえきりいちろう》の手に移管した。(北垣)

今回京都に設立に及びたるこの看病婦学校の来歴は、今已《すで》にお聞きになりましたなれば、予は有志諸君の賛翼により、極く簡短に看病婦学校の目的を陳述致しとうござる。

さて、この種類の学校は、已にその来歴中にお聞きになりました通り、近来欧米に行われ出したるものにして、一種特別新発明の学校と云うて可なりと存じまする。

ここにこの種類の学校の起こりを探《たず》ぬれば、一八〔五四年〕、クリミヤの役《えき》に、かの有名なるナイティンゲール女丈夫が一身を抛《なげう》ちて戦地に入り、負傷者の看病を為《な》し、続いて看病婦〔学校〕を創立せし事は、そもそもこの学校の原因とも申すべけれども、この校の原因は別にありて、この種類の学校はすなわちその結果と云わざるべからず。然《しか》らばその原因は何ぞ。

その原因は他にあらず、すなわち基督《キリスト》の教えられたる内に、「己《おの》れを愛するごとく人を愛すべし」。人誰か己れを愛せざるものあらん。己れを愛するごとく人を愛せば、真に基督の意に叶うものでござります。

この貴重なる教えがこの種類の学校の原因にして、ナイチンゲール女もこの教えの主意を奉戴して戦地に入り、負傷者を助け、また続いて学校を起こした事でござります。

今文明諸国に人々が多分の金を投じて病院、貧院、幼院、顚狂院《てんきょういん》または看病婦学校等の設けあるは、社会の為《ため》に計る所の純乎《じゅんこ》たる慈善心すなわち宗教心より起りて、人を助け人を救うをもって目的と為《な》す所でござります。而《しか》してこの目的は基督《キリスト》の、「人を愛せよ」と云う教えに原因する訳でござる。

この目的たる慈愛心より発した訳でありますから、この校の目的は、第一には病人の苦痛を救うにあります。

縦令《たとえ》ば吾人《ごじん》が大病にかかりますに、何人《なんぴと》の湯薬《とうやく》持するものなきときは、如何《いか》に困難を窮《きわ》めましょうぞ。真に苦に苦を添え、痛みに痛みを加え、悲しみに悲しみを益《ま》しまする。

人が大病にかかるときは、只々《ただただ》良医の薬を要するのみならず、真に深切なる看病人の世話が入りまする。或る病気においては、世話一つで平癒する事があります。されば看病婦の必要なる事は、人が大病にかかった上で克《よ》く分る事なれども、これまでこの大切なる看病人は銘々しろうとの手で済ましておき、また上手なる医者に至るまでも、この看病人養成の事に余り注意せざりしは、随分奇体な事でござる。

然《しか》し、事柄において人間に欠くべからざるものも、人々が極く極く不自由の内に生息しつつ、その不自由を省くの道を工風《くふう》せざる事が多くありまして、看病婦養成の設けなきがごとき、只《ただ》この一事に限った訳でなく、譬《たと》えば蒸気機関の効用を思い見賜《みたま》え。今人が蒸気の力を呈するを見て、成程これは結構なものだと云わるるであろうが、百二十年前までは、世界で何人も蒸気の力を用ゆる事を知りませなんだ。

それと同じく、三十年前の昔までは、誰一人として看病婦養成の事には注意致しませなんだが、この種類の学校が起りし以来、人々もその必用を感じて、一度《ひとた》びこれを試みた上は、決して欠くべからざるものと云われましょう。

また人が不幸にも手の足らぬ家内において重病にかかるとき、右様看病婦が往きて深切丁寧に世話しましたらば、その病人にとりて甚《はなは》だうれしい事でありましょう。

さればこの校の目的は病人の苦痛を救うにある事は、大病人の甚だ切望する所で、吾人の尤《もっと》も賛成する所にありまする。

目的第二には熟練の看病人を養成するにあり。

病人あれば誰の家にも看病人を付け置く事は世の常なれども、只《ただ》の看病人は病人の取りあつかいを知らず、病人の求むる所を察せず、また尤《もっと》も不都合なる事には、看病人が毎度毎度医者の申しつけを能《よ》く聞かず、薬を与うべき時間を誤り、または薬の分量を誤りて、兎角《とかく》病人の求めに応じ、苦《にが》き薬の少量を与え、または分量を与えたらば早く治すべしと思うて案外に多量に薬を与うる様な不都合は毎度ある事で、病人の十中七、八の平癒せず、薬の功を奏せざるは、恐らくは看病人のその宜《よろ》しきを得ざるならんか。

この点に論じ来たれば、看病婦の熟練したるものは、医者の薬法よりも大切なる事がありましょう。看病人一つで人を生かし、または殺す事も出来まする。

されば熟練の看病人は大病人の病床の側には甚《はなは》だ必要なもので、先《ま》ず第一に熟練の看病人は医者の命を奉じます。第二に病人を取扱うに無益の時間をとらず、時に応じて薬を与え、また分量をも誤りませぬ。縦令《たとえ》ばここに看病婦の手ぎわで甚だあぶなき眼病の癒えた話があります。

市原の娘の眼病、リチャルド氏の二十分間おき。

またその外《ほか》コレラ病、赤痢、チブス病のごときを、重病を取扱うに必ずその法方《ほうほう》を心得ねばなりませぬ。廃泄物などの取扱いを知らざれば直ちに伝染致します。また戦地などに負傷者を取扱うに、速《すみ》やかに看病を為《な》し、手当を為さざれば、助かるべきものも死にまする。されば熟練の看病人は病人を助くるにおいて、甚だ欠くべからざるものである。

目的第三に、病人の心を慰むる事が甚だ大切でありまする。

第一に論じた所は、熟練の看病人の入用の、すなわち機械的の熟練でありまするが、只《ただ》これ計《ばかり》では足りませぬ。ここに精神的の熟練が入用である。機械的熟練の看病人ならば、或《あるい》は金銭の為に出てますか、または名誉の為に出るであろう。然《しか》し金銭の為でなく、また名誉の為でもない事が来たときは、これらの人は失望しまする。嗚呼《ああ》、失望し易い看病人は病人の側《そば》につけて置けませぬ。また病人の心を乱すものも、病人の側に置けませぬ。私は或る病院において、看病婦が猥褻《わいせつ》の語を吐いて病人に戯れおるを聞きました。右様病人の心を乱すものは、病人の側に置く事は出来ませぬ。また卑屈千万にして、差少の事にも直《ただ》ちに泣きさわぎ、あわてるものも看病人に適しませぬ。

人間にて何の為にこの世に出て、またこの世を去らば何《いず》れに帰着するか知らざる人は、今の世にあって甚《はなは》だ心細いものである。またかくのごとき人が大病にかからば、先の事は少しも分別が出来ず、実に先まっくら、周章ろうばい、差少なる容体の変化にも驚きて、直《ただ》ちに落胆いたしましょう。また病人は兎角《とかく》神経の敏なるものなれば、総《すべ》ての事に心を用いねばなりませぬ。且《か》つかくのごとき病人を取扱うには金銭の為にもあらず、名誉の為にあらず、また義務の為にあらず、全てその病人の心を思いやり、真実の愛心をもって病人の為にする人が入用である。また病床の側には成《な》る丈《た》け清潔に、その挙動は成る丈け慎厳な人を要します。また重病人を取扱うには男子よりも婦人が甚だ適当にありまして、その志操は大丈夫のごとく、心を真理に委ね、身を天命に任せ、きたなき事も、嗅《くさ》き事も、きろうべき事も、驚《おど》ろしき事に少しも辟易《へきえき》せず、従容《しょうよう》としてその職務に従事せば、如何《いか》に失望し易き病人も必ず心の慰めを得るに至るべく、遂には己《おの》れが身までも天命に任せて安心するに至るべし。

これらの事に至らば決して機械的の熟練にして足らず、必ず精神的の練磨が必用でありまする。この精神的の練磨が出来た上は、コレラ病床の側に付すべく、弾丸雨のごとくに飛び来るの戦地にも趣《おもむ》くべし。

右の大略は吾人《ごじん》のこの看病婦学校を創立の目的なれども、偏《ひとえ》に元来数千里の波濤を渡航して我が国に来たり、我が同胞の幸福の為に計らるる米国の医師ヘレー〔ベリー〕、婦人バレレー〔バックリー〕、看病婦学校教師リチャルド氏の目的を体する事なれば、願わくは満堂の諸彦《しょげん》にも克《よ》くこの点をご承知ありたく、また殊にこの校に来たり学ばる女生徒方は、この目的の存する所をご了解あり、この意を体し、将来のご用意あらば、各々《おのおの》方の前途は実に花の山に登るがごとし。我が社会を裨益《ひえき》する、決して少々の事にあるまじと信じます。

19　梅花女学校における女子教育

〔I-四一九〕 梅花女学校は大阪の梅本町公会（大阪教会）と浪花公会（ともに会衆派系）が協力して一八七七年にスタートさせた学校であり、現在では大学、大学院を有する総合学園に成長している。沢山保羅《さわやまぼうろ》、成瀬《なるせ》仁蔵《じんぞう》らが初期の指導者だった。これは梅花女学校における新島の講演草稿であるが、講演の日付は不詳である。新島はキリスト教に基づく智徳並行の教育の必要性を説くとともに、女子教育にも理解が深かった。「女子教育は社会の母の母である」という見解を表明して、生徒、教員、理事者たちを激励している。（北垣）

学校の起こり

沢山《さわやま》〔保羅《ぼうろ》〕の尽力、成瀬《なるせ》〔仁蔵《じんぞう》〕の憤発、二銭ずつの投金　成瀬のごときは己れの公債を抛《なげう》つ。

初めより一片の精神あり、この間に働く。否、不撓《ふとう》の精神。

初めより充分費用の胸算《むなざん》立ちて、これを懸くるにあらず。全く熱心の信仰と勉強とによる。その後、沢山、永眠し、成瀬氏は〔大和〕郡山《こおりやま》に趣かれ、また随いて新潟に移らる。

然れども、発起人の精神は決して消滅に属せず。年月を経《へ》るに随いいよいよ盛ん、いよいよ発達し、遂に今日の盛会を見るに至るは、蓋《けだ》しまた以謂《ゆえん》ある哉《かな》。

予、今日お談《はなし》を為《な》す前に、一応世界の人々の惑いを解かん事を要す。

或《あ》る人にして未《いま》だ基督《キリスト》教の性質如何《いかん》を知らざる人は、我輩信徒がかくのごとく女子教育などに従事するは、全て教育を名となして教育と云う網羅《もうら》を張り、天下の婦女子をこの網羅に入れ、教えに引込むなりと。成程陽《あきら》かに左様に見ゆるも知れぬ。然《しか》し基督教には広く人を愛し、隣を愛せよと云う教えがあれば、随って信徒中に社会の改良を計《はか》るの精神を発達せしむ。この精神発達するや、社会改良の基《もとい》に着手せざるべからず。

社会改良の基は智徳併行の教育を除きて、何ぞ。故に教育のごときは、基督教と分離すべからざるものにして、文明の車の両輪なり。

西人《せいじん》の曰《いわ》く、「教育は社会の母なり」と。教育にも種々の法方《ほうほう》ありとも、我輩の指す所は基督《キリスト》教主義すなわち智徳併行の教育なり。予、曾《かつ》て米国の或る教育家に問うて曰く、「今貴国に一般行わる教育中より、基督教を抜き出してこれを捨てたれば、その結果は如何《いかん》ぞ」と。彼答えて曰く、「我が学校より基督教を抜き出したなれば、その結果は他にあらず、人殺し、強盗、姦淫《かんいん》、飲酒、放蕩、虚喝《きょかつ》、その他百般の悪事顕出して、社会の良民を蚕食《さんしょく》し、良風俗をして腐敗に至らしむべし」。

○英国の旧宰相グラットストーン（安息日学校）
○イートン氏のリマーク（安息日学校の生徒）
右等の事実を考うれば、予は曰《い》わん、「女子教育は社会の母の母なり」と。

世人曰《いわ》く、「華盛頓《ワシントン》は米国の豪傑なり」。予は曰く、「この豪傑を産み、この豪傑を養成したる良母あり。かくのごとき文化の花を咲かしむる樹木の根のごときものなり」。

花の美しく咲くは、その根の培養如何による。

今日独乙《ドイツ》また英国、また米国に人傑の輩出するは、独に三十個以上の大学、英にオクスホルト、ケンブリジ、エジンボロー、グラスコー、米に三百六十余の大学あるにあらずや。

当時米国にある女子高等女学校の数は二百二十七（昨年の調査）。
○英国のナイチンゲール、女丈夫
　ハナ・モーア、教育論者
○米のメレーライヨン〔メアリ・ライオン〕、寒貧のある一村落に生まれ、非常の困難を嘗《な》め、己《おの》れの教育を受け、遂に女子の為《ため》、一大学〔マウント・ホリヨーク・カレッジ〕を創立す。
播《ま》かぬ種は、木は生えぬ。

米国人、教育に熱心なり。只《ただ》に本国に止まらず、全世界に及ぼす。
○人々学校に寄付す。
同志社の起こり。

女教師の単身、数千里の外に出ず。人情、父母の国を去るを好むものあらん。また、この世の安逸を求めざるものあらんや。

世界に尽くすの義務あるなり。

吾人《ごじん》これを見て坐視傍観すべけんや。

予は喜ぶ、大阪の兄弟が早くも女子教育に着手せられたる事、縦令《たとい》今日の負債あるも、遠からず償却するの日を見るに至るべし。

今や天下多事、政事上、社会上、殖産工業上、商法上の改良を計るの日。かくのごとく兄弟方が有志諸君の賛成を得て、今日の盛会を見るに至りしは、兄弟にして社会に負える義務を尽くせると云うべし。

終りに臨《のぞ》み、予はこの校の女生徒に向かい、一言なき能《あた》わず。今兄弟方ご尽力によりこの校の設けありしは、他なし、善良なる、有益なる婦女子の輩出して、社会の塩となり、光となられん事なり。また有志諸君の己《おの》れの財を吝《おし》まず、これを投じてこの挙を助けられしも、他なし、女子の改良を望みて社会の改良を計らるる為《ため》ならん。

女教師の遠く我が国に航し、この校に尽力さるるも他なし、善き婦人となり、一家族に幸いを与え、社会に幸いを得せしめん為なり。然《しか》らば彼らはこの令嬢方に向かい、各々《おのおの》の義務を尽くせりと云うべし。然らば令嬢は何の尽くすべき義務なきや。沢山あると云わざるべからず。義務を欠くほど人間の価いを落すことはない。願わくは令嬢方のこの校の創立者の望み、外国女教師方の望み、父母親戚の望み、否、全天下の望みに応じ賜《たま》え。

II 宗教論

教育者として著名な新島であるが、彼は同時にクリスチャンであり、ボストンを根拠地とするアメリカ最古の宣教団体(アメリカン・ボード)の宣教師であり、牧師でもあった。日本人としてアメリカの神学の大学院で教育を受けた最初の人であり、その宗教的信念が彼の教育論の基盤にあった。第Ⅱ部はクリスチャン新島の発言を、説教八篇(20〜27)、伝道促進についての私案二篇(28、29)、宗教関係書への序文三篇(30〜32)、そして教会合同問題に関する覚書三篇(33〜35)としてまとめた。新島の信仰はアメリカ会衆派の学校とアメリカの友人たちを通して学んだ福音主義から逸脱することはない。イエスはあくまでキリスト(救い主)である。罪という、死に至る病からの回復は、聖書が示すキリストを受け入れることを通してのみ実現する、と彼は確信していた。

説教「神の愛」は新島の最初の説教であり、彼がアンドーヴァー神学校において学び、培《つちか》ってきたキリスト教信仰のエッセンスを分りやすく説いたものとして注目に値する。祖国日本の霊的な救いを希求する新島は、キリスト教が仏教や儒教よりもすぐれて有効な宗教であることを常に証《あか》ししていく必要があったのである。

ただし新島の日本語による説教は、そのほとんどが完全原稿とは言いがたい。彼の聴衆の大多数は儒教的教育の背景をもつので、説教にも漢語的表現が多用され、現代の読者がそれを読みこなすには多少の忍耐を要する。彼は説教の中で、日本、中国、西洋の故事から卑近な例を引くことを好む。楠木正成《くすのきまさしげ》、那須《なす》の与一《よいち》、韓信《かんしん》、ナポレオン等の逸話が繰り返し出てくる。

日本におけるキリスト教伝道の方策として、アメリカの宣教団体へのアピールと、日本の同僚・後輩牧師たちへのアピールとでは重点の置き方が多少異なる。しかしどちらにしても新島らしい、一途《いちず》な真率《しんそつ》さが現れた文章である。

アメリカの会衆派教会の伝統を引くのが日本組合基督《キリスト》教会であり、新島はその教派のリーダーだった。同志社の最初の卒業生たち、小崎弘道《こざきひろみち》、横井時雄《よこいときお》、金森通倫《かなもりみちとも》、宮川経輝《みやがわつねてる》、海老名弾正《えびなだんじょう》ら(いわゆる「熊本バンド」の面々)は、組合教会を代表する牧師となり、新島はしきりに彼らの伝道活動を支援してきた。しかし彼らはいわゆる「教会合同問題」の推進に熱心で、組合教会は長老派の伝統に立つ「一致教会」と合同して日本伝道に当るべきだと考えた。このことが晩年の新島を苦しめた。

会衆派教会の重要な伝統は各個教会の自治主義である。新島は合同に賛成する小崎や横井が各個教会の貴重な自由を捨てて、寡頭政治的な体制に組み込まれることを望んでいると見た。新島はそれを批判するために十八篇もの覚書を書いた。本書はそのうちの三篇を収録する。信仰の自由を重んじる新島の姿が明確に浮かんでくる。(北垣宗治)

〔説教〕

20 神の愛

〔Ⅶ—二九〕原英文。新島がアンドーヴァー神学校の課程を修了したのは一八七四年七月二日のことだった。これに先立つ五月十日に、彼はマサチューセッツ州レキシントンのハンコック教会で、初めての公開説教をする機会を与えられた。「神の愛」は全集編集者による仮の題である。テキストは「ヨハネによる福音書」三章十六節であり、これこそは新島が「神の聖なる言葉のページの上に輝くすべての星ぼしの中の太陽」とまで呼んだ聖句だった。この聖句が彼の回心を呼び起こしたのである。それ故この説教は彼の福音信仰を証《あか》しするものであり、彼の受けた神学教育の総決算とみなしうる。

新島はここでソクラテス、孔子、釈迦《しゃか》をイエスと比較し、イエスが「人類の道徳組織の中に深く浸透している毒素」を癒す独特の存在であることを明らかにしてみせる。新島は数多くの和文の説教原稿や説教メモを残したが、この「レキシントン説教」は講壇から語ったとおりの原稿として、独特の価値をもつ。

（北垣）

神は、その独《ひと》り子《ご》をお与えになったほどに、世を愛された。独り子を信じる者が一人も滅びないで、永遠の命を得るためである。（ヨハネによる福音書、三章十六節）

私が選びましたこの聖句は新約聖書の中でも大層目立つ、特異なものでありまして、数多くの聖書の読者がこれに惹《ひ》きつけられてきたように思います。この聖句は福音の真理の神秘を美しく解き明かすものでありまして、何故《なぜ》神が愛する御子《みこ》をさえ惜しまずにこの世にお与えになったのか、またいかなる条件の下でなら、この罪深い人類は永遠の命を得ることができるのかという問題を、はっきりと説明するのであります。まことにこれこそは福音物語の神髄であり、地上で私たちの救い主が果された役割の意味を解くカギであります。

先《ま》ず最初に、この世に対する神の愛の強烈さについて調べてみることにしましょう。この聖句の最初のところは「お与えになったほどに」となっていますが、これはこの世に対する神の愛の強烈さの度合いを正しく表現し、規定するものです。神の愛は狭い範囲に限定されるものでなく、あたかもそれは無限であるかのように示されています。なぜなら神は無限なのであり、神こそは愛であるからです。

この世に対する神の愛は無限に大きく、無限に強烈ではありますが、もし私たちがこの世の意味を見出さないのであれば、そしてこの世の無力さを知らないのであれば、私たちは神の愛を正しく理解することができません。聖句の中でいわれている「この世」とは、失われた世界、または悪と罪の中に沈潜する世界、という意味でありましょう。人類の歴史、特に神に選ばれた民の歴史を概観いたしますと、すべての記録は彼らの罪と愚行の記録にすぎないのであります。

人類の最初の父と母に起源をもつ罪の要素は、子どもから孫へと受け継がれてきました。いな、それはさらにずっと遠い子孫へまでも受け継がれ、人間の中にある、手で触れることはできないけれど確実に存在する実体、すなわち人間の道徳性を蝕《むしば》み続ける要素となってきたのであります。

それはまるで秋の草原に起こった、消すことのできない野火のようなものです。最初はほんのちらちらと燃える炎にすぎなくても、どんどん四方に燃え広がり、めらめらと火の手を上げていきます。まことにそれは惨憺たる、身の毛のよだつ有様です。焼き尽くす罪の炎が地上で暴威を振るうようになったとき、そして人間の心が間断なく悪のみを思うようになったとき、神はそのことを大いに悲しまれ、義人ノアとその家族を除き、すべての生物を洪水で滅ぼされたのでありました。

人々は洪水で溺れ、滅ぼされたのでありましたが、それでもなお罪の要素は人類の中に生きのびていきました。ああそれは、何と消し難い、破壊しがたい要素だったことでしょうか。族長たちも、神の僕《しもべ》たちもそれに打ち勝つことはできませんでした。イスラエル人たちに律法を与えたモーセがそれを阻《はば》もうとしましたけれど、それは彼の力の及ばないことでした。預言者たちは神の選民の堕落的傾向を阻止しようと努め、民の前に主の御言葉《みことば》をかかげ、彼らの罪と愚行を叱りつけ、反逆の子らを何とかエホバと和解させようと試みました。しかし彼らの努力はほとんど成功を収めず、彼等の試みは燃え盛る劫火《ごうか》に注がれた二、三滴の水に等しかったのであります。

にもかかわらず、神はご自分の民を愛し、彼らの罪深いみじめな境遇を憐《あわ》れみ、彼らを正道に立ち返らせるためにしもべたちを派遣されました。神はご自分の民を恵みの翼の下に集めようとなさったのです。しかし強情で、恩知らずで、不従順な民は、神のしもべたちに耳を傾けず、彼らを虐待し、石を投げつけて殺したのでありました。

ここでちょっとお許しをいただき、異教世界での罪の有様を見ておきたいと思います。彼らの遠い先祖が揺籃《ようらん》の地を立ち去って地のおもてに広がったとき、彼らが真の神である創造者に関する何らかの知識を持っていたことは疑いないことであります。しかし種族が急速に増加し、さらに広く広まっていくにつれて、創り主に関する知識が徐々に薄れていき、何世代かを経るうちに完全に失われてしまいました。このようにして彼らは阻害された子らとなり、神を持たぬ民となりました。彼らは太陽や星を拝むようになり、目に見えないものの代わりに目に見える偶像を置きました。彼らは知らない神に対して祭壇を築きました。主《しゅ》に関する知識を失うや否や、彼らの罪に対する欲望は強まり、悪に対する情熱が彼らを虜《とりこ》にしました。千八百年前に使徒パウロがローマの信徒への手紙の第一章において見事に記述した異教徒の罪のカタログは、こんにちの異教世界においてもなおそのまま生きているのであります。

太陽から表面を背《そむ》けることによって天体に暗黒が生じますが、それと同じように、義の太陽から顔を背けることによって、霊的暗黒が異教世界に到来したのです。罪と悲惨が支配する真夜中の時期に、神は二、三の星に輝かしい光をお与えになり、二、三人の賢者を異教世界の改革者ないし教師として用い、人々を罪と悪から救い出して、もう一度知恵と、美徳と、義務と、正義の道に引き戻そうとなさいました。

ギリシアのソクラテス、インドのシャカムニ、そして中国の孔子《こうし》がその改革者の例であります。彼らは等しく偉大な天才であり、彼らの教えはそれぞれの国の慣習、思想、文化に見事に適合しました。彼らが啓示した真理はまだ部分的なものに過ぎませんでしたが、彼らは同時代の人々に、人間の義務が何であるかを指し示したのであります。

ソクラテスはアテネの通りで教え、生涯にわたって議論し、証明し、哲学し続けました。しかし彼は仲間の市民から排斥され、倦《う》むことなく教えたその教えのために、死に定められたのでした。

孔子は道徳的な教訓を教え、彼の同国人の道徳的水準を引き上げようと努めました。彼は諸国を旅してまわり、多くの君主や王侯と会見し、彼らの愚行や非行をとがめて彼らを古聖人の道に立ち返らせようとしました。しかし彼の教えは余りにも善良であり、余りにも美しいものだったため、道徳的に盲目だった彼の同時代人の受け入れるところとなりませんでした。孔子は至る所で排斥を受けたばかりか、厳しい迫害にさらされさえしたのでありました。

シャカムニは仏教の創始者です。彼の宗教は私心を捨てさせ、輪廻《りんね》の教義を説き、人々に自己中心的な欲望や情熱の根を断ち切って、神秘な涅槃《ねはん》(ブッダを信じる人たちの未来の棲家《すみか》)に入る準備をさせようと熱心に努めました。仏教は異教世界において最も純粋な宗教と見なされ、地球上の約半分の住民に受け入れられていますが、それでも仏教を信じている人々の現状は実に悲惨なものです。僧侶たちは極めて怠惰かつ不道徳であり、中にはとんでもない博打《ばくち》打ちや、みじめな嘘《うそ》吐きがいるほどであります。

では、なぜソクラテス、孔子、シャカムニの教えはそれほど実り少ないものだったのでしょうか。この問に対して私はこう答えます。彼らの教えは人間の知恵にすぎず、彼らの哲学は人間が生み出したものにすぎなかったからである、と。彼らの教えは人間の道徳組織の中に深く組み込まれている毒素を取除くだけの効果はなかったのです。

上に述べた三人の教師たちは実に真の愛国者であり、烈しく働く人であり、自己否定の人であり、真理の偉大な礼賛者でした。彼らはすべて自分自身の快楽と生活とを、同国人の霊的福祉のために犠牲にしました。いうなれば彼らは、籠《かご》の上に座し、その籠を自分で上に引張り挙げようとするが、そうすることが不可能であるとわかり、絶望して死んでいった人に似ています。

異教徒たちの罪はずっと同一の有様でこんにちに至っており、彼らの道徳的状況は依然として改善されていません。まるでそのような教師、改革者がこれまで存在しなかったかのように、この世は暗黒に見えます。解放への望みはほとんど無きに等しい状況です。彼らの道徳的状況が堕落していくスピードはさらに速くなり、彼らが完全な破滅に陥ることは確実に思えます、もしも彼らを救う、力ある手が差し出されないのであれば。

イスラエル人たちには、エホバと和解させるために、族長たち、律法者〔モーセ〕、預言者たちが派遣されました。しかしイスラエル人たちは彼らに耳を傾けようとしませんでした。異教世界にも異教徒たちを罪の力から解放するために、道徳的改革者たちが派遣されました。しかし改革者たちの教えの結果はどうだったでしょうか。暗黒と悲惨が異教世界全体を覆っていたのであります。

アダムの子孫たる人類の悲しい状況はこのようでありました。彼らは神ご自身の姿に似せて創られたのではありませんでしたか。彼らにはもはや神の子と呼ばれる値打ちはありませんでした。彼らはもはや主《しゅ》の恵みを受ける値打ちはなかったのです。そこで神はどうされましたか。神は、洪水によるのでなければ火によって、人類を絶滅させられましたか。いいえ、決してそうではありません。神は怒るに遅く、恵みに満ちた方であります。

神は父が子らを憐《あわ》れむごとく、人間に憐れみをかけられました。それでも神の掟を破り、良心の声を踏みにじってきた罪人は処罰に値いするのであり、処罰されなければならないのです。でなければ、神の掟は維持できませんし、神の道徳的支配は持続できません。

もし神が不届き者を処罰することをなさらず、神の行動を正当化するために何もなさらないのであれば、宇宙全体が神に向かって叫び声を上げ、神の支配は地に落ちてしまうことでしょう。「罪を犯す者は、必ず死なねばならない」〔エゼキエル書、十八章四節、二十節）。罪人は必ず処罰を受けなくてはなりません。

それでも神は人間を罪人としてではなく、ご自身の被造物として愛されました。神は人間を完全な破滅に引き渡そうとはなさいません。なぜなら神は依然として人間を愛し、さらに一層愛されるからであります。


第二に、神はどのようにしてこの世に対する愛を表されたのか、この点について考えてみましょう。

ただいまも申しましたように、罪を犯した者は必ず処罰を受けなくてはなりません。さもなければ神の道徳的支配は持続できないでありましょう。神は不届き者たちを、彼らの値通りに扱わなくてはなりません。ここで神は全宇宙を前にして自分の掟を維持するために、そして同時にまた値しないこの世に対して自分の無限の愛を示すために、何か偉大なことをしなくてはなりません。

或《あ》る東洋の王が臣民に布告を出し、誰であろうと王の掟を無視する者は両眼を刳《く》り抜くと宣言しました。その掟を無視した者が現れました。それは外《ほか》でもない、王自身の息子でした。その王は王子をどのように処置したのでしょうか。

王は彼が自分自身の息子であるという理由で、釈放したでしょうか。いいえ、王は息子を処罰せずに解放するわけにはいきません。なぜなら王は自分の決めた掟は民の前で守らなくてはならないからです。息子の眼は刳《く》り抜かれなくてはなりません。しかし王としては、愛するわが子の両眼を刳り抜くことはあまりにも耐え難いことでした。そこで王は、自分自身の片目と、息子の片目を刳り抜きました。

同様に神は、神の掟を維持しつつ、同時に、罪を犯した者を処罰せずに釈放するには、大きな自己犠牲を示さなくてはなりません。罪人が処罰を免れるには、贖《あがな》いという手段によるしかないのです。贖いを実施するには何物かの血が流されなくてはなりません。なぜなら、神の掟には、人間のための贖いをするのは血である、と書かれているからです。神にとってご自分の独《ひと》り子《ご》を犠牲の子羊として与えることは無限の苦痛であったに相違ありません。けれども神は、私たちを愛されたが故に、敢えてそうなさったのです。聖書に「神は、その独り子をお与えになったほどに、世を愛された」とある通りです。こうして神はご自身の愛する子を与えることによって、この世に対する愛を示されたのでした。また御子《みこ》としても、多くの人の罪の故に犠牲となるために、御父《おんちち》の膝元を離れて、この罪深い世に来られることは、無限にきびしいことであったに違いありません。

しかし御子《みこ》はそれをなさいました。なぜなら御子が十字架にかかって死に、その結果としてこの世が命を受けることこそが、御父の意志であったからです。御父と御子の偉大な自己否定を通して、贖《あがな》いの行為が成し遂げられたのであります。

「すべてが終った」〔ヨハネによる福音書、十九章三十節〕。キリストは息を引き取る前に、こう言われました。

そうです、呪われた木の上ですべてが終わったのです。この高価な犠牲を通して神の律法は遵守され、重んじられ、しかも神の恵みは値なき者たちに与えられたのでした。それはどこかの隅っこでひっそりとなされたのではなく、公衆の面前で、いな全宇宙を前にしてなされたのです。

十字架上のキリストは絶えずこの世に呼びかけておられます。十字架上のキリストは私たちに向かって罪の恐ろしさを宣言しておられます。なぜなら神の御子《みこ》が人類の罪のために十字架に釘付けされたからです。罪にまみれた人類がそれを見て救われるようにと、至高者の御子が木の上に挙げられたということは、ああ、何という驚くべき出来事だったことでしょうか。

第三に、キリストの贖《あがな》いは普遍的なものであるのか、それとも限定的なものであるのかを考えてみましょう。

キリストの贖いは普遍的なものでなくてはなりません。なぜなら聖書は「独り子を信じる者が一人も滅びないで、永遠の命を得るため」と述べているからです。〔英訳聖書では〕信じる人は誰でも、と言っているのですから、すべての人に適用されなくてはなりません。

キリストの体はこの世の罪のために捧げられたに相違ありません。バプテスマのヨハネはイエスが自分の方に近づいてくるのを見たとき、「見よ、世の罪を取り除く神の子羊だ」〔ヨハネによる福音書、一章二十九節〕と申しました。キリストは弟子たちに向かって、どのような仕方でご自分が栄光をお受けになるかについて話されたとき、「わたしは地上から上げられるとき、すべての人を自分のもとへ引き寄せよう」〔ヨハネによる福音書、十二章三十二節〕と言われました。

使徒パウロはローマの信徒への手紙の中でこのように述べています。「そこで、一人の罪によってすべての人に有罪の判決が下されたように、一人の正しい行為によって、すべての人が義とされて命を得ることになったのです。一人の人の不従順によって多くの人が罪人とされたように、一人の従順によって多くの人が正しい者とされるのです。律法が入り込んで来たのは、罪が増し加わるためでありました。しかし、罪が増したところには、恵みはなおいっそう満ちあふれました。こうして、罪が死によって支配していたように、恵みも義によって支配しつつ、わたしたちの主《しゅ》イエス・キリストを通して永遠の命に導くのです」〔五章十八〜二十一節〕。

一人の罪によってすべての人に有罪の判決が下されました。なぜならすべての人が罪を犯したからです。同様に一人の義によって、自由な恵みがすべての人、すなわちすべての信じる人に与えられたのです。

信仰はキリスト教においては必要欠くことのできないものであります。信仰は、この救いが堕落した人類に無料で与えられるための、唯一の条件なのです。「ただ信じなさい」〔使徒言行録、十六章三十一節参照〕――これは震えている、半信半疑の看守たちに聞こえてきたキリストの甘美な、慰めの言葉だったのであります。

キリストはラザロの姉妹の信仰の故に、ラザロを墓からよみがえらせました。モーセや預言者たちやすべての異教の改革者たちが成就できなかったことを成就するために、キリストはこの世に来られました。キリストは永遠の命のカギをご自分の手に持っておられます。キリストは私たちをどこまでもお救いになることができます。キリストの贖《あがな》いの業を通して、神と罪人とを隔てる壁は打ち壊されたのです。牢獄の扉は開け放たれ、すべての囚人は獄の外に出るよう招かれています。この無料の招きをキリストは特定の個人や特定の国に限定したりはなさらないのであります。

キリストはすべての人を招き、すべての人を歓迎なさるつもりです。その人が収税吏であるか、娼婦であるか、貧しいか、体に欠陥があるか、〔目が見えるか〕、目が見えないか、白人か黒人か、そういうことは一切問われません。各個人に要求されるのは、その人が受け入れ、「信じる」ことだけです。単に受け入れさえすれば、キリストの王国の扉は誰にでも、そうです、すべての人に開くのです。この無料の贈り物に近づき、これを受け入れる人は誰でも、もはや阻害された人、反逆者とは呼ばれず、キリストを通して義の人として神は受け入れてくださるのであります。

すべての過去の罪は完全に忘れ去られ、記憶の書から拭い消されます。その上、その人は、人間の手で作られたものではない、永遠の棲家ともいうべき大邸宅へと招き入れられるのです。このように神は私たちの救いのために、キリストを通して、あらゆる必要な手段を準備し、さらに、私たちを招き、助けるために聖霊を送ってくださいました。

私たちがなすべきことは、受け入れ、悔い改め、信じることです。さまよう子らが再び父の許に引き戻され、一旦失われた魂に永遠の命が与えられるとは、ああ、何というすばらしいことでしょうか。私たちの主《しゅ》が栄光を受けられて以来、この救いの恵みがこの世を支配してきた、という風に考えることを私は喜ぶ者です。

これまでに何百万という魂が清められ、天国へと挙げられてきました。今後とも何億という魂が天の御父《おんちち》の許へと引き上げられていくことでしょう。

この自由に与えられる恵みの働きが、全世界へと及んでいくことを私は嬉しく思います。今や私たちは宣教師の報告を通して、アフリカで、トルコで、インドで、そして海上の島々においてさえも、主《しゅ》がなさりつつある御業《みわざ》について聞いています。

神がその被造物に理性をもって訴えかけ、信じる人々に永遠の命を与えていらっしゃるのですから、多くの人々がそのことを信じ、それを受け入れ、キリストを通して神に受け入れられていくものと私は考えます。将来のある日に世界の隅々から霊的な巡礼が湧き起こり、天上のエルサレムへと入っていくのです。

皆さまのような目覚めた聴衆に対して、聖徒たちのあの輝かしい巡礼に加わる用意はできていますかと、お尋ねする必要はありません。しかし失礼をも顧《かえり》みずに申し上げたいことがあります。神は皆さまに永遠の命を無償でお与えになるのではありますが、もし皆さまがそれを自由意志でもって受け入れられないのであれば、神といえどもそれを受けるよう強制はできないということです。

神は皆さまを動物としてではなく、理性的存在として扱われます。神はこれまで皆さまに対してなさった以上のことをなさらないことを賢明であると考えられたのかもしれません。皆さまの魂の平和に対して責任があるのは、皆さまご自身なのであります。

21　義人の祈り

〔II-四四〕一八八一年四月、京都第二公会(現日本キリスト教団同志社教会)の日曜礼拝で行なった説教。新約聖書の聖句、「この故に互いに罪を言い表わし、かつ癒《いや》されんために相互いに祈れ、正しき人の祈りは、働きて大なる力あり」(ヤコブの手紙、五章十六節)に基づく。新島は聖句の後半を「義人の祈りは力あるものなり」と解釈している。　(本井)

「時《とき》、究《きわ》〔窮〕まれば、節すなわち顕《あら》わる」と宋の文天祥《ぶんてんしょう》が、「正気《せいき》の歌」の中に云われし通り、とかく太平無事の日には、如何《いか》なる人物ありと雖《いえど》も、平凡の人と格別異なる所も見えず。また、非常の仕事をも為《な》さず、また人にも知られず、名を後世に遺《のこ》さずしてこの世を去る者も沢山あるべけれども、何ぞ国に事件あり、或《ある》いは内乱、或いは外寇《がいこう》、国家、危急存亡の秋《とき》に至れば、平素顕われざる力を出《い》でし、また自らその場に所するにより、非常に奮発して、自ら身を差し出し、国のため、君のため、また他人のために大事を為す人物も往々輩出し、「正気の歌」中に見ゆる通り、実に芳名を史上に存し、永く読者をして爽快ならしめり。

去《さ》りながら、我が日本、支那《しな》の歴史中に、往々忠節に死する等の事のみ、人間間《かん》に多々ある事なれば、我らの歴史にては、時究〔窮〕まれば、節操の顕わるるのみで、幾分か人間の道徳を重んじ、忠義に汲々《きゅうきゅう》たるを見るに至るも、悲しいかな、日本、支那の人物、豪傑は、唯々人倫のみに止《とど》まり、上の天父《てんぷ》と交わるを知らず。天父の力を貸〔借〕る事を知らず。危急の際に臨んで、頼む所は自己と人類のみにて、もし自己□〔倒か〕れ、他人の助けを欠くときは、望み尽き、死を以《もっ》てこれに継ぐのみ。

それに反し、聖書中に掲げたる猶太《ユダヤ》国人民の歴史を見れば、史上明々に上帝を記載し、人類の造物主宰《しゅさい》たるを断言し、且《か》つその民は、他国の人民と異にして、この無形にして、全智全能を具有せる真神を信じ、これに委頼〔依頼〕し、危急のときにはこの神に祈り、この神の力を借り、危険を逃れ、敵の手を脱し、克《よ》く国家の安全を得たる例も歴々見るべく、且《か》つこの人民、特別に神の保護眷顧《けんこ》を蒙《こうむ》りしも、時としてその主宰を忘却して異邦人の偶像を拝し、不品行を究むるときは、神必ず譴責《けんせき》を下し、異邦人の手を借りこれを困《こま》らし、これを危急の場におき、これをして再び天父の鴻恩《こうおん》を逐念《ちくねん》せしめ、再び天父を拝し、天父に仕うるに至りし事も、明々と記載しありて、全地球は暗迷未開なるに、特に該《がい》人民は、実に神の選民にして、『時、究〔窮〕まれば、節すなわち顕《あらわ》る』と申して、危難のあるときも、該《がい》人民中、また、屈指の人物ありて、厚き信仰を以《もっ》て神に仕えて、大事に臨む、さらに驚かず、さらに怖《おそ》れず。ひとえにこの真神天父に頼み、遂に眷顧《けんこ》を蒙りて、自己一身を全うせしのみ〔か〕、克《よ》く同胞の兄弟をも庇保《ひほ》して、数千年間、滅亡に至らざらしめたりき。

さて、猶太《ユダヤ》の歴史中、上古よりこれを概測するも、なかなか暇《いとま》なく、今日は『義人の祈りは力ある』と云う題にて、予言者、ダニエルの書中に記載せし所を以《もっ》て、義人の祈りは力ある事を証せんとす。

〔紀元前六百五年〕

基督《キリスト》降生前六百五年の時に当たり、巴比倫《バビロン》王、ネブカドネザルなる者、来たりて、エルサレムを襲い、王と人民を奪掠《だつりゃく》し去り、その中の秀才士を擢挙《てききょ》して、王の前に侍《はべ》らしむ。

然《しか》るに、王の前に三年間の修行を為《な》さねばならぬ事にて、日々王の食物、飲料を以《もっ》てこれを養う事なりしが、猶太《ユダヤ》の少年四人、ダニエル、および――〔シャデラク、メシャク、アペデネゴ〕――は、王の偶像に捧げし後、食物を食するを恥じ、寧《むし》ろ野菜を食う事を乞《こ》うて、自らその身を汚さざりし。

神は、この四人の少年に知識、学術を賜り、特別にダニエルに与え〔るに〕、夢判断の力を以てせり。ネブカドネザル王、即位の第二年、夜、奇怪なる夢を見たりしが、これを忘れ、如何《どう》してもこれを逐念し能《あた》わざりしかば、当時の博士を招きて曰《いわ》く、『爾等《なんじら》、朕《ちん》の夢を知らせ、その夢を判断せざれば、爾の身体は、寸々《すんすん》に裁断し、爾の家は厠《かわや》となさん』。

誰一人もこれを告げる能《あた》わず。

義人の祈りで夢を解くの力を得たり

ダニエル、王の近衛隊長のアリヨクに就き、時間を与えなば、夢を語らん事を通じ、同胞の兄弟三人に向かい、彼らこの秘密を明かさん事を神に祈るべし、と申して、共に上帝に祈りしならんに、神は義人の祈りに克《よ》く耳をかたむけ賜いて、ダニエルに秘密を告げ、王の夢の何たると、その意、如何を知らしめたり。

夢の解

一、金の頭　　バビロニアの王朝
二、銀の胸臂《きょうひ》　　メデア、ペルシアの王国
三、銅の腹股《はらまた》　　マケドニアの王国(エジプト、シリア)　二分
四、銕《てつ》の脛《つち》　　半足は銕、半足泥、羅馬《ローマ》国、半分は強、半分は弱、二分不相合《ふつりあい》。
五、石　　人手の掘らざるの石、この偶像を撃ちてこれ〔を〕破砕す。これすなわち、上帝立つる所の王国、万古不変〔の〕者なり。

ダニエル、この夢を話せしかば、王、ダニエルの前に拝臥《はいが》し、爾の神は諸神の神、諸

主の主にして、秘密を示す者なり。

ここにおいて、ダニエルは王の愛顧を蒙《こうむ》り、宰相《さいしょう》の位に登用せられ、また王に乞いて、この三人の者をして州の知事たらしめたり。蓋《けだ》し、ダニエルは義〔義人〕の祈りにより、神の力を得、神の栄光を異郷の国〔国王〕の前に顕《あら》わし、これをして真神あるを知らしめしは、義人の祈りにあらずして何ぞ。

金像をドラの平原に立つ

その後、ペルシア国王、己《おの》れの夢みし所の金像を以て己れの神となし、遂に土羅《ドラ》の平原において、金像（高さ六十尺、幅六尺）を立て、国民を強いてこれを拝せしめ、もし敢《あ》えてせざる者あらば、烈火中に投ずべしとの酷命を下せり。

しかるに、猶太《ユダヤ》の少年シャデラク、メシャク、アペデネゴの三人は、これを拝せざりしかば、王、大いに怒って、この三人に告げて曰《いわ》く。

「爾《なんじ》、この金像を拝せば、可なり。もし拝せざれば、爾らを烈火の中に投ぜん。爾らを朕《ちん》の掌中《しょうちゅう》より脱し得るの神は誰ぞ」。

三人、答えて曰く。「我らの神は我らを克く烈火中〔より〕出し、爾の手より脱せしめん。もし然らざるも、我ら決して爾の金像を拝せず」と。神はこの時、欠くべからざる所の者を以《もっ》て、この四人に与えたり。

前上、陳述せし如《ごと》く、かのシャデラク、メシャク、アペデネゴ、ダニエルは、最初より自己の主義を立て、偶像に捧げし酒食を食わず。この三人の如きは、烈火中に投ぜられ、ダニエルの如きは、獅洞《しどう》〔獅子の洞穴〕に入れらるるも、彼らの上帝を拝して止まず。天父《てんぷ》を祈りて怠らず。遂に主《しゅ》の愛顧を蒙り、大能力を得て、克《よ》くこの困難、危険を脱し、異邦人民をして上帝、独一主宰の大能力を知らしめ、且《か》つ同胞の兄弟、猶太《ユダヤ》人民を幽囚中に安全に保護し、偶像に拝臥《はいが》する国王をして詔《みことのり》を下して、猶太人民の上帝を瀆〔けが〕さざらしめ、且つダニエルの如きは、ネブカドネザル、ペルシャザル、ダライヨス、クロスの四王朝に歴仕し、一点の玷《きず》もなく、一蹟《いっち》の過《あやま》ちも為さず、自己の品行主義を全うし、祈禱により常に主《しゅ》に交接し、天啓の智識を蒙《こうむ》り、また屢《しばしば》異象を得て、天下後世の変革如何を伺い知り、且つ切に猶太人民救いを得ん事に焦心し、切に上帝に祈り、特別の黙示を受けて、九章の二十四節に七十週の予言を存し、生きては克《よ》く同胞の兄弟を保全し、遂に本国に帰るの喜びを得せしめ、死んでも猶、不死の予言、すなわち七十週（七十週は、四百九十年）の予言を残して、人民をして救い主の降世の望みを抱かしめ、自己もまた、望みを抱き、安然とこの世を終わる事を得しは、何らの事柄ぞ。

神、只《ただ》かくの如き人物をこの危急の際に降せしや。また、この際に当たり、信仰と祈りにより、遂に神の愛顧を蒙り、神の大能力を世に顕《あら》わせしや。そは全く両方相合《あいがっ》して、かくの如く成就せし事と確信せざるを得ざるなり。

これらの履歴につき推考せば、猶太人種《ユダヤ》のこの四〔人〕の挙動の如きは、祈りにより大事を成就せし者なり。これにより、拱手《きょうしゅ》して祈らば、事々物々成就すべきや。神は祈りさえすれば、空手の者を助くべきや。けっして然《しか》らず。彼らは克《よ》く祈りて、仕事を為《な》せし者なり。

ダニエルの如きは、仮令《たとい》王の夢を解するの力を蒙るも、一々これを告げざれば、神の栄光を顕わし能《あた》わざりしに、彼克くかの暴王の怒りに触るるも恐れず、明白に夢の意を告げたり。

かの三人の如きは、仮令死すとも、王の偶像を拝せずと断言せり。

ダニエルの如きは、西向きの窓を開きて、一日に三回、上帝を拝謝せり。

祈りて為すの力を得べき也《なり》。いやしくも我らの祈禱中、神の義叶《かな》わば、必ず成らざるの恐れあらんや。

方今《ほうこん》、我が日本の如きは、欧米諸国の文明の風潮に動揺され、昔時、バビロン、ペルシア王国の体裁は、已《すで》に消滅して見えざるも、七倍の烈火炉、暴れ獅子の洞《ほら》の如きは、自《おのず》に別にあるありて、その害たる、烈火よりも、獅子よりも甚だしく、我が国中に蔓延《まんえん》して、焰々乎《えんえんこ》と燃え、焰々乎として叫び、我が同胞の兄弟を焼き尽し、食い尽さんとす。

即《すなわ》ち、当時〔今日《こんにち》〕、無神論の学風、浮薄淫乱の風俗、無神の民権、無神の自由、淫猥《いんわい》の新聞、雑誌、我が国中に蔓延して、壱個人より我が社会を蚕食《さんしょく》せんとす。この烈火より、この暴れ獅子より我輩を脱せしむる者は、何の力ぞ。

諸君の克《よ》く知る所なれば、方今、我輩《わがはい》の勤めは、第一に我輩をして真神の愛顧、保護を蒙らし、これらの危険をして我輩一切、力を逞《たく》まざらしめ、しかる後、壱個人より初め、我が全社会に及ばさば、烈火豈《あに》恐るに足らん。暴れ獅子、豈恐るに足らん。

我輩《わがはい》をして、断然烈火に入り、これを踏み消し、暴れ獅子と戦い、これを縛し、神の大能力を世上に顕わし、昔時、ダニエルの上帝たりし我輩の天父の聖名《みな》、救い主キリストの効をして、益《ますます》世に赫々平《かっかくこ》と輝かさしめ、かの無神の学者、無神の暴れ民権論者、無神の新聞記者輩をして、我輩の上帝に無礼を加え、これを瀆《けが》さざらしめしは、上帝、豈《あに》我が同胞の兄弟を永く悪魔の囚人となし置かん。

不日《ひならず》、我が日本全国の人民をして、幽暗裏《ゆうあんり》より脱出し、主《しゅ》の光明に就き、真の自由を得、真理の内に逍遥し、霊魂の帰《き》せざるを得ざる新しきエルサレムに凱帰せん事、望する所にあらずや。

22　初めは大切、終わりが〔より〕大切

〔II-二五〕京都第二公会（一八八〇年九月十二日）、ならびに大阪の浪花教会《なにわ》（一八八二年十月二十二日）で行なった説教。旧約聖書の聖句、「なんじ勧《すすめ》をきき訓《おしえ》をうけよ。然《しから》ばなんじの終わりに知慧《ちえ》あらん」（箴言《しんげん》、十九章二十節）に基づく。この説教には、中国古典の登場人物が多数引用されている。新島が若い頃に相当に漢籍に親しんだことが窺える。

原稿の最初にある「爾《なんじ》の最後において、賢くあらんため、忠告を聞いて教誨《きょうかい》を受けよ」との注記は、この日の説教の要点と思われる。内容から言えば、説教題は、「魂の終局」、または「知恵ある者となるために」の方が、ふさわしいと思われる。（本井）

世に智人は誰ぞと申せば、よく聖書に通ぜる人は、ソロモンなりと申さん通り、この言を言われし人は、すなわちかの篤信なるダビデの子、すなわち猶太《ユダヤ》国の王にして、当時、父の遺命を受け、神の殿《みや》を作り、智を以《もっ》て鳴り、智を以て称せられたる事は、旧約史に歴々と記載しありて、その徳といい、智といい、実に猶太国人をして心服せしめしのみならず、遠方なるエティオピヤの女王も、その名を聞いて入朝するに至りし程なりき。

さて、この王、よく裁判に長じ、その人を裁する、実に至れり尽くせりと言えり。吾輩《わがはい》をして、驚駭賞嘆《きょうがいしょうたん》せしむるに至る。その時代に当り、猶太《ユダヤ》国の版図は、北ユフレテース〔ユーフラテス〕大河、南イジプトの川に迄に達し、その商売は遠くイジプト、アラビヤ、バビロン、インドに達し、且《か》つこの世代に開ける国々と間接に通商せりと言うとも、過言にあらず。故を以て富、巨万を数え、美麗を尽《つく》せり。

云うべくして、富貴高名、尽《ことごと》くその人に輻輳〔ふくそう〕せりと云うべきなり。宜《うべ》なり。この人にしてこの言あり。この言たる、唯にこの人の意より出でしのみならず、恐らくは神、この人の口を借りて、永く後世に遺《のこ》さしめし事ならん。

去《さ》り乍《なが》ら、この人も富貴の極点に達せるや、知らず知らず驕に長じ、欲に染み、したがって女色《じょしょく》に沈湎《ちんめん》し、世人を助けて偶像を立拝せしめ、遂には神の怒りを蒙《こうむ》りし危額〔きたい〕の場に至りし事もありたれば、この智人にしてなお、この過失あるを後世の我《わが》輩《はい》に知らしめ、一層、我輩の心の目を開き、真の智を求むる事に汲々《きゅうきゅう》たらしむるに至る。

嗚呼《ああ》、我輩、幸いに先哲の後に生まれ、この好機会を得たれば、如何《いかん》ぞ、活目を以てこの道を求め、この智を索《さぐ》り、人間最後、即《すなわ》ち最上の好結果を得ずして止《や》むべしや。去り乍ら、最後において智《かし》こくあれと云えば、何ぞ曖昧《あいまい》として明瞭ならざる所なり。すなわち、それ最後とはなにか。又、智《かしこ》くあれとは何ぞ。まず、逐一これを論ぜん。

人間、肉体上の終わりに智《かし》こくあれと、何事も差し支えなく、何の汚名を蒙らず、己《おの》れ一己をよく守り、又《また》世人に対しては世人に対するの分を尽くし、国家のため身を出し、生死を問わずその職を全うするに賢くあれ、とも見え、又は人間、終局の点に達するため、すなわち霊魂の救いを全うするに賢く計れ、という意にも見えまする。

自身一己の分

又、世人に尽くすの分

上帝に尽くすの分

よりて、第一段、肉体上の終わりに賢くあれ、という義に見做《みな》し、これを論ずれば、世上比々《ひひ》〔しばしば〕見るべきの例なきにあらず。我輩、人の風《ふう》を見て、我風をなおせと。世間にある所の事柄を直接、目撃して、これを我身に反省し、この言を少しく解するに足るべしと。すなわち、世上に終わりに賢からざる人間の多きよりして、この教誨《きょうかい》あるに至りしを見るに足れば、その類の人々を挙げて、これを適例とせざるをえず。

若きときより精々、励強し、己れの一身を立て、あるいは富み、あるいは貴□〔貴人〕の位に座し、妻子糊口の道をつけ、あるいは老年に至り、子孫より懇切なる孝養を受け、何一つ不足もなく、柔らかなる蒲団《ふとん》の上に死する事などを指し、日本にては終わりを能《よ》くせしと云う。又は、終わりに賢くあり、と云うても可ならん。

去りながら、この世の風潮に漂《なが》され、他人の導きに引かされ、たとい業も成らずば、死すとも帰らず、と思い立ち、山桜の開きた様なる、旭日に輝けるがごとき美しき志も、世の暖かなる風に徐々と吹かれ、一片二片散じ始め、遂には風花の雪とも云わるる、空を霞《かす》むる程に散り飛びて、梢上《しょうじょう》に以前の美しき花一つ残らずに成り行きて、人をして昨日の花は何処《どこ》にあるぞとの問い、あらしむるに至るは、比々《ひひ》見るべきの例多し。

つい先日も紙上に見えたるごとく、ある書生一人、鹿児島より笈《きゅう》を負うて遠く東京に出て学問を為し、一《い》ッカド〔一角《ひとかど》〕世の名利を射らんと計り、又は世のため働かん、などの大なる想像ありしとも、東京に出るや、俄《にわ》かに烈《はげ》しき風に堪え兼ね、風に吹かるる飛花《ひか》のごとくなり、前の主意は全然、地に落ち、泥に塗《まみ》れ、家郷より持ち来たりし金は尽《ことごと》く散じ尽くし、友人より非常の負債も嵩《かさ》み、人より催促を受け、遂に進退維《こ》れ谷《きわ》まり、遂に亜片《アヘン》を飲みて死せりと。

その家郷を出るの大目的は、まったく消尽し去り、人には不義をなし、策尽きて死せしは、又憐れむべき至愚《しぐ》の者なるかな。これ、初めありて終わりを全うせず終わりし愚かなる者と云うべし。

又は近来、大流行〔の〕会社設立も、実に国の進歩の一証とは云うべきも、さて、多くの会社の創立の際には、第一に大看板を掲げ、体裁を飾り、又大きなる借金などをなし事を始め、社長たる者は絹の衣を着、二人引きの人力車なくば、外には歩かぬ程に、たいそうになしたるとも、その働きは外面、体裁と共に進まず、商売のいまだ利潤も見えぬうち、借金の利を払わねばならぬ様になり往《ゆ》き、遂に万事往き当り、つき当り、遂に閉業となる者、沢山ありて、会社を立てたと聞けば、どうか第一に潰《つぶ》れねばよいが、と人に思わるる事になり行きたり。

さて、これも矢張り初めに大事を、初めの大事のために心を焦《こ》がし、遂に終わりの実を食わずして終わることは、さてもさても嘆ずべき事に世に沢山あれども、人々茲《ここ》にはあまり目を付けず、始めるときには必ず成ると見込むとも、事をなすや、面白く行かねば、直《ただ》ちに気折れ、力尽き、空しく降伏するは、終わりに賢き人と云い難きなり。

かの有名なる人の跨下《こか》を出でし韓信《かんしん》も、漢陽《かんよう》においての手始めは、甚だ面白くあり。又、その趙《ちょう》を撃つに当たりてや、予《あらかじ》め背水の陣を設け、趙兵を城中より引き出して、遂にこれを夾撃《きょうげき》〔挟撃〕し、これを破りし等の事、又楚《そ》の龍且《りゅうしょ》を水中に誘いて打つ事は、実に妙なる軍略と云うべく、これを死地に陥しいれて後に生かす。

これを「亡地に置いて、〔しかる〕後に存す」と申すの術〔背水の陣〕にして、世人よく知る所なり。去《さ》り乍《なが》ら、勝ちを遂《と》げるに乗じて驕《おご》れる色を顕し、漢王の疑いを解く能《あた》わず。空しく一婦人、呂氏《りょし》のために譌《いつわ》られて虜《とりこ》となりしは、初めに宜《よろ》しくして終わりを能《よ》くせず、終わりを全うせず、終わりに愚なる者と云うべきなり。

当時の豪傑、陳豨《ちんき》、黥布《げいふ》のごときも、皆《みな》その終わりに賢からざるものあり。

又、この韓信と時を同じくせし張良《ちょうりょう》のごときは、すなわち将に将《まさ》たるの器《しょう》なり。漢の天下は良の取らしめしと云うても可なるべきに、功臣を封ずるに当り、良をして斉《せい》の三万戸に択《えら》ばしめしに、良よく高祖の心を知り、良の初めて高祖に逢いしは、留と云う地なるを以て、小さき留に封ぜられん事を求め、己れ一身の終わりを全うせしは、すなわち終わりに賢き人と云うべきなり。

世に事をなし、かえって終わりに智なき者、中人以下、史上に挙げて見えず。多くは中人以上の人物なるのみならず、絶世の豪傑にもその類多く、アレキサンドルのごとき、天下は死後、直に三分せられ、ナポレオンのセントヘレナに幽囚せられて、空しく敵の中に死し、豊太閤の天下、死後、直に徳川に奪われしごときは、皆終わりに賢からざる人物の例にして、大人《たいじん》、豪傑より中等以上、少しく世にも知られたる人物に多く、終わりに愚なる者、比々《ひひ》見ゆる事なれば、まして世に知れぬ人々も沢山、終わりに愚なる者もある事ならん。

人一身に取り、一身の所置〔処置〕を為《な》す所は、大切の事にて、人幼より勉強、己れの身を立て、遂に人をも益し、終わりに智《か》しこくありたき者なり。去《さ》り乍《なが》ら、肉体上、終わりに智しこくあり、その終わりを全うするは、人間最上の目的に達せりと云うべからず。

やや高上の目的は、身を殺して仁を為し、己れに克《か》ってよく人を救い、愛国、愛民、愛君のごときは、又身を捨て、功を為し、終わりに賢き人もやや上等の者なり。広く世を益する事は、ただ一身を立つるよりはるかに高上にして、たとい見は寸々に斬《き》らるるとも、心に恥ずる事なく、晴天白日のごとく明々乎《こ》、身を捨てるも、文天祥《ぶんてんしょう》の鼎鑊《ていかく》〔大きなかなえ〕甘飴《かんい》のごとく。

〔以下の二行は、文天祥の「正気《せいき》の歌」から〕

斉の太史《たいし》の簡、晋の董狐《とうこ》の筆《ひつ》、秦の張良の椎《つち》、漢の蘇武《そぶ》の節、厳将軍の頭《こうべ》となり、嵆《けい》侍中《じちゅう》の血となり、張睢陽《ちょうすいよう》の歯となり、顔常山《がんじょうざん》の舌となる。

我朝の忠臣、楠氏三世、人権家桜宗五郎〔佐倉惣五郎〕。

往昔は君のため、衆人のため、国のために身を捨て、忠臣義士の名を負うて死し、その名永く後世に存する等は、やはり「身死して仁をなす」〔「身を殺して仁をなす」（論語）〕の類にて、肉体上のみで終わりをよくせし人に比すれば、はるかに高上なる者と云わざるをえず。

されども、この点に止まりたるのみなれば、仮《か》りに人に対した分を尽くせしと云うべきも、人、神の人間に望み、要する所の分に応じ、その分を尽くせりと云うべからず。

己《おの》れの霊を天国に入らしむる、これ最上の目的を達せりと云うべきなり。たとい、国のため大事をなすとも、己れの霊を捨て、死亡に至らしめば、最上の点に達せしにあらず。道を嫌《いと》いて来らず、又、来るも再び道を離れ、神の望みに応ぜず、神の招きを受けず、清めらるる途につかず、聖霊の洗を受けず、終局に達するの用意をなさず。

この用意は、外見に関せず、名誉に関せず、世評に係わらず、真霊の終局に達するに賢く用意するか、せざるの問題にあり。半信半クリスチャンにて神の前に出ずは恥かし。あるいは信じ、あるいは疑い、さらに定め所なき、かの憐《あわ》れむべき浮き草のごとく、遂に己れの霊魂をも亡《ほろ》び、達すべき天国に至るをえざる類、世上に多々あれば、この輩は、霊の終わりに賢からぬ者と云うべくして、人間の極度に達しえざる者なり。

昔時、いまだ芸術の開けざる先も、最早《もはや》、徳義の教えあり。人、足あれば、歩むべき道なき能《あた》わず。人、霊あれば、霊の進むべき路なき能わず。

七つの罪を入らしむなかれ。

ルカ十一〔章〕の二十四より二十六〔「穢《けが》れし霊、人を出《い》ずる時は水なき処を巡りて、休を求む。されど得ずして言う『わが出でし家に帰らん』。帰りて其《そ》の家の掃き清められ、飾られしを見、遂に往きて、己れよりも悪しき他の七つの霊を連れきたり、共に入りて此処《ここ》に住む。されば、その人の後の状《さま》は、前よりも悪しくなるなり」。〕

ペテロの前書　二章の二十〔「もし罪を犯して撻《う》たるるとき、之《これ》を忍ぶとも、何の功かある。然《しか》れど若《も》し義を行いて、なお苦しめらるる時、これを忍ばば、これ神の誉《ほ》めたまう所なり」〕。

イザヤの三十五〔章〕の八　「ここに大道あり。すなわち清潔の道と称すべし。誘導を受くの人のみ、これに歩み、不潔の人、これに行くべからず。すなわち、誘導を受くる人は愚かなりといえども、決して迷わざるべし」。

コンクルージョン。

いかなる栄誉も、人、誤ってこの点に達せざれば、人間の終わりに賢からざるもの、終局に達せざるものにして、愚のもっとも甚だしきものと云うべきなり。人、近きを見るに切にして、遠きを見るに切ならず。

世間の事物に譬《たと》えても、〔政事家は、政事の範囲内に着目して、他を顧みず。社会学者を以《もっ》て自ら語る福沢先生のごときは、学問と云えば唯、社会学あるのみと一小区域を注目し、他に沢山学問の種類あるを知らず。かくのごとく、人と云うものは――以上、新島が抹消した箇所であるが、あえて復元した〕この世を賢く立ち回り、この世を安全に終わるを以て賢し、と云うのみにあらず。

又、火に焼かれ、又、十字架上に懸けらるも、人、その職におり、その分を尽くし、同胞兄弟の公益を計らば、矢張り終わりに賢くありしと云うべく、安逸は決して人間の大幸福と云うべからず。壱個人の分を尽くし、又公衆に対し、尽くす分をなしえたるといえども、なお、終わりに賢き人と云うべからず。

そは壱個人としてこの世におるだけの分を尽くし、又忠臣義士とか云い、又同胞兄弟のために公益を計りし人も、随分世に多ければ、これらの人々は、真に人間として、人間終局の点に達せし人と云うべからず。如何《いかん》となれば、人間の肉の中、別に無形のものあり、すなわち魂あり。

吾《われ》が吾一人をさし、吾と云わば、この死ねば腐る肉体を指し云うにあらず。すなわち、死んでも腐らざる貴重なる魂を云うなり。さらば、人たるものは、死んで汚れた魂の終局は、いずれにあるやを尋ね問わざるべからず。この魂の終局は、何《いずれ》の処と云う事は、古来、宗教家、理学家の大問題となりたるが、孔子は分からず。釈迦《しゃか》はあてずっぽう。ソクラテースも分からず。只《ただ》、暗々裏に求めたる事と思わる。ひとり我主《しゅ》、キリストのみ、そこを明らかに示し、門弟に語られけるに、「我が父の家には住まい多し。我爾《なんじ》のために所を備えに往く。もし往きて爾のために所を備えば、又来たりて爾らを我に受くべし。我が居《お》る所に爾らをも居らしめんとて也《なり》」〔ヨハネによる福音書、十四章二節〕。

これ、すなわち魂の至るべき終局の場所なれば、キリストは早や、かの主人より放逐されたるとき、主人の得意先に往き、厄介となりたる賢き番頭の喩えを以て、人間たるものは必ず自身の落ち着くべき場所を設けるべしと教えられたれば、吾人《ごじん》人間たるものは、必ず己の魂の落ち着き所を予《あらかじ》め用意するこそ、もっとも賢き人間なれ。すなわち、終わりに賢くあるものと云うべきなり。

キリスト、又仰せられて曰《いわ》く。「人もし新たに生まれざれば、神の国を見る能《あた》わず」〔ヨハネによる福音書、三章三節〕。これはすなわち生に入るの門なり。新たに生まるるが大切。生まれたのみでは、ならず。日に新たならねばならず。日々真に進まねばならぬ。

主《しゅ》、又曰《いわ》く。真により潔《きよ》めらるべしと。

かくのごとく、魂の終局に達するには、日々の洗濯を要す。修行を要す。我ら清潔の天国に至るに、不潔なものではならぬ。必ず、キリストの真と聖霊の感化力と、自己の修行により、キリストの赦罪《しゃざい》により初めて神の前に罪のなきものと見做《みな》され、清浄なる天国に入るをうべし。布は白く晒〔さら〕したるを尊ぶ。半晒しでは、人これを喜ばず。神も半晒しの魂を喜んで御受けはあるまい。

信者への忠告。

終わりに臨み、一言の忠告を呈す。この大阪なる地は、四通八達、中国〔地方の〕商売の要路と云うべし。又、キリストの真を四方に伝播するにも、もっとも便宜の地と云うべし。神の御恵により、早くもこの地にこの道が伝わり、いますでに数教会も立ち、信徒の数も、数百を以《もっ》て数う。兄弟は熱心よく働き、己れに克《か》ち、能も出し、牧師を愛し、教会をも維持せらる事は、感服の至りなり。

都府の人に知らず知らず浮薄なる風あり。事多き所より意を専らにせざるの憂いあれば、終わりに賢《か》しこくあり。終局の用意に怠りてならず。初めが大切と云い、暫時熱心に働きたるも、世の風潮に流され、遂に信仰を失い、画に描きたる幽霊の如く終わりを全うせざれば、すなわち徳をなし終えずと云うべし。

兄弟よ、爾は神の恵みにより、鬼を追い出〔いだ〕さるものなり。又、再び多くの鬼を受くるの用意をなし賜うなかれ。かの浅慮なるエソウのごとく、一杯の羹《あつもの》のためにキリストの弟子となり、命を得るの権を売るなかれ。

不信者への忠告。

これは〔不〕信者方に申し上げる事であるが、この聴衆中、いまだよくこの道も聞かず、又魂の終局に着目せぬ人あらば、これは初めあって終わりのなき人と申すべければ、予は一面識なきもこれらの人々のために甚だお気の毒に存す。我と同じく神の造りを受け、この終局の目的と望みと喜びと楽しみなき人は、よくよくこの世に出《い》できた甲斐もなければ、この人々にもこれより魂の終局に達すべきご用意が、ありたき事を切望す。

23　愛とは何ぞや

〔Ⅱ-一五九〕一八八六年五月三十日、押川方義《おしかわまさよし》が牧師を務める仙台教会(現日本キリスト教団東一番丁教会)で行なった説教。新約聖書の「エフェソの信徒への手紙」三章十三節を主題とする。

新島は仙台にキリスト教学校(男子校)を作る計画のため、仙台に来ていた。学校は、十月に宮城英学校(翌年、東華学校)として開校され、新島が初代校長に就《つ》いた。同志社や大阪から派遣された教師、宣教師は、新たに教会(現日本キリスト教団仙台北教会)をも創立した。(本井)

愛とは何ぞや。かつて我が日本に、神の愛と云う教えなき所より、愛と云えば、只々君臣の愛、夫婦の愛、親子の愛、兄弟朋友の愛くらいに限り、兎角《とかく》狭き偏頗《へんぱ》の愛のみ行なわれ、この聖書に説く所のキリストの愛の如きは、この教えの日本に入り来たらざる内は、我輩《われら》、耳以《もっ》て聞く事も得ざりし。

「耶蘇《ヤソ》教は何ぞ」と人、問われたれば、答えて曰《い》わん、「愛以《もっ》てこれを貫く」。

キリストの愛は、広く、深く、高く、この愛を以てこの世に来られ、この愛を以て神の道を説かれ、この愛を以て吾人《ごじん》を救わんがため、荊《いばら》の冠を甘んじ、十字架に磔《はりつけ》せられ、又、この愛を以て吾人を引き、この愛を以て今も尚、吾人の心に働く。

一〔人〕の書生、曰《いわ》く。基督に感服する所は、その心の広くして、十字架上にありても、己れの敵の罪を赦《ゆる》せ、と神に請《こ》いたり。人、これを為し能《あた》わず。キリスト克《よ》くこれを為し得るなり。

昔、ギリシャの哲人が、人の罵詈《ばり》を受く。これに灯燈《あかり》を貸す。

キリストの如きは、吾人を救わん為には、己れの食物も忘れ、足を容《い》るるの所も占めず、人に抵抗せず、ゲッセマネに従容《しょうよう》として縛《ばく》につく。裁判人の前に黙して自ら言い訳せず、荊《いばら》の冠をも受け、十字架にもつけられ、己れを罰する人を赦《ゆる》せ、と祈りて死なる。

かつて山上に教えて曰《いわ》く、右の頬〔を打たれたら〕、左の頬〔を出せ〕。一里〔行けと言われたら〕、二里〔行け〕。上衣《うわぎ》〔を取られたら〕、下衣《したぎ》を〔も〕与えよ〔マタイによる福音書、五章三十九～四十節〕。聖父ザビエル、山口に於《お》いて説教し、人心を得たる手段。

神の愛は、造物より推《お》して知れ。

義者〔にも〕不義者に〔も〕雨を降らし、日を照らす〔マタイによる福音書、五章四十五節〕。

神の完全とは、すなわち愛なり。事々物々、我輩《われら》の為に計らる。

この愛を以て、人を誘導するに、人これを忘る。

時に随い、キリストを下《くだ》し、吾人を救わんと計る。

吾人、焉《いずく》んぞその心の忝《かたじけ》なきを察せざる。

小山田《おやまだ》高家《たかいえ》は、新田《にった》義貞《よしさだ》の為に死す。

楠《くすのき》正成《まさしげ》は、後醍醐帝に知られ、天下の兵事を任せられ、遂にその為に死す。

五百の義士は、斉《せい》の田横《でんおう》に殉死し、赤穂《あこう》の義士は、その主人の仇を報ゆ。独逸《ドイツ》帝の一言、負傷の兵をして泣かしめ、母の一滴の涕《なみだ》、克《よ》く道楽の息子を改めしむ。

愛は忍び、愛は許すものにして、柔弱無力のものに見ゆるも、天下何人か愛に敵するものぞ。犬猫の如きも、人の愛に動かさる。

ゲッセマネの園に於《お》いてキリスト、ペテロに曰《いわ》く、「剣を以《もっ》て抗すれば、剣を以て死す」(マタイによる福音書、二十六章五十二節)。

ナポレオン、剣を以て天下を得、又剣により天下を失う。キリスト、全世界を得、吾は世に勝てり。

山間の水流、漸々《ぜんぜん》の働き、克《よ》く渓流を為す。時あり。溶解炉の如《ごと》し。リバイバルの働き。キリストの愛、かくの如し。キリストの愛、霊の働きは、ふいごを以て空気を入るるが如し。

今や救いを得るの秋《とき》。キリスト、ザアカイに云う。「今日、この家、救わるを得る」と。

茲《ここ》に憂うべきものあり。渓流を見るに、茲彼処《ここかしこ》に塵埃《じんあい》堆《うずたか》し。大洪水、これを一洗するを要す。

24 罪とは何ぞや

〔II－二八四〕説教をした場所、年月日とも不詳。新約聖書の聖句、「我らの已《すで》に罪ある者を赦《ゆる》す如《ごと》く、我らの罪をも赦し賜《たま》え」(マタイによる福音書、六章十二節)が主題である。孔子や釈《しゃ》迦《か》の罪論とキリストの教えとを比較しながら、キリスト教独自の見解を展開している。

(本井)

さて、この祈禱《きとう》文を読む者、沢山あれども、唯々それをその儘《まま》読み過ごして、恐らくはそれに克《よ》く注意して、その意味を解すもの、何故斯《か》くの如く祈禱を為《な》すやを穿鑿《せんさく》する者は、寡《すくな》かるべし。

但《ただ》し、この題に申す処は、救い主耶蘇《ヤソ》のその門徒に、彼らの神に願い、その罪の赦《ゆる》しを得ん事を教えし事なり。

然《しか》し、この所にて己《おの》れの罪の赦しを得んとするには、必ず先《ま》ず罪と申すは、何を指して罪と申すや、第一に論ぜざるを得ず。

さて、罪と申すは他に非《あら》ず、すなわち神の命令に背《そむ》き、或《ある》いは人倫の道を乱し、或いは己れの心において、済まざると思う事を犯すを皆、罪と云うて、もし神の命令も無く、人間中にも一切人倫の道立たずば、己れの心中においても、犯して済まずと思う事もなきときは、罪と申す事は、一切無き事なり。

故に人、もし何ぞ一つの罪を犯さんとするときは、必ず先《ま》ずこれは為《な》して宜《よろ》しきや、或《ある》いは悪《あ》しきやを考えざるを得ず。然《しか》し、もし悪し〔き〕と心付き、それを怱々《そうそう》止むれば、これは勿論《もちろん》なれども、悪しきと知りつつこれを為すときは、すなわち天の命に背き、又は己れの心の規則を犯す事なり。

去《さ》りながら、罪を犯す内に二様あり。その一は、内中に犯す罪なり。その二は、罪の外に顕わるる罪なり。人を殺し、人の物を盗む事、これなり。

且《か》つ、この二様の罪を罰する者、二あり。その一は、一国の政府也《なり》。これすなわち外に顕わるる罪を罰する者。その二は、天地の宰主《さいしゅ》、人の霊魂の審判主、これ我らの心の罪を正す者也。

さて、盗賊、人殺し等の悪業《わるさ》を為し、手速く、その場を立ち除くときは、殊《こと》により政府の巡卒《じゅんそつ》の手をも逃れ、遂にはその罪を逃れ、天然の寿命を得て終わる者もあり。

さりながら、心中に犯したる罪は、仮令《たとい》人の目を逃るるとも、如何様《いかよう》に秘し置きて、家内の者すらこれを知らざるとも、己れの心においてちゃんと、それを知り居り、如何様に隠したくとも、「嚢中《のうちゅう》の錐《きり》は自ら外に顕わる」〔史記〕と申して、心の中にはその罪、益々顕われ、自身に己れの心中を苦しむるに至る。

故に仮令《たとい》、十年前に犯した罪ありとも、或る人参り、その人に向かい、ちょうどその者の犯せし罪の類をなんとなく談《はな》しすれば、その人、暫時《ざんじ》に己れの罪をも逐懐《ちっかい》し、覚えず赤面するに至らん。

一度犯したる罪なれば、最早《もはや》、忘れたると思えども、決して忘るべき者にあらず。唯、俗に「くさき者に蓋《ふた》をする」とか申して、どの様《よう》に上より蓋《おお》えども、そのくさみの消ゆる事なきと同様にして、十年たてども、二十年たてども、決して消ゆる事なく、心中に依然として存せり。但《ただ》し、魂は決して死なざる者故、魂の消えざる間、その罪も亦《また》、忘れ難し。

さて、忘れ難き者なれば、決して心に逞《たくま》しからず。己れの犯したる罪を以《もっ》て、己れをくるしむる者なり。然《しか》しながら、己れの罪にて己れを苦しむる者のみならば、罪を罪とも思わぬ者は、一切平気にして、己れの心を苦しむる事はなかるべし。

さて、前に申す通り、我らの霊魂の審判主は、すなわち我らの造物主。在らざる所無く、能《あた》わざる所無く、知らざる所なく、見えざる所なきの真の神なる故、仮令《たとい》、我ら人の目を忍び、或《ある》いは暗夜に悪事を為《な》すといえども、この真の神の前においては、白昼の如し、逐一《ちくいち》知られざるはなし。兎角《とかく》、狐狸《こり》の類、もし人を見れば、己れを穴の内に隠したがる者なれども、これをガラスの箱の中に入れれば、彼どの様に隠さんと欲すれども、隠す事能《あた》わず。

右同様にして、仮令《たとい》人間、一度罪を神の前に犯せし上は、ガラスの内の狐狸と斉《おなじ》く、更に罪をかくすべき手段なし。故に罪を天に得れば、祈る所なしと孔夫子〔孔子〕も申されしは、右の道理也《なり》。孔子は西洋人の説く所の救い主耶蘇《ヤソ》の前に生まれ、発活々のあたかなる真神を知らざれども、天とか云うて、一つ己れの力の及ばざる者を取り、これを敬し、これを恐れて、それより罪を得ざる事を計りしならん。

かくの如く、孔子の理屈上で考えし所の天とか申す通り、西人信ずる所の独一真神は、実に正しき活《い》きたる神なる故、正律を以てこの人間を取り扱うは、当然の理也《なり》。

故に罪を神に得れば、祈る所無しと申すに如《し》かず。孔子の如く、天とか申せば、甚だあいまいにして、それは生活なき道理か、又は生活ある神か、実に取りとむべき所もなし。

然《しか》し、神と申せば、活《い》きたる神にして、見る事も出来、聞く事も出来、人の心を見徹《みとお》す事も出来、なにもかも能《あた》わざる事なきの神にして、甚だ正直、真実を好める者なり。故に、人ひとたび罪を神に得れば、神必ず彼を罰せん。

然《しか》らば、一厘《りん》の罪を犯せば、神必ず一厘の罰を与えん。二厘の罪を犯せば、神必ず二厘の罰を加えん。仮令《たとい》、隠微《いんび》の罪なりとも、神前において陽顕《ようけん》せざるはなし。

然らば、罪を神に得れば、逃げるべき道、なきに似たり。我ら説く所の耶蘇《ヤソ》の妙教を知らざる者は、唯々孔子の云われし所の事をのみ取り、ひとたび犯したる罪の贖《あがな》うべき由なき事を信ぜり。これは、すなわち理屈上より論ずる所の事にして、かくの如くも思うは、もっともの事なり。

この教えの盛んに開け、大いに行なわるるアメリカの如き国においてすら、立派なる窮理学者〔哲学者、神学者〕(パーク)、孔子の如き説を唱えて、ひとたび罪を犯せし上は、必ず神より罰を受けざるを得ず。又、犯したる罪ならば、その罰を受くべきが当然なり、と申せし事もあり。

さて、釈迦《しゃか》の教えにおいて、地獄、極楽等を設けて説きし事を、人或《あるい》はこれを釈迦の方便とか申すけれど、これは全くこの様な者を設けて、人を偽るのみに非《あら》ず。すなわち、これも亦《また》、窮理上の事にして、全く方便とも申し難し。

それ故、未来の地獄とか申す者ありて、この世に悪しき事を犯せし人は、彼《か》の地獄において、相当の罰を受くる事ならんと思いて、あの様な説を説き、世人の悪事を犯さぬ様、勧めし事ならん。彼の地獄にて、閻魔《えんま》大王あり。又は、それに使わるる鬼どもあり。且《か》つ、審判所の前に霊鏡ありて、罪人《つみびと》、その前に出るときには、以前に犯したる罪条尽《ことごと》くその上に顕《あら》わるるとか申し、又、その罪の次第により、相応の罰を加え、人を切り殺したる者は、その人も切り殺され、人の家に火を点《つ》けたる者は、火の車に乗せられ、虚言《うそ》をつきたる者は、舌を抜かるる等の事は、矢張り、罪を天に得れば祈る所なし、と孔子の申されし通り。是非是非、罪人はその罰を蒙《こうむ》らねばならぬ者なり。

去《さ》りながら、この真の神の教えには、最早《もはや》古き所より、イスラエルの人民、羊などを殺し、己れの罪を贖《あがな》いし事あり。且《か》つ、我らの救い主、耶蘇《ヤソ》の降誕後、この祈禱《きとう》をその門弟にお教えなされて、仮令《たとい》一度、罪を天に得るとも、祈る処ありと云うをこの世に知《しら》され賜《たま》えり。

孔子の道では、祈る処なくと云い、耶蘇《ヤソ》の教えには、祈る処ありと申して、実に大なる相違なり。

さて、祈る所ありと申す証拠を立てて見ますれば、決して無きとは申されぬ者なり。耶蘇《ヤソ》の如きは、実にうそと偽りの無き人にして、若《も》し、祈りても聞く神なきときは、決してこの様なる祈りは、教えざるべし。

然《しか》らば、孔子の教えにて、無きと定まりし者も、この尊き耶蘇《ヤソ》の教え起こりて、我ら今日、慥《たしか》に祈る処ある事を知れり。然《しか》しながら、祈る処なりとて、無やみに祈禱をのみ為して、己れの行《ぎょう》等を改むるを計らざるときは、神も亦《また》、その様なる願いは、決して聞かざるべし。

25 上帝論

〔Ⅱ―二九二〕場所、年月日とも不詳。原稿の冒頭に、次のようなメモと聖句が記入されている。「馬太《マタイ》伝〔マタイによる福音書〕二十二章三十五節より三十八節を読み、これを題と為《な》し、上帝を論ずべし。〔以下、聖句〕耶蘇《ヤソ》、彼に言いけるは、汝宜《なんじよろ》しく心を尽《つ》くし、精神を尽くし、智恵を尽くし、汝の神なる主を愛すべし。これは第一にして、大いなる誡なり」。（本井）

万物のあらざる先、全智全能の神、存在せり。限りなく、量《はか》りなく、始めなく、終わりなく、純一無比、他物の助けによらずして自足、他物の栄えを借らずして自から栄え、有らざる所もなく、能《あた》わざる所なく、知らざる所なくござりしが、ある時、ふっと物を造り始めしかども、人間の如《ごと》く手足の力によりて、これを作りしにあらず。偏《ひとえ》に全能の神なる故、己《おの》れの意の如く、己れの意に随《したが》いて、万物造成せり。

さて、万物の造りを受けしより、千変万化《せんぺんばんか》窮《きわ》まりなかりしが、神において一切変化なく、時移れ共《ども》、神、時と移らず。物に始めあり、亦《また》、終わりあれ共、神に終始なく、万物を形造りて、万物と同体ならず。全世界の万有を包蔵して、全世界の内に包まれず。

人間の目にて見えずして、無きが如くなれ共《ども》、所としてあらざる所なく、人の手に触れざれ共、所として存せざるはなし。形なき故、命なきに似たれ共、実に万生の源にして、猶、木に根あり、川に源あるが如く、万物、尽《ことごと》く神によりてその造りを受けざるはなし。もし、世界中、この神なき時は、猶、根なくして木の生ぜず、源なくして川の流れざるが如し。

然《しか》らば、乃《すなわ》ち、この独一真神は、発活々たる神にして、支那《しな》、古聖賢の称する所の上帝、又造物主たる天と云う物にあらず。また、理にもあらず。天と申せば、何かあいまいにして、人間を造りし者か、または、人間を支配する者か、一切、因《よ》る所なく、また理と申しても、死物にして、算用の理を以て論ずれば、二々が四も理なれ共《ども》、これは決して見る事も出来がたく、聞く事も叶わず、人の心を察する事もならず。

実に理屈故、支那《しな》へ行きても、天竺《てんじく》へ行きても、変ぜざれど、その中に命ありて自ら工風〔工夫〕し、万物を造りし物にあらざる事、甚だ察明《さつめい》なり。然《しか》らば、世界に活きたる神ありて、万物を造りし事も、また明らかなり。

然《しか》しながら、微々たる人間の力と、人間の智恵を以《もっ》て、全能全智の神を知らんと計るは、猶少き蠟火《ろうび》を以て、全世界を照らさんと計り、または弱き弓矢を以て千里外のマトフ〔的《まと》〕を射らんと計るが如く、その不能事は決定なり。然らば、如何にしてこの至大、至広、至妙、至霊、言語を以て形容すべからざるの神を知らんや。

但《ただ》し、旧新約〔聖〕書の外《ほか》、他にその神を知るべきよしなし。古来、神とか申して、色々と説を立てたる者あれ共、多くは誤って偶像を模作し、これを拝するに至れり。または、人間より推量して、人間同様なる神を作り、甚だしきに至っては、死したる人間を神と為し、それにひざまずき、色々願いを立つるに至れり。

それ、日本人の神を作りし初めしも、外にはあるまじ。天に向かう日の登るを見、または日の光により地上の万物見え、空中に飛ぶ鳥も見え、空中に飛ぶ雲を見、雲外に顕わるる虹を見、日の暖気により草木、葉を生じ、実を結び、且《か》つその暖気により己れもこごえず、斯《か》くも色々の徳あるにより、且つその己れに勝《まさ》れるを知り、これを尊び神となし、天照御神《あまてらすみかみ》と申して、または雨の降り、雨の徳により、草木の茂るを見、その雨を降らせる事は、人力にて叶《かな》い難きを見、何《いず》れある神ありて、雨を降らせ賜《たま》う事を思い、これを尊びて雨の神と称し、風の東西南北に吹くを見、これも亦《また》、人力に自由にならざるを見、ある神ありてこれを支配せるならんと思い、その神を尊びて風神と云う。

あるいは雷の空中に鳴るを聞き、その声の甚だ恐ろしきにより、これを想像して甚だ奇体なる人間にも似、また鬼にも似たる神を作り、これを雷の神とか申す通り、皆、尽《ことごと》く日の照り、雨の降り、風の吹き、雷の鳴る等は、全く人力の及ばざるを以て、皆ある神の為《な》す作事《わざ》と思い、別々にその物を支配する神を作りたり。

然《しか》しながら、斯《か》くも別々に神ありて、日を司《つかさど》り、雨を司り、風を司り、雷を司る等の者ありとせば、近来、西洋にて大いに開け行なわる所の窮理学《きゅうり》を以て、これを推論する時には、甚大なる不都合を生ぜん。今少し此所《ここ》にて、その不都合なることを論ぜん。

ある人の説の通り、日の神ありて世界の万物を照らすと云え共《ども》、日は一切、神にあらず。我が輩の住み居《お》る所の地球と同物にして、独一真神より造りを受けたる一星にして、唯地球と異なる所は、地球は光を生ぜず。日は光を与うるのみにて、矢張り空中に懸かりたる一個光球にして、光も生じ、暖気をも生ずれ共、決して神とすべき者にあらず。

もし人、日の光により物を見、日の暖気により草木茂生するを以《もっ》て、これを拝み、尊ぶの志あるは、実にもっともの事なれど、日よりも大なる神ありて日を作り、世界の万物を造りし故、もし人、日を拝みたき心あらば、宜《よろ》しくその日を作りたる神を拝むべし。

然《しか》し、もし日を一の尊き神として論ずれば、風の所々に吹くも、雨の時に随い降るも、草木の春に向かうに生ずるも、雷電の夏に及んで鳴るも、多分日のなす業事にて、もし日の神ありて、太陽空中を燿《かがや》くとすれば、雨水の降るは別に雨神ありてこれを降らすに非《あら》ず。これ乃《すなわ》ち太陽、水の上に照る時は、その暖気によりて水分子、蒸発気となり、空中に登り、暫《やや》寒き空気に遭《あ》い、凝結せり。凝結せし上は、地球の引力にひかれ、地上に下る。人、これを名づけて雨と云う。故に雨の地上に下るは、雨の神ありてこれを降らすにあらず。乃ち、太陽の温気の然らしむる所なり。

然《しか》らば、雨の神のなき事、甚だ明《あきら》かなり。風の神においても然り。風と申す者は、空中に流動せる空気を風と称せしは、本《もと》その空中に動くは、これを司る神ありて、それを起こすにあらず。太陽の暖気に感じて、一方のふくれるときには、そのふくれすぎたる場を満たすために、外よりヤヤ濃き空気、その所に趣き、その平均を得んためなり。然らば、別に風の神なくして、風の吹く事の出来るは、当然の理なり。故に風の神のなき事は、明かなり。

さて、外《ほか》に沢山、神あれ共《ども》、その雨の神と風の神とを取りて論ずれば、決して彼らは神にあらず。多分、空中の気と空中の水分、且《か》つ太陽の温気その上に動きて出来たる者なる故、太陽は風よりも雨よりも何かあり難き者に似たり。然《しか》し、日の暖かみによりて物の生を見、これを拝んでその太陽を作りたる神を拝まざるは、尚ある子どもの自己を暖める衣裳《いしょう》に向かい礼を云うて、その衣裳を作りたる母に礼を云わざるが如し。

彼《か》の衣裳は死物にして、如何様《いかよう》に礼を申せ共、衣裳はこれを知らざるは、三尺の童子《どうじ》もその理を知りて、自分の母により奇麗《きれい》なる衣裳を賜《たま》われば、その衣裳に向かい礼を申さず。その衣を作りたる母に礼を申すなり。如何《いかん》して我が国において、太陽を拝みて、その太陽を作りたる神を拝まざるは、今日迄《まで》、国人その神あるを知らざるによるなり。

さて、その神を知らざる訳は、神の人の目に見えざるによるなり。もし、目に見えざるにより神は無き者とすれば、人魂は、人の目に見えざれば、これもまた無き者か。人、霊魂ありて、今日生活あり、目を以《もっ》て見、鼻を以て嗅《か》ぎ、口を以て食い、耳を以て聞き、手を以て動き、足を以て歩み、心において喜怒哀楽を生じ、人倫あるを知り、遂に父子の結、夫婦の別、君臣の義、朋友の信、長幼の序等を立つる事出来たり。故に霊魂は見えざる故、決して無き者とするは、甚だ愚なり。向こう見ずの論なり。

さて、霊魂は見えざれ共《ども》、人の身体の動くを見て、その霊魂あるを知る如く、全世界中、万物の造りを受け、月の地球を繞《めぐ》り、月を為《な》し、地球の太陽を繞り、年を為す如く、百万々里外の諸星に至る迄《まで》動いて、その周圏《とおりみち》を乱さざるは、これ一斯の太主宰有りて、これを統轄するならん。

なお、これ霊魂の手足を自由に動かすが如く、一の主宰ありて、この全世界の星辰《せいしん》も各々その所を得るなり。もし、一日、この世界に主宰なきときは、なお人の身体に霊魂無くして、血脈の流動止まり、手足の運動もまた、随って止むが如く、日月星辰、各々その所を失うに至らん。

然《しか》らば、この世において、目に見えざれ共《ども》、有る者あり。風の如きは、目に見えざれ共、その声を聞き、または塵芥《じんかい》の立つを見て、人、風の吹く事を知れり。然し、もし空中声あるを聞き、且《か》つ塵芥の立つを見て、一切風なしと云うは、誰にても承知せざるべし。然らば、今日、月の地球を繞《めぐ》り、地〔地球〕の太陽を繞る等を見、この太陰、太陽、地球等を主宰する神なしと云うも、また甚だ不理屈なる議論なり。

これ、末を知りてその本を知らず。草木の枝葉あるを知り、その根なしと云い、川の流るるを見て、その源あるを知らざるが如し。実になげかわしき事なり。然《しか》し、唯人間の知恵のみで、理屈を以《もっ》てこの限りなき神を知り量《はか》らんと欲せば、一燭火を以て全世界を照らさん、と計るの憂いを免れざるが如く、その光の乏しくして、遠方の物見えざるにより、遠方に物なしと云い、また唯、物あるを見、その造主の見えざるにより、天地の万物は偶然と出来しなどの説を立て、自ら誤るに至る。故に聖書によらざれば、如何《いか》にしてこの真神を知り得んや。

聖書に依りては、神は乃《すなわ》ち霊なり、愛なり、光なり。求むべからず、見るべからず、量るべからず。初めもなく、終わりもなく、死すべからず、変ずべからず。所としてあらざるはなく、事として知らざるはなし。物とは能《あた》わざるはなく、至恩、至大、至広、至って美、至善、至って聖、至って正しく、至って義、至直、至信。有るとも無きが如く、無き如くにして有り。遠くて、また近くにあり。近くにありて、また百万々里の外にあり。

前にあると思えば、後ろへあり。厳にして近づくべからず。また親にして、なるべからず。その徳、尽《ことごと》く備わりて、その栄《さかえ》、外に顕われ、その愛、中に満ちて、その恩、外にあふる。善を好み、悪を悪《にく》み、公に賞し、公に罰し、人の霊魂をして、各々その所を得しめ、悪人を永《とこし》えに罰極し、義人を賞し、永世安楽国に至り、楽しましむ。

且《か》つ、この世の罪人《つみびと》を憐《あわ》れみて、イエス・キリストをこの世に下し、誰に拘《かか》わらずその名を信じ、先非を改悔する者は、その罪を赦《ゆる》して、全く罪なき者の如くし、これをして神の楽境に進ましむ。

但《ただ》し、右等の事は、尽《ことごと》く聖書中、掲示せるにより、人もし聖書によらざれば、かくの如く、至妙の教えを知る事を得んなり。聖書に曰《いわ》く、「汝《なんじ》、心を尽くし、精神を尽くし、智恵を尽くし、汝の神なる主《しゅ》を愛すべし」と。

これは、耶蘇《ヤソ》の人間の守るべき誡はなにぞや、と問いしものに答えし言葉にして、実にこれは人間の第一に守るべき誡《いまし》めなるべし。

今、吾輩《われら》の恩を蒙《こうむ》りて、その君を尊《たっと》み、父母の恩を蒙りて父母を愛し、他人の恵みを受け、その者を感服する者、これ人情の然《しか》らしむる所。然し、神は世界を造り、我ら求むる所の食物、衣類等に成るべき物を賜《たま》い、我らをして今日、安全に生活せしむるは、全く神の恩と申す者にて、我らに禄《ろく》を賜う主人、我らを養育する父母、我らを恵みたる恩人は、神と我らの間に立って、神の賜う物を取り次ぎて、我らに賜うなり。

故に、主人の恩を謝すれば、宜《よろ》しく第一に、主人より大切なる神に謝し、然《しか》る後、主人に謝すべし。父母の恩を謝せんと欲せば、必ず先《ま》ず、父母より有り難き父母の父なる神に謝し、然る後、父母に謝すべし。恩人の恩に感じて、これに謝せんと欲せば、先ず恩人の恩主なる神に謝し、然る後、恩人に謝すべし。

今、人一度、主人の主、父母の父、恩人の恩主を知りし故、その恩徳を謝せば、謝するに所を得たると申すべし。人、もしこの真神を知りし上は、自ら志も立ち、行ないも改まり、遂には君にも忠を尽《つく》す事も出来、親に孝を尽すも出来、恩人にその恩返しを為《な》す事も叶わん。然らば、人間として是非とも人間を造りたる一神を拝まずんばあるべからず。

然《しか》し、この題には、汝心《なんじ》を尽し、精神を尽し、智恵を尽し、汝の主なる神を愛すべしと申せり。さすれば、唯拝むよりも、その神を愛する事が、却《かえ》って大切なる事なるべし。人、もし心一杯、魂一杯、智恵一杯でこの神を愛したならば、随ってこの神を敬いて尊び、これを拝むに至らん。もし、人この神を愛する心を生じ、この神に忠を尽《つく》し、この神に孝を尽し、この神の恩に感服し、信を尽さんと計れば、これ大忠、大孝、大信と申して、人間においてこの大なる勤めさえ出来たなら、君に忠を尽し、父母に孝、朋友に信を尽す等は、甚だ容易なるべし。

然らば、人間としてこの神を愛するは、教え中の大なる誡《いまし》めにして、我らこの教えを奉ずる者、この教えを聞く者等、心を尽《つく》し、精神を尽し、智恵を尽して、この神を愛せずんばあるべからず。

26　霊魂の病

〔II-三九〇〕キリスト教を主題とするこの講演がいつ、どこでなされたものであるかは不明である。新島は講演の冒頭で、持病を治すためにあらゆる医者にかかり、神仏に願掛けをしてきた人が、オランダ流の医師にかかって見事治癒《ちゆ》し、それ以後はオランダ流の医者のすばらしさを宣伝して回るようになったという幕末の話を紹介する。それと同じく霊魂に巣食う罪という病がある。新島は彼自身の経験からして、それがキリスト教と出会うことによって、見事に治癒されたことを証《あか》しする。この講演の趣旨は「レキシントン説教」(「20 神の愛」)の線上に位置すると考えられる。(北垣)

昔時《せきじ》東京に一の不幸なる人あり。幼時より種々様々、実に名状すべからざる程の持病に苦しみ、全治せられん事を求め、〔東京〕府下の名高き医者共には尽《ことごと》く診察を受け、針、もみ療治は勿論《もちろん》、草津、伊香保《いかほ》、熱海《あたみ》の温泉にも越され、加持祈禱も度々試み、また信神に至っては乃《すなわ》ち神仏混合、伊勢〔神宮〕にも善光寺にも参り、府下では水天宮、金比羅《こんぴら》、天満宮、愛宕山《あたごやま》、観音、祖師大師地蔵、ひげの平内、びんつる等に願《がん》かけし、かくの如く百方手を尽くして見たれども何の効能もなく、独《ひと》り鬱々《うつうつ》として多くの月日を送りし内に、突然何の○○《ママ》とか申す蘭法医《らんぽうい》が横丁に引っ越して参りしにより、近傍の人々の勧めにより、これにかからんと思いましたが、彼《か》の蘭法医が平常豚の肉を喰《しょく》するという事を聞きつけ、大いに驚き、甚だ嫌い、神様の前に汚れると申し、その医者を見るも嫌だと云われ、人々の勧めを拒絶して居りましたが、かの豚喰《ぶたくい》医者の評判は段々によろしくなり、如何《いか》なる病気でも治するという事になり行きました。

で、「そんなら一寸懸《か》かって見まいか」とて申し、遂にこわごわ医者の玄関に進み、戦慄しつつ診察を受け、又薬をももろうて来ましたが、直《じき》には門戸に踏み込まず、切り火を打ちかけ、塩をふりかけ、己《おのれ》の総身を清めて、しかる後に家に入ることをなしたる始末は、実に抱腹の至りなれども、この頑固物が段々と薬服する内に、げんが見え、効が顕われ、数月を経ぬ内に健康の身となり、「早くもこの医者様にかかったならば、これ迄《まで》の信神、願懸《がんか》け、湯治、針あんま等に莫大の金を費やさぬものを」とか云われ、大いに神仏に不足を云われ、蘭法医《らんぽうい》でなければ病気はなおらぬと思い込み、己の近所に、親類の人々は勿論、草鞋《わらじ》がけで遠方に出かけに至るとも、人々に逢いさえすれば、蘭法医の効能を申し立てられたので、それより府下に蘭法医の名が揚がり、どこでも蘭法医になければならぬという事になり、その時より西洋医が益々盛んになり、遂に今日の結果を見るに至りました。

さて、私も諸病の問屋《とんや》たりし彼《か》の東京人の類《たぐい》でありまして、身体の病はさておき、私の霊魂に罪という大なる病気があって、何事を論ぜず、事に臨みさえすればこの病気が発したり、されどもその時には病気たるをも知らず、随分人よりは正しき者なりと誤って自評を下し居りましたが、唯今回顧すれば、すなわち傲慢、飾非《しょくひ》、偽善、嫉妬、憎悪、放蕩、淫乱、実に慚愧《ざんき》に堪《た》えざる程の大患なり。

かくの如き病気に染まりたれば、必ずこれが治療を求むべきに、不幸にして己《おのれ》の病が気が付かず、また良医もなく、随って良薬もなき時代に生長したれば、霊魂の病は日々に重く、説法とか講釈とかいっても少しも効を発せず、説法を聞けば直《ただ》ちに眠りを催し、また論孟《ろんもう》の講釈を聞かば、彼《か》の「聞くとも聞こえず」の輩《やから》にして、依然たる「論語読みの論語知らず」で、永き月日を消費しましたけれども、ふと耶蘇教《ヤソきょう》の書物に見当たり、これこそ平生憎む所のキリシタン宗門なるべけれ、再三復読、沈思熟考、必ずその非を看破して呉《く》れるべしと、鋭意これを読破せしに、兼《かね》ての想像とは大いに違い、宇宙の造物主宰を説き来り、また人類に罪という病あるを論じ、且《か》つこれを癒すべき大能力を具有せる耶蘇基督《ヤソキリスト》あるを説き来り、大いに私の心中に疑問を起こさしめ、必ずこれは穿鑿《せんさく》すべき事なるべしと思わしめたり。

それより段々と、この宇宙の主宰を探索したき了簡《りょうけん》が生じ、また五大洲を跋渉《ばっしょう》したき志願が発し、米国まで飛び出して彼の国の耶蘇《ヤソ》教信法に接し、自ら耶蘇教の学校に入り、学び、米国は勿論《もちろん》、欧州の国にも経歴して、耶蘇教の行わるる国と行われざる国とを比較し、また英米諸国に耶蘇信徒にして頗《すこぶ》る社会を益し、国家を利するの輩、陸続輩出するを目撃し、また歴史上に昭々乎《しょうしょうこ》とし、明らかなるを見、実に耶蘇教は社会を救うべき真理天道なるを発明し、帰朝の後教友と力を協《あわ》せ、この道を弘布せんことを計りましたは外《ほか》ではない、この教えが能《よ》く人間の心に適当し、また人間の霊魂を医《いや》し、我輩をして人間の本位に復せしむる天啓教なるを確信し、また自身に蒙《こうむ》りたる利益の甚だ多きを感じ、これを弘く社会に分与せんと欲し、不肖《ふしょう》を顧《かえり》みず、不学をも問わず、断乎として諸《しょ》彦《げん》の前に出て喋々《ちょうちょう》するは、諸彦中もし予と同様に霊魂の病気ある御方あらば、直《ただ》ちに耶蘇教に就き、心の療治せられんことを企図すること、甚だ懇切なり。

27 伝　道

〔II-三〇〕場所、日時とも不詳。全六枚の草稿のうち、最初の二枚を欠く。新島の対人観が鮮明に出ている。「大勢の前にあり、大喝《だいかつ》一声、衆人を驚かすの演説を為《な》すは、多くは荒《あら》こなしなり」。かえって、「一人を得、一人と問答し、一人の心を開く」ことの方が大切である、と力説する。「ひとりは大切なり」は、新島の人生を貫く不動の信条であった。（本井）

〔前欠〕内部の必至《ひっし》より論じても、又外部の必至より論じても、是非とも基督《キリスト》教が無ければ、この国を救うの道は他に求むべからず。

この道の大切にして、人の霊魂を救うに必用なる事は、皆ご同様に基督《キリスト》信者の論ずる所なれども、近来は世間の人々が、己《おの》れの子どもを基督教主義の学校に入れたいと云う心の起りたるは、何の故ぞ。他なし、暗にこの教えを要するなり。

何人に逢う、曰《いわ》く「予は先《ま》ず従来の無宗教で往《い》くが、子には是非とも基督教でもやらせねばなるまい」。

民権家の巨魁《きょかい》とも云わるる板垣〔退助〕君が、欧州にて著しく目撃されたるは、人民に宗教心ある事なり。

伊藤〔博文〕参議が、欧州にて目撃されたるも、矢張り帝王、宰相《さいしょう》などが基督《キリスト》教を奉ずるは、只《ただ》に策略の為《ため》のみと思いたれども、真に基督教を尊び、これを信ぜらるる事を認め得たり、と何人かに言われたりと聞く。

文部省にありて、近来、徳育にもっとも注意せらるる人〔田中不二麿《たなかふじまろ》か〕に向かって、「宗教なしに日本の前途は文化に進むを得る、と思うや否〔や〕」と尋ねたれば、「宗教なしには難《かた》かるべし」。「今の仏法は力なし」。「さらば何」と尋ねたれば、答えはなかりしも、「ただ一つの宗教は、要《い》るべし」と答えられたり。仏教を除き、何か他に宗教が要るとあれば、乃《すなわ》ち基督教の外、他なし。

世間の人々も新聞記者も、民権家の率先者も廟堂《びょうどう》の人々にも、遂に基督教を盛んにせざれば、この国はとても維持は出来難《がた》かるべし云々の論説を吐くに至りしは、何ぞ。

サンドウイチ島〔ハワイ王国〕に伝道師の未だ達せざる先に、人民は已《すで》に偶像を毀《こぼ》てりと。基督教を妨ぐるものと見做《みな》すべき仏法は、はや小学校の教科、幾分のその力を挫《くじ》き、また先日など〔浄土真宗派僧侶の〕北畠道龍《きたばたけどうりゅう》氏が、〔東京の〕明治会堂に於《お》いて演説せらるとき、少し話し出すと、「ノー」、「ノー」の声ありければ、貴僧は病と称して止む。基督教外の人々、已《すで》にこれを挫く。

基督《キリスト》教を未《いま》だ公認せざる政府なるも、その一部なる農商務省に於《おい》て所持せらる明治会堂を宣教師の演説に貸さるとは、何の事ぞ。

未だ公認はなきも、已《すで》に公認せらるが如し。かくの如く、政府の一部分の農商務省の屋宇を何の差支えなく基督教師に貸すに至るなれば、基督教公認の日は近きにあるべし。

目を揚げて見よ、野は已《すで》に白し。

野は已に白し。世間の人々も、世の卓見も政事家も、日本の更に生まれ変わらん事を望むに至りしは、乃《すなわ》ち野、已に熟したるなり。

吾人《ごじん》が不幸、五十年前に生まれたならば、今日は野に出、収納〔収穫〕のために動くには已に遅し。また不幸にして五十年の後に生まれたなれば、明治維新の変動より今日に至るの進歩を自ら目撃し得ず。唯、史上より見るか、老人の口より聞くのみ等にて、吾人の如く自ら見、自ら聞き、自ら動き、自ら働き得るものは、その感情大いに異なるべし。且《か》つ五十年の後は、田地は已に開拓せざるべし。人の開きし土に耕すのみならん。

今日は開拓と収納と合わせ来るの日なれば、一方は開拓に忙《せ》わしく、又一方は収納に忙わし。専制の徳川氏、ひとたび鹿を中原《ちゅうげん》に失いしより、天下は書生の手に帰り、何百諸侯を廃し、中央政府を立て、全国の政《まつり》、皆中央政府より出るに至り、欧州の政度〔制度〕、文物皆、輸入し来《きた》り、陽に一《いっ》の文明国の体裁を為《な》すに至りしは、基督《キリスト》教を種播《ま》くの田地は、已《すで》に備われりと云うべし。又人々のこれを望み、早く全国に布《し》かるればよいと云出《いいだ》すは、乃《すなわ》ち最早《もはや》、田は熟せり。収納の秋《とき》、来るなり。

吾人手足の働き、目見、耳聞き、口物言い得るの秋《とき》に当たり、この美花と開拓と収納と一時に来るとは何ぞ。日本の歴史中、恐らくはかくの如く快愉なる時代は、唯今に限り、前代になく、後世にもかくの如き社会は、演出し来らざるべし。

今は醒《さ》むべきの秋《とき》なり。身に甲《よろい》すべきの秋なり。進んで取るべきの秋なり。我が社会を一変すべき秋なり。天、幸いに我輩《わがはい》を顧《かえり》み、この秋に遭遇するを得せしめたるは、如何《いかん》ぞや。

人生の幸いは、己れ自ら幸福を得るにあらず。位台〔位官か〕を究《きわ》むるにあらず。富、巨万を量《はか》らむにあらず。

真道に歩み、身真道に委《ゆだ》ね、真道を以《もっ》て他人を益するにあり。予の思うに、世の最大幸福を占めたる人は基督《キリスト》なり、ペテロなり、ヨハネなり、保羅《ぽうろ》〔パウロ〕なり。それに古来、身を委ね、世を益せし人なり。

高じて時、秋ならざる、野は已《すで》に熟せりと云うべし。主《しゅ》必ず吾人の収納に出でん事を望まるなるべし。人々これを望み、在天の父、基督、聖霊これを望む。如何《いか》に出でずして居《お》らるべき。然《しか》し、この際に当たり、吾人の尤《もっと》も注意すべきは、跪《ひざまず》きて主の助けを乞《こ》うにあり。

百折不撓《ふとう》の信仰を要す。大胆不敵の精神を要す。吾人は維新の変動に際するも、尚太平の人物なり。然《しか》れども、宗教上は決して太平にあらず。仏法あり、我に敵す。無神論者あり、これを妨ぐ。肉欲の奴隷あり、これを嫌う。悪魔あり、我輩を誘導せんとす。

吾人、太平を以て処すべからず。小成に安んずべからず。吾人進んで出でざれば、基督《キリスト》の兵丁《へいてい》は誰ぞや。ボルネル〔バーネル〕氏、曰《い》えるあり、「予の外《ほか》、他に一人も基督のため働くものなし、と思いて働くなり」。

源《みなもと》家の一人の弓取り、那須の与一あり。克《よ》く扇の的《まと》を射たり。今射るべきの的あり。わが主、吾人にこれを射よと命ぜらる。吾人これを謝すべきか。

射らずしてこれを射り得るの試《ため》しなし。刈らずして争《いか》で〔如何で〕収め得ん。真理の弓矢は寸時も手より離さず、眼前に的を見たれば、直《ただ》ちにこれを射放すにあり。

兄弟よ、井の上《ほとり》に休息せられし基督を見られ、一人の婦人にとり一人を決して見過ごしてならず。一人を得、一人と問答し、一人の心を開くは、伝道上大切の事なり。

大勢の前にあり、大喝《だいかつ》一声、衆人を驚かすの演説を為《な》すは、多くは荒《あら》こなしなり。真の働きは、却《かえ》って一個人を説くにしかず。基督を見よ。先《ま》ず、アンデレを得、ヨハネを得、ペテロを得、ピリポを得、ナタナエルを得たり。井の上にて一婦人を得たり。

飯糊を押すに、一粒ずつより衆粒に及ぶ。基督の精神を得れば、一発、或《あ》るいは数十人、数百人、数千人を貫き得るべし。

吾《われ》の尤《もっと》も痛歎するは、基督《キリスト》の精神の乏しきなり。吾人にして克《よ》く基督の精神あらば、サマリアの婦人は、何《いず》れの処《ところ》にもあるべし。真理の矢、克く婦人の心を貫くべし。

キリストは、真理を説かるるため食事を忘れ、婦人は真を得るがために己れの水容《みずい》れを捨て、市《いち》に往き、多くの人々を連れ来たれり。人々来て自らこれを聞き、基督《キリスト》を信ずるに至れり。

〔以下、メモ〕

伝道の妨害は敵にあらず。

太平の習慣。

文弱なる事。果断に乏しき事。

小成に安んずる事。

機を見てこれを失う事。

我らの熱心ならざること。
真の基督の精神の乏しき事。
敢《あ》えて戦うの勇気なき事。
その基督信徒の尽《つく》すべき時。
愛国男子の畢生《ひっせい》の力を尽すべきの秋《とき》なり。

〔プロテスタント伝道〕

28　日本伝道促進についての私案

〔Ⅶ―三六〕原英文。新島は二度目に渡米した一八八四年十一月十一日に、この力強いアピールの文章をアメリカン・ボードに提出した。この文書はハーディーまたはN・G・クラークの示唆に基づいて書いたものと見做《みな》される。翌月、ボードは五万ドルを同志社に贈ることを決めた。このアピールの文章には新島の確信、抱負、愛国心、信仰が躍動している。新島は預言者的な洞察力をもって「道徳なき自由」と「宗教なき文明」が祖国を脅かしていることを指摘する。要するに、日本伝道促進についての有効な提案は、有能な日本人説教者、すぐれたクリスチャン医師、そしてすぐれたクリスチャン市民を育成して社会に送り出すことであった。（北垣）

アメリカン・ボード運営委員会御中

委員の皆様。

日本伝道促進についての私案に皆様のご注意を喚起したいと思い、以下の提言を差上げます。この件に関して詳述する前に、先《ま》ず日本国の過去と現在の状況に注目して頂きたいと存じます。

ご承知のように日本は、十六世紀において一度、外国との通商や、イエズス会の事業のために、門戸を開いたことがありました。しかしながら或《あ》る理由のために、オランダ人を除く全西洋諸国に港をとざし、ローマ・カトリック教会は非人道的な迫害と根絶によって阻止され、十字架を信奉した者たちの犠牲者は恐らく六十万人を下らないと考えられます。このようにして日本は隠者のような国になりました。その孤立と排他性は徹底したものでした。日本は外部の世界とは全く関係を持とうとしなかったのです。

その頃以来、わが海域に近付く黒船(われわれは当時外国船をそう呼んでいました)には発砲することが、国のきびしい掟だったのです。ついにわれわれはアメリカの外交官に強く押されてアメリカと条約を結ぶに至りました。これがわれわれの歴史のあけぼのでした。

国民は突如として、深い朝の夢を破られたのです。たちまち党派根性が幅を利かすようになりました。国内の動揺は恐るべきものでした。処々方々で流血、暗殺が起こりました。

まもなく先の革命が突発し、その結果はわれわれの目にさえきわめて驚くべきものに映りました。将軍の専制的な政府は粉砕され、天皇の統治権は現天皇ご自身において回復されたのです。天皇の大義のために戦い、また外国人を水域から追い払う決意をしていた誇り高い人士たちは、突如として見解を変え、最も熱心な西洋文明の唱道者になりました。

進歩のためには大きな障害になったと思われる攘夷の精神が、こうした実力者たちによって一掃されました。国家の運営は全く異なる基盤の上でなされ始めたのです。熱心で有能で視野の広い愛国者たちが国政に当るよう、天皇によって任命されました。太政官制が布《し》かれ、八人の大臣が任職を受けました。封建制度の下にあった大名はすべて、国家の公益のために、その所有していたものを政府に差し出しました。その家臣たち、つまり誇り高いサムライたちは、帯刀を禁じられました。

社会から追放されていた被差別民も、人民の中に数えられるようになりました。

ただちにヨーロッパ諸国の軍事制度が導入されました。軍艦が購入・建造され、ドックが作られました。国内の汽船会社同士の間で、更には外国の汽船会社との間で、烈《はげ》しい競争が起こりました。郵便局が至る所に作られ、国中に電信用の線が張り巡らされています。限られた範囲ですが、電話も使えるようになりました。道路も絶えず改善されています。トンネルが開通し、重要な商業の中心地を結ぶために鉄道が敷設されました。東京の通りにはガス燈がともり始めました。

大通りには外国風の馬車がせわしそうに走っています。首都にはアメリカ流の馬車用軌道が敷かれています。ヨーロッパ流の銀行がたくさん開業しました。いくつかの重要な都市では商工会議所や証券取引所が仕事を始めました。警察制度が注意深く組織され、適切に運用されています。

大きい町には裁判所ができ、個人の権利や財産は従来よりもはるかによく保護されるようになりました。小学校と中学校の制度は一八七二年にはじめて出発したもので、外形に関する限り、今のところ非常に成功しています。

同じ頃に東京大学が天皇によって創立されました。そこには今二千人以上の学生がいます。

印刷所が活発に仕事するようになりました。

新聞や雑誌は〔昔の〕三倍の速さで発行されています。公的なニュースはとても早く広まっていきます。物質科学が大きな支配力をもつようになって、古い迷信を駆逐《くちく》していきます。神道と仏教は政府や人民の支持を失いつつあります。公開講演の弁士たちは熱心に彼ら自身の政治的、科学的見解や理論を押し広めています。

先進的な人々の間では、自治が討議の題目となりつつあります。

こうしたすべての物質的、社会的な変化は二十年にも満たない期間のうちに、魔法のように生起したのであり、そしてこの国家的成功そのものが、日本における伝道事業も同様に、てきぱきと進んでいくのではないかと信じさせるに至りました。

そうです、現在の日本の変化しつつある状況が、今こそ情熱と活気をもって福音を導入すべき時であると考えるように仕向けたのです。さもなければ、物質中心主義や官能主義といった反キリスト教的要素が、国家の健全な発展のためにはやがて最大の障害となることでありましょう。仏教と儒教は私たちの行手《ゆくて》をたいして妨げるものではありません。

しかしヨーロッパから移入された、こうした近代の不信仰の要素は、将来必ず私たちの敵となるのです。

政府は最近、わが国民の傾向が急速に無法状態と不満と無秩序の方向へと向かっていることを認識するようになりました。或る人々は道徳ぬきの自由を叫び、宗教ぬきの文明を求めて狂奔しています。あらゆる種類の犯罪が今までにもまして頻発しています。犯罪人を取り締まるために警官の数を増やすと、犯罪人の数も増えてきました。学校に徳育を導入しましたけれど、教師自身が道徳を欠いていたのでは役に立ちません。

このように、臣民を改善しようとして政府が打った手はことごとく失敗に帰しましたので、政府は無意識のうちに、単なる人間の頭の作り出したものよりはもっとすぐれた何物かを求め始めています。

他方において、京都において皆様のミッションが運営してきましたキリスト教教育〔同志社英学校〕は、最近大きな重要さと、輝かしい将来性を示し始めました。学校は創立後まだ日も浅いのですが、すでに英学校から四十六人、神学科からは二十八人の卒業生を出しました。

この卒業生たちは政府の設立した東京大学で学んだ者たちには劣るかもしれませんが、彼らの高い道徳性と熱心なクリスチャン的性格の点で、人々の大きな尊敬をかちえております。ある県の知事は、私たちの卒業生の一人に面接したあとで言いました。「この男のような若者は、わが県には一人もいない。この若者は何という純粋な目的と、高い道徳性をもっていることか」。

『東京毎週新報』の主筆〔小崎弘道《こざきひろみち》〕もわが卒業生の一人です。二、三年前、彼は首都において、創立後日も浅い諸教会の僅かな支援をえてあのキリスト教週刊誌を始めました。彼は自分自身の個人的収入のすべてを注ぎ込まねばなりませんでした。しかし彼はその週刊誌を、金儲けのためでなく、それがどうしても必要であるということで、敢然として発行し続けています。彼はいかなる論者がキリスト教を攻撃してきても、いつでも正面から渡り合います。

私たちの伝道者養成所〔同志社神学校〕の若い学生たちが示した道徳上の勝利は、京都の市民たちの目には大きな驚異と映っています。それは実にわが国民生活の中で前例を見ない事実なのです。

京都で最近スタートしたばかりのこのキリスト教学校は、すでに健全な果実を生みました。

私たちは自分たちの存在を知らせようと努めたことはあまりなかったのです。

しかしどうしたわけか、私たちは日本の指導者層に知られています。指導者たちは私たちの学校のことを褒《ほ》め始めております。彼らのうちの何人かはすでに息子や友人たちを、キリスト教の影響のもとで教育してもらおうとして、送ってきました。そして彼らは、もし私たちの学校の水準を上げることができたら、もっと喜んでそうすることでしょう。彼らは自分たちのために、さまざまな専門科目の講座を設置してほしいと強く要望しているのです。もし私たちがそうするならば、きわめて多数の若者が悪い仲間に入って非行に走り、ついには完全な破滅におちいることから救うことができるのだと、彼らは言うのです。同志社での五年間の課程が終ったあと、息子たちを他の学校に送ってさらに教育を受けさせなければならないことは、彼らにとって大変残念なことです。

日本ではふつう、学校というところは若者にとってきわめて危険なところなのです、ただしキリスト教の教えの行われていない学校では。物質主義の影響は必然的にふしだらな行為と結びつきます。

　学校から少し離れたところに住んでおり、私たちとは全く面識のなかったある金持ちの商人〔土《ど》倉庄三郎《ぐらしょうざぶろう》〕が、数年前に京都を訪問し、学校の理事者とはじめて会ったときに、もし同志社が法学校を創設するならば、少なくとも五千円提供することを約束致しました。それ以来彼はずっと私たちに好意を示し、現在彼の娘二人はミッションによって支えられている京都ホーム〔同志社女学校〕で教育を受けています。専門研究への要望は外部からだけでなく、私たちの教会からも出ています。

　彼らは京都で医学校を出発させるよう、私たちに要望しています。有馬に避暑に来ておられたJ・C・ベリー博士のところに、キリスト教の事業家たちは三人の代表を派遣して、アメリカン・ボードが京都の伝道者養成所との関連で医学校を建てて下さるようお願いしたのは三年ほど前のことでした。彼らはクリスチャン医師が宣教のためには非常な助けとなることを発見したのです。

　昨年京都で私たちの日本基督《キリスト》教伝道会社の総会が開かれたときにも、皆様のミッションと関わりのある諸教会の全代表はこの問題を話し合い、医学校設立のためにベリー博士に再び全会一致のアピールを送りました。

彼らのすべてが一致したことは、京都で医学校をスタートさせるために、もしベリー博士がアメリカン・ボードから予算をもらって下さるのであれば、彼らは土地を買い、建物を建てるために何らかのことをしよう、ということでした。私たちのキリスト教事業の現段階ではそのような学校がぜひ必要である、という意見を各自が表明しました。もしそのような学校が、私たちの学校の場合と同様、キリスト教の基盤の上に設立されるならば、それは伝道事業だけでなく、貧しい人々の福祉全般を大いに推進させるものと確信します。

すでにJ・C・ベリー博士がこの件に関して大衆に訴えられましたように、私は博士がその高貴な目的を遂げられるに十分なだけの資金集めに首尾よく成功されるよう希望し、祈っております。

米国をめざして日本を出発する二、三日前に、京都の著名な市民およそ七十人に二日続けて集って頂き、キリスト教教育という題で演説を聞いてもらいました。J・D・デイヴィス博士その他の人々に、このテーマで演説をお願いしました。こういう次第で私たちは講演会を開催し、聴衆からキリスト教教育に関して心暖まる承認を得ました。彼らは一八九〇年を期して同志社にいくつかの専門の講座を設置するに十分なだけの資金を集めることに同意したのです。その年には、天皇がかねてから国民に約束なさった通り、憲法が発布されることになっています。京都の有力者たちは、日本の政治史における この重要な出来事を記念したいと考えているのです。私たちはこの気高い贈物に謝意を表明しましたが、それをキリスト教の基礎の上で実施することについて、完全な自由を認めて頂くのでなければ、私たちとしてはそれを頂くわけにはいかない、と断言しました。

この大胆な意志表示に対して、彼らは何の反対もしませんでした。彼らはこの問題を私たちが自分の手で引受けて、彼らに代わって実施してほしいと言いました。二年前でさえ、そのようなことは夢想だにしませんでした。世間がそのような信頼感をもって私たちとの交際を求め始めたということは、大きな驚きであります。しかしながら私たちはのぼせ上がっているわけではありません。静かに待ちつつ、彼らが私たちに何をするかを見たいと思います。

最近わが国の指導的な政治家たちが宣教師たちと会見しましたが、それによると、政治家たちがキリスト教について何かを知りたがっていることは明白です。ある政治家たちは諸外国がわが国を異教国として扱うことを痛切に感じているのだと思います。故国からの最近の知らせによれば、何人かの政治の指導者と編集者たちは、信教の自由を求めて叫びをあげ始めましたし、キリスト教に好意的であるような、きわめて大胆な記事を発表したということです。最近政府が大胆にも在来の異教的宗教との関連を断つためにとった処置を見るにつけても、神は私たちのために戦っておられるのだと、深い畏《おそ》れをもって申し上げたいのであります。

私たちの若い教会について申しますと、彼らは皆様に注目して頂く値打ちがあると考えます。他の場所でそうでありましたように、彼らも今までは軽蔑され、排斥されてきました。しかしながらここ一、二年の間に彼らは社会の真正面に足を踏み出し、説教を通して、あるいは文書を通して、救いの福音を大胆に宣《の》べ伝えるようになりました。彼らは滅び行く同胞たちに対して、救いのメッセージを積極的にもたらしつつあります。

私が最後に受取った報告によれば、あの二十の教会は自給している上に、純粋な伝道事業のためにおよそ一千ドルを集めました。その中の幾つかの教会は収入の四分の一以上をこの目的のために献《ささ》げました。昨年日本の全教会の代表が第三回全国会議に集りました時、代表たちを迎えてくれた東京の諸教会の真っ只中に起こりつつあった、最も祝福されたリバイバル〔信仰復興〕に、代表たちは喜びをもってあずかることができました。このリバイバルによって点火された会議の精神が私たちを激励し、今世紀中に三千六百万同胞の大部分の魂を獲得できるようにしようとの望みを起こさせたのです。

それ以降あちらこちらでリバイバルが起こっています。特に最近の最も強烈なリバイバルは京都の伝道者養成所〔同志社英学校〕の構内で火のように燃え上がり、日出ずる国全体が義と平和の御子《みこ》の王国になるのだという、新たな勇気に満ちた確信を私たちに与えてくれました。十年前の私たちの祈りは、扉が開かれますように、でした。しかし今の祈りは、こんなに広く開いた扉を通って、有能な働き人たちが入っていきますように、であります。

ぐるりから援助を求める〈マケドニアの叫び〉〔使徒言行録、十六章九節〕が聞こえてきますが、この声を拒否することは極めてつらいことです。最近では私たちキリストの働き手たちが偶然にか、あるいは計画的にか寄り合う時には、今たずさわっている宣教の仕事のこと以外には、何の話題も持ちません。「われら何をなすべきか」――これが私たちの間での合言葉です。

そして長い観察と、注意深い考慮の末に、私たちの到達した結論はこれです――で、き、る、だ、け、資、力、を、備、え、た、有、能、な、日、本、人、伝、道、者、を、教、育、し、育、成、せ、よ。

一つの計画を提出して皆様のご考慮を煩わす前に、こんなに長々と歴史的事実を述べてきましたことをお詫び申し上げます。しかし私としては、宣教事業を最も効果的に進めるにあたり、現下の差し迫った必要をご理解頂くには、そのようにせざるをえないと感じた次第でありました。

それでは、望ましい目的を成就するための、次のような計画にご注目下さい。

第一、キリスト教の牧師には能う限り最高の教育が与えられるべきであること。

第二、医師を完全にキリスト教の基盤に基づいて教育することは、直接伝道に対する偉大な補助手段となること。

第三、法学、政治学、経済学、哲学、文学等の講座を設置すれば、これが強い魅力となって、最良の学生たちをキリスト教の影響下に引き入れることができること。

私は第一点を直接のキリスト教事業と見なしますので、この点については後で詳述したいと思います。第二点もまた、第一点に続く、直接的キリスト教事業です。第三点は間接の事業とでも呼ぶべきものですが、それは静かに発酵して影響力を発揮し、力強くなっていく過程であります。直接の伝道の場合、私たちは多くの反対にでくわすことがありますが、この間接的な努力に対して誰一人反対する者はありません。

それはいわば子供に対する母親のやさしい影響力のようなものであって、あまりに親密なために拒絶しがたく、あまりに印象が強いので忘れるわけにはいかなくなるのです。しかしながら、学生たちをキリスト教の友とするだけが私たちの目的ではありません。彼らをキリストに引きつけて、生命を得させること、それこそが目的なのです。私たちはなぜ将来の指導者たるべき者たちを、キリスト教の影響下で教育することができないのでしょうか。なぜ、あらゆる階層の人々を漁《すなど》る者になれないのでしょうか。もしも上述の三点を実行に移すことができれば、他の方法でやるよりもずっと早く、日本をキリスト教の影響下にもたらすことができると、私は確信いたします。

そのような計画を考え出した私たちは、あまりにも野心的であるとお考えになる方がおられるかもしれません。しかしこれこそは、日本人に接近するための最善の方法だと思うのです。

私たちの敵が所有する武器は近代科学の粋を集めたものですから、私たちはキリスト教精神の染み込んだ、最良に改善された近代兵器で対抗しなくてはなりません。神の選び給うた者を、誰が妨げることができましょうか。

私たちは神の御旗《みはた》の下に戦わなくてはなりません。私たちは日本国の全部をキリストのために勝ち取らなくてはなりません。現在のところ、このことは漠然とした夢のように思われます。しかし神はどこかでクリスチャンの友人、クリスチャンの篤志家を興し給い、遠からず、何とかしてこの夢を実現させて下さるものと信じています。

皆様の主たる目的は、闇の中に沈んでいる諸民族に、福音のみをもたらすことでありますから、上記の第二、第三の計画を引受けて頂くには、特定の目的のための余分の寄付金を確保して頂かなくてはならないということは、私として分り過ぎるほど分っています。

そういうわけで、第二、第三の点はしばらく措《お》き、計画の第一点について述べさせて頂きましょう。これこそは私たちにとって最も大切な点であり、それは皆様にとっては何ら新しいことではありません。

皆様はすでに京都における計画を実施なさり、数多くの有能な日本人の働き手を成功裡に派遣して下さいました。私たちはアメリカン・ボード宣教師たちと、ボードがお取りになった大胆な処置を讃《たた》え、心から感謝申し上げます。京都の皆様の伝道者養成学校は日本における理想的なミッション・スクールとなり、他の宣教団体が派遣した宣教師たちがモデルと見なして、これを見習うようになったようです。

数年前、長老派とオランダ改革派の兄弟たちは合同して東京にすぐれた伝道者養成学校を立ち上げました。メソジスト派の兄弟たちも同じく東京で同じ目的で彼らの学校を建てました。大阪では今年の初めに、CMS(Church Mission Society)所属のイギリス人の兄弟たちが堂々たる神学校の建物を建てました。このように日本在住の宣教師の間では、日本人牧会者《ぼっかい》をいかに教育するかが主要な話題になっています。さらに私はここで、忘れることなく、あと二、三の事実を述べなくてはなりません。アメリカン・ボードの宣教師諸君が成功しましたことは、主として、宣教師諸君がその事業に私たちの参加をすぐに受け入れて下さったことによるものでありました。彼らは国籍はアメリカですが、心は本当に日本人です。彼らは親しみをこめて私たちのかたわらに、私たちと共に立っています。今では私たちの大部分の者は、これまで以上にそのことを感謝するようになりました。

たくさんの自給教会を成功させて頂いていますことは、皆様の宣教師諸氏が賢明にそれらの教会を指導して下さっていることにもよりますが、今一つの理由は、京都で教育して頂いた働き手たちの優れた能力と、熱心なクリスチャン的性格にもよるのであります。

私たちの教会の大部分は有能な牧師を所有することに大きな誇りを抱いています。諸教会は欣然《きんぜん》と牧師たちに給与を支払い、できるだけ快適に仕事をさせています。

しかし自給主義の秘密は、神の恵みが牧師たちの内部に、自活していけるだけの、国と独立を愛する精神を点火して下さることです。

最近皆様が京都にもう二人の宣教師を送って下さったことを知って私は喜び、この補強の故にアメリカン・ボードに感謝申し上げます。

このように私たちは、他のどの国に対してよりも上回って、アメリカン・ボードのご好意を受けてきましたので、さらにお願い申し上げることはまことに心苦しく、気が重いことです。血気盛んな日本人にとって、金をせびることは恥でもあります。しかし私は福音の祝福を私の同国人の間に押し広げるために、敢《あ》えて恥を忍びたいと思います。

皆様がこれまでに私たちに与えて下さいました資金は、私たちの今の目的を達成するには、残念ながら、十分とはいえません。日本で教会の外の世界が三倍の速度で進んでいるとき、私たちは遥かに取り残されてしまうのではないかというのが、私たちの絶えざる恐れなのです。学生たちはもっと高度の授業を声高く要求しています。学校の支持者たちは同志社の水準をさらに高くするよう忠告しています。

日本人の同僚たちも今では非常な不安を感じています。彼らの一人である下村《しもむら》〔孝太《こうた》郎《ろう》〕が最近手紙をよこし、彼の要望を非常に率直にこのように述べています。もしもミッションが学校のために物理、化学の必要とする道具のために、また図書館の拡充のために何等の措置を取って下さらないのであれば、彼はもう学校に止まって働きたくはない、というのです。彼としては教員の仕事よりも、他の職業によってクリスチャンの仕事をする方が一層、主《しゅ》のご用に当ることになりはしないか、と考えているのです。教えるのであれば、効果的に教えたいというのが彼の望みです。彼は優秀な教師ですので、同志社としては彼を失うわけにはいきません。(彼はこの国に留学して科学的知識を深めたいという大志を抱いています。彼のためにそうした道が開けることを私は願っています。）私たちの上にはそのような圧力が絶えず加えられます。圧力は内側からも外側からもきます。私たちは天からの慰めと、そしてアメリカン・ボードからの新たなご支援を絶えず頂かないことには、押し潰されてしまうこと必定です。

ここで、京都の伝道者養成学校が最も差し迫って必要としていることが何であるかを列挙させて下さい。

一、物理学用器具の充実。

二、化学用器具の充実。

これらは〔同志社英〕学校ではきわめて貧弱です。私たちは両分野で完全な一揃いを必要としています。できれば十二人の学生が実験できるほどの広さをもつ化学実験室を備えたいと思います。

三、ある程度までの鉱物学、地質学、動物学用の標本の設置。

四、できれば、粗末なものであっても、天体観測室を設けることにより、学校の有用性を高めたい。

五、数学、英文学、政治学の分野で科目を増設すべきである。できれば、ある程度までラテン語とギリシア語を入れたい。

六、英学校の五年制課程をもう一年増やしたい。

七、普通課程に聖書の科目を増設したい。
八、神学科の学問的水準をさらに高めるべきである。
九、図書の充実、ならびに読書室を備えた使いよい図書館の設置。あらゆる分野にわたる書物、特に近代科学、哲学、歴史、卓越したキリスト者、政治家、慈善家等の伝記、および聖書の注解書のさらなる充実。若い卒業生たちが教師の指示の下で本校に滞在し、図書館で研究できるようにしたい。
十、貧しい学生たちを支援するための、広範囲にわたる、賢明な計画が策定されるべきである。この事業のために、日本の諸教会の参加を呼びかけるべきである。
十一、物理・化学用の器具をふやし、図書館に新刊を備えるための、毎年の補助金。

皆様。もしもアメリカン・ボードがここに列挙しましたものを得るために十分な資金をお与え下さいますならば、それは事業達成のための一大推進力となること必定であります。

そのような提案は直接的なキリスト教事業には見えないかもしれません。皆様の中には私たちが知育に傾きすぎているとお考えになる方があるかも知れません。

しかしながら、昔あの誇り高い、血に餓えた若いパリサイ人〔パウロ〕を最も謙虚な、十字架を担う宣教師に作り変えられた方は、いま私たちの間で、同じ過程を繰返されることでしょう。主《しゅ》は石ころからでもアブラハムの子らを興《おこ》し給います。故に私たちは躊《ちゅう》躇《ちょ》なく申します、私たちが間違っていなければ、これこそは、一騎当千のキリストの働き手を養成するための最善の道であると。一握りの宣教師たちがどのようにして何百万人という、おびただしい数の人々に近づいていけるというのでしょうか。皆様はそれが何とのろい、落胆させるような歩みであるかときっと思われることでしょう。宣教師たちは国の内陸部に住むことさえ許されていないのです。ですから最良の魚が捕らえられるところで網を打って頂きましょう。

最良の魚といいますのは、いわゆるサムライ階級、すなわち大小を帯びる特権を持っていた武士階級に属していた学生層のことです。この封建制度は維新によって廃止されましたが、それでもその階級の者たちが国を導いています。彼らのうちの若い世代は父祖から武士道精神を受け継ぎました。彼らはこれから先当分の間、私たちの指導者であり続けるでしょう。

それは奇妙な階級です。多分アジア大陸全体を見渡しても、そのようなものはどこにも見つからないでしょう。

それはインドの排他的なブラーミン階級のようでもなければ、アラビアの武装強盗団のようでもありません。彼らは古代のいくさびとから派生してきたもので、この社会にあって徐々に特別な階級を形成するようになりました。私自身の観察によれば、彼らは日本で見出される最も気位の高い、野心的な種族です。

彼らは自分たちの仕える封建君主に対し、死を賭してまで忠実であるよう訓練されてきました。愛国心は彼らの間で、世代から世代へと受け継がれてきました。彼らにとっては名誉がすべてであり、生命も財産ものの数ではありません。自己誅罰《ちゅうばつ》の一形式であるハラキリは、この階級でのみ行われてきましたが、それは武士たるものは他人に殺されることを恥と考えたからでした。まことに武士こそは東洋の騎士であり、日本の精髄であり、国の花であります。

彼らの階級は従属的なものに見えますが、実際はどうかといいますと、過去六世紀間、名目上の主権者の屛風《びょうぶ》の陰からこの国を支配してきたのは、彼らでした。

最近の革命の突破口を開いたのも実に彼らでした。

将軍の専制的な政府を打ち破り、長らく隔離されてきた天皇御一人に統治の大権を返したのは彼らでした。

古い、すり切れたアジア的制度を投げ捨てて、強力なかたちのヨーロッパ文明を採用したのも彼らでした。学校制度を立ち上げ、新聞を発行し、個人の諸権利を声高く主張し、今や自由な憲法を布《し》くために道を開きつつあるのも彼らです。彼らはまた、暗闇の中に沈潜している同胞に対して、人間の救いの喜ばしいおとずれをもたらすよう運命付けられているのだということを、ここで確言できることを、私は仕合せに思います。

彼らは他のいかなる階級のものよりも、はるかによい教育を受けています。

彼らはもはや無知な偶像崇拝者でもありません。近代の学問こそが彼らの知性を磨くための砥石《といし》なのです。ヨーロッパの政治は、彼らのがつがつとした食欲のための、汁気の多いビフテキにすぎません。もし彼らに彼ら自身の道を辿《たど》らせたならば、将来の日本の運命はどうなるでしょうか。

もし彼らが倒れるならば、日本もまた共に倒れるでしょう。もし彼らが立ち上がるならば、彼らは必ずや国全体を立ち上がらせることでしょう。もし人民の中から彼らだけを取り去るならば、あとに残るのは旧態依然とした、よぼよぼばかりとなるでしょう。国が栄えるか衰えていくかは、この特定の階級の支軸の上にかかっています。

まさに今こそ、武士たちに手をのばし、彼らを救い、彼らをキリストへと勝ち取るべき好機だと信じます。もし彼らが福音の網から逃げ出していくにまかせておくなら、彼らは必ず悪魔の手につかまります。悪魔は光の子らよりもはるかに利口である(ルカによる福音書、十六章八節)ことを思い出そうではありませんか。もし今彼らを捉えることができなければ、宣教の道のりは苦しい上り坂となるでしょう。しかし、もし彼らの心を摑《つか》むならば、必ずや日出ずる国全体を摑むことになるのです。他のどの階級よりもはるかによい教育を受けているだけに、彼らはキリスト教の真理に一層敏感です。封建領主に忠義を尽くすよう厳しく鍛えられてきただけに、彼らは領主中の大領主〔たるキリスト〕に対して、一層忠節を尽くすことでしょう。ただしその大領主をはっきりと知らせてやりさえすれば、のことです。中間の階級ですから、彼らは自分たちより高い階級、低い階級の両方の心に達することができます。人間的に言えば、この武士階級こそは、その中にタルソのサウロを見つけることのできる階級です。そうです、武士階級こそは、先頭に立って十字架を負う者として、同胞を永遠の都に導き入れるために、神が初めから選んでおかれた人々なのでありましょう。

当然のことながら疑問が生じましょう。それではどうやってこの階級の心に到達するのか。この疑問に対する私の答は実に簡単です。

我らに可能な限り最高かつ最良の、正真正銘のキリスト教学校を与えよ。これこそが彼らを満足させ、彼らの心を勝ち取る唯一の道です。日本における私の十年間の経験が確信させることは、最高のキリスト教教育こそが、わが国を救う力に外《ほか》ならないということであります。

アメリカン・ボード宣教師団が人口の多い日本において成功してきたことは、主として宣教師たちが国の中心部、すなわち神聖なミカドの古都の中に、伝道者養成所をあれほど早い時期に設立したことによるのです。あの養成所で教育を受け、現在雄々しく伝道事業に邁進《まいしん》しているキリストの働き人たちは、一人の例外もなしに、武士階級の出身です。皆様はあの大胆な企画を、よもや後悔なさっているわけではないでしょう。

そういう訳で私は、この階級に接近していくために必要な経費と手段を確保させて頂けるよう、心の底から緊急の訴えを致します。私たちはトルコや中国の場合のように、小学校の維持をお願いしているのではありません、なぜなら日本人は子供らの初等教育は自分らの手でなしうるからです。私たちはまた教会を援助して下さいと申し上げているわけでもありません。大部分の教会は自給しているからです。しかし私たちがどうしてもこの特別なご高配をお願いしなくてはならないのは、大きな圧力が私たちの上に絶えずのしかかっているからであり、同時にすばらしい将来の展望が開けているからにほかなりません。

・私たちは今革命的ともいえるような時期にあります。日本の歴史にこのような好機はかつてありませんでしたし、将来それがあるとも思えません。

これこそは日本民族の救いのために神が定め給うた時でありましょう。この絶好の機会を逸すれば、それは二度と再び返ってくるとは思えないのです。私たちの義務を今はたさなければ、裁きの御座《みざ》の前に立つあの恐るべき日に、私たちは何と言われるでしょうか。それを思えば私の血は血管の中に煮えたぎり、心臓が痛みます。

「鉄は熱いうちに打て」——私は皆様のこの格言を礼賛する者です。どうか皆様の力を増強して下さい。二十五年間でもって皆様の大事業にけりをつけて下さい。そうすればば同じ力を他にまわすことができます。結局のところ、それがより経済的なやり方であります。しかしながら私たちはその事業のことを余り心配しすぎてはなりません。フランス人が「事を計るは人、事を成すは天」と言っていることを思い出したいと思います。その事業は神のものです。神が私たちのために成し遂げて下さいます。

皆様。ながながとお引き止めしました。私の書きましたことの中に皆様のお気に障《さわ》ることがあったとすれば、心からお許しを乞《こ》いたいと存じます。しかし十字架を担う、取るに足らぬ一宣教師ながら、また祖国をまじめに愛する者として、私は内にこもって沈黙していることができないのです。沈黙すれば、深夜の夢の中でさえ叫びだすことでしょう。

付け加えさせて頂きますが、私はこの紙片の上に心のすべてと祈りとを流れるままに注ぎました。それだけでなく涙もまた注いだのです。それはすでに患っている神経を危険ならしめることでした。しかしながら、どれほどの犠牲を払っても、皆様のご高配を賜わりたい――これが私の動かない決意であります。心をこめて、祈りをこめて、この計画、特に詳述いたしました第一点〔キリスト教の牧師には能《あた》う限り最高の教育が与えられるべきこと〕にご賛同賜わりますよう、お願い申し上げます。神が皆様に神の道をお示し下さいますように。

ふつつかな友であり、主にあって同労者である

ジョゼフ・H・ニイシマ

日本、京都

29　基督教皇張論

〔II-三六〕一八八三年五月八日から十二日にかけて東京で開催された、第三回全国基督信徒大親睦会において、新島が行なった講演である。「皇張」は「大きく広げる」という意味である。これは新島の伝道論として最もまとまったものといえる。

彼は伝道の精神の重要さを論じた上で、方法論に移り、直接伝道とともに、間接伝道の必要性を説く。間接伝道には文書伝道と教育伝道の二つがあり、どちらも必須であると新島は考える。教派に囚《とら》われないで、協力一致して伝道を進めること、こうして日本全国に福音の種子が

播《ま》かれることの緊急性を訴えている。　（北垣）

主基督《しゅキリスト》蘇生せられ、後ガリラヤの山において門弟どもに命ぜられしより、門徒等は慎んでその命を奉じ、実に身命をも抛《なげう》ち、主の福音を伝えられたればこそ、我輩《わがはい》もご同様に今日この福音の恵みに預かるの面目を得たり。「この道を伝えざれば、人いかでこれを聞くを得ん」〔ローマの信徒への手紙、十章十四節〕とパウロも云われし通り、我輩この恵みに預かるもの、昔時《せきじ》より今日に至る迄《まで》、主の命を奉じ、身命を抛ち、苦辛をも顧《かえり》みず伝道せし所の熱心信徒の轍《てつ》をふみ、畢生《ひっせい》の力を竭《つく》し、この道を伝えずして、豈止《あに》むべけんや。

我が主基督《キリスト》における兄弟よ、予《よ》も今回この大親睦会に臨《のぞ》める諸兄弟の末席に列し、少しく鄙見《ひけん》を述ぶるを得るは、予において何の面目かこれに如《し》かん。

予の今日述べんとする所は基督教皇張論《こうちょう》にありて、予これを述べて、兄弟に予と同意して、かくのごとくあり賜《たま》えと云うの意にあらず。いささかこれを述べ、もって諸兄弟と共に計り、共に力を協《あ》わせ、直《ただ》ちに今日我が国において最も大切なる事件、すなわち基督教皇張に着手せんと欲するなり。

兄弟よ、我が国維新以来の況情《きょうじょう》を観察せられよ。非常の変革実に一足飛びの変革、欧州にも未だ曾《かつ》て比類なき所の大改革ならずや。昨年我が国に来遊せられし米国のジョゼフ・クック氏も、本邦に帰航の後、日本の況情を陳述して、「その開進の速やかなる、恰《あたか》も一夜に突出せし富士山の如《ごと》きものにあらずや」と云われたる如く、我が邦維新以来の改革進歩は実に驚駭《きょうがい》に堪《た》えざるなり。それ物質上の進歩といい、政体上の進歩といい、学術上の進歩と云い、また志操上の進歩と云い、進むべくして再び退くべからざる程の況情に至りしは、豈《あに》偶然にして成りしものと云うべけんや。

嗚呼《ああ》、在天の父、忝《かたじけ》なくも我が国を眷顧《けんこ》し賜《たま》い、この活動なる我が邦家《ほうか》大改革の際に当たり、我が同胞一箇人にとり、また全社会にとり、その終局の目的を達するに最も必要なる基督《キリスト》教を、外国教友の手を借り、我が邦に伝播《でんぱ》せしめしは、我が邦家にとり何らの事件ぞ。仮令《たとい》史家の一言もって我が史上に記載せざるも、この事件こそ決して少々の事件にあらず。「一国の人民にしてこれを採用し、これを信ぜば必ず昌《さか》え、これを拒絶せば必ず衰えん」と、かの著名なるドイツのクリストリーブ氏も云われたるごとく、これを受《うけ》くると否ざると、またこれを伝うると伝えざるとは、我が同胞の福祉を蒙《こうむ》ると不幸に陥るとの二事に関する事なれば、我輩幸いに神の招きを受け、キリストの血により償《つぐな》われたるの身として、豈《あに》これを匆卒《そうそつ》に看過《かんか》すべけんや。

兄弟よ、然《しか》らば我等《われら》何を為《な》すべきか。他なし、伝道の一事に従事するにあるのみ。今日日本の況情《きょうじょう》を見られよ。欧米文化の皮相を取り、幾分か模擬し得たるも、文化の力なお未《いま》だ人民の心の根底に達せざるを知らるるならん。皮相の開化は益々進み、却《かえ》って心中の開化は益々退くに似たり。今日我が国において徳義如何《いかん》を糾問《きゅうもん》せば、恰《あたか》も茫々《ぼうぼう》たるアフリカの砂漠中一の休《いこ》うべき地なく、渇を止むるの水源なきが如し。「砂漠にも薔薇《ばら》の花咲くべし」〔イザヤ書、三十五章一節〕とイザヤも預言せられたるごとく、我輩《わがはい》神の助けを蒙《こうむ》らば、この徳義上の砂漠中に福音の花を咲かしむるは、決して難事にあらざるべしと信ずれば、我輩断然この道を我が同胞に伝え、これを全国に皇張せずして止むべけん。皇張《こうちょう》するとは何ぞ。我輩基督《キリスト》信徒、老幼男女を論ぜず、学不学、才不才を問わず、各々《おのおの》応分の力を尽くし、否、各々全力を竭《つく》し、四方八方に出かけ、普《あまね》くこれを天下に伝《でん》播《ぱ》するにあり。

然《しか》らばこれを皇張する如何。手段なくして可なるや。否、必ず法方《ほうほう》なかるべからず。戦《いくさ》を為《な》すに必ず軍律なかるべからざるごとく、我が基督《キリスト》教皇張にも手段なかるべからず。去《さ》りながら軍律は戦をして便ならしむるものなれば、軍律は決して戦うの精神にあらず。故に伝道の法方のごときも、只《ただ》伝道の便宜の為なれば、決して伝道の精神と混同すべからず。

去《さ》らば伝道の精神とは何ぞ。その門徒に地の極みまでも行き、この道を伝えよと命ぜられし救い主基督《キリスト》の心をもって我が心と為し、徹頭徹尾キリストの信徒となり、身も霊《たま》も皆尽《ことごと》く主《しゅ》に捧げ、少しも私慾私心を挟まず、只《ただ》主の命にのみこれ随い、飽くまでもこの道を全天下に伝うるの精神を云う。この精神あり、人初めて主の為に働き得べし。この精神あり、人初めて他人をも動かし得べし。この精神あり、人克《よ》く主の名の為にこの道を伝うを得べし。

我輩にして真にこの精神を得、克く身も霊も抛《なげう》ちて主に捧げ、只《ただ》主の命にのみこれ随うの心を持つ事こそ実に伝道の大綱領なれ。

この精神の真に心に発暢し、活発に働かざれば、吾人《ごじん》の為す事は総《すべ》て半熟なま ぬるの仕事に属し、決して主の為に功を奏せざるべし。吾人ややもすると水を清めんと欲し、川の末流に着手してその水源に遡《さかのぼ》り、その源を清めざるの所業をなす事あれば、我輩ご同様に神の招きを蒙り、キリストの宝血により自らを称し主の僕《しもべ》と呼ぶに至りしもの、今回の大親睦会に際し、熱心神に祈り、霊《れい》の賜《たまもの》を受け、新たに生まれ、新たに捧げ、神の聖旨《せいし》に叶い、神の喜びて用い賜う所の伝道の器と成らん事を願望し、且《か》つこの願望を遂げざる上は決して止まざらんとす。

兄弟よ、我輩《わがはい》真にキリストの心をもって心と為すに至り、キリストにおいて一身一体となれば、我輩の間には最早少しも軋轢《あつれき》などはあるべからざる事と信ずれど、吾人は矢張り弱き、不完全の人間たることは生涯免れざるの恐れあれば、我輩共に伝道に着手するに当たり、神の助けを蒙り、已往《いおう》を改め、将来を慎《つつし》み、伝道の妨害となるものは尽《ことごと》くこれを除き、伝道の助けとなる者は尽くこれを採用し、一日も早く主《しゅ》の御国《みくに》をこの邦に来《きた》らせん事こそ、今日お互いの大急務なれ。弟《てい》はこれより諸兄の許可を乞い、已往を改め、将来を慎むの点において、少しく弟の鄙見《ひけん》を陳《ちん》し、お互いに銘々の心に向かい、問わんとす。

第一　我輩基督《キリスト》教皇張《こうちょう》の目的は何の点にありしや。己《おの》れの名誉心を抱きし事なきや。私意を挟みし事なきや。キリストを顕わさずして、己れを顕わすの意ありしや。また神によらずして己れの才幹、己れの才識、また己れの学問に頼るの念慮《ねんりょ》を抱きしや。

第二　兄弟の進歩をそねみ、他教会の隆盛に趣くを好まず、また兄弟の失策を悲しまずして、却《かえ》ってこれを冷笑するの心ありしや。

第三　兄弟の名誉に関し悪しき風評などあるとき、これを覆いかくさずして、却って広くこれを他人に伝播せし事ありしや。

第四　他会に属し、また他会に入らんとする所の人迄《まで》も窃《ひそか》に手を回し、己れの教会に取り入れし事ありしや。

第五　陽には熱心信徒と見せ、陰には神より遠ざかり、聖書も読まず、また屢々《しばしば》神に祈る事を怠りし事ありしや。

第六　兄弟の目の梁《うつばり》を取るを好み、己れの目の塵はいかがせしや。

第七　兄弟を怒りて、屢々《しばしば》〔夕方に至り〕太陽を入らしめし事ありしや。

第八　伝道師と伝道師との間に、互に讒謗《ざんぼう》せし事ありしや。

兄弟よ、兎角《とかく》伝道師なる者は、主キリスト教会の為に伝道せずして、己れの教会の為に伝道する念慮の生じ安きものなれば、以上の数件は教会中の信者にあらずして、却って教会を導く所の牧師、伝道師の中にあるべしと信ず。兄弟よ、これらの事はキリストの心をもって心と為すものの避くべからざる〔避くべき?〕所なり。

この外《ほか》、弟《てい》の平常憂うる所は、外国宣教師中の間柄の事なりしが、先般大阪において開かれたるプロテスタント宣教師中、大親睦会において、彼等の間に少しも宗派上の競争を顕わさず、軋轢《あつれき》を生ぜず、互いに心緒《しんしょ》を打ち開き、向来の法方《ほうほう》等を考え、また切に我が日本を思うの念慮の勃々《ぼつぼつ》として湧き出ずるがごときを見て大いに喜び、弟も慥《たしか》にかの宣教師中に一致の行われたるを見〔たり〕。

兄弟よ、我輩《わがはい》聖霊の火を受け、我が心中に残れる雑物、汚物を焼き尽くし、これ迄《まで》の不平、不和、解しそこないの類は、尽《ことごと》くこれを消滅し去り、さらに神聖なる神の霊に充満、仮令《たとい》宗派の分かちあるも、敢《あ》えて軋轢を為すなく、互《たがい》に手を分かち、相助け、相譲り、連絡を通し、応援を為し、この道を皇張するを許らば、豈《あに》愉快中の最も愉快なるものならずや。

京師《けいし》を発するに当たり、我が親睦会において、我が内国の牧師、伝道師にもこの一致を見ん事を願い、また外国宣教師方と我が日本の兄弟との間に真の親睦、真の一致の行われん事を願い居《お》りしが、この地に来《きた》り見れば、何《いず》れより来たれる兄弟も皆この願いを抱きおるを見て大いに驚き、且《か》つこの地においても兄弟がこの事を願いおるを聞き、我輩の願いの予《あらかじ》め計らずしてかくのごとく一途《いっと》に帰するを喜び、且つこの地において内外信者の間柄も兼《かね》て親密に趣きたるを聞き、また横浜とこの地には特別に聖霊の降臨ありて、恵みに感ずるものの数十をもって数うるに際せしは、天父《てんぷ》が今回我等《われら》の上にペンテコステ〔聖霊降臨節〕の日を再び顕出せしむるに非《あら》ずや。

ここにおいてキリスト教の皇張の法方を論ぜざるべからず。弟《てい》の鄙見《ひけん》をもって論ずればその法方二つなり。一は直接伝道、二は間接伝道。

第一、直接伝道

直接伝道とは兄弟の聖霊に充ち、恵みに富み、祈りに富み、聖書に明らかに、教義に暁通《ぎょうつう》したるもの、身命を抛《なげう》ち、この福音の活種《かつしゅ》を広く伝播するにありて、この任に当たるもの実に容々易々の事にあらず。今日社会の軽蔑を受け、耶蘇《ヤソ》坊主などと称せらるるも、この任より実に貴重なるものにして、弟《てい》は太政大臣《だじょう》の位にあらんよりも、寧《むし》ろ伝道師の任に当たらん事を欲す。太政大臣のごときは一国の衆庶《しゅうしょ》の上にありと雖《いえど》も、唯衆庶の身体を治むるのみ。然るに伝道師に至りては、いかに身は貧に、位は賤《いや》しと雖も、この全地球よりも遥かに貴き一己人《いちこじん》の霊魂の福祉に関する所の働きを為すものなるをや。

この道を伝えざれば、人これを聞くを得ず。聞くを得ざれば、人これを信ずるを得ず。信ぜざれば人救わるる事を得ず。兄弟よ、今日は人力車、馬車、汽車、汽船の便《べん》幾分か備わりたれば、我が全国に伝道するは難事にあらず。然《しか》れども尚難事とする所は、収穫人の至って少なき事と、ご同様に幾分か伝道に従事の精神に乏しき事となり。

仰ぎ希《ねが》くは在天の父、我が東洋にもまたポール〔パウロ〕の如き、ルーサ〔ルター〕のごとき、ジョン・ノックスのごとき、ホイトフヒールト〔ホイットフィールド〕のごとき、ウェスレーのごとき、フィネー、ムーデーのごとき人物を起こらしめ、この伝道に従事せしめ、我が日本の首府なる東京を初め、他の大小都会、山村、僻地、津々浦々迄《つづうらうらまで》も、残る所なく、洩《も》るる所なく、この救いの道を伝播せしめん。我が同胞三千万余の生霊《せいれい》をして、この命のパン、命の水につき、飢渇を止めしめん事を。

且つ巨細の法方等のごとき、各教会において已《すで》にこれを施行したるなれば、弟《てい》はここにその法方を論ずるを好まざれども、何れの地方においても教会協力して人を選び、その人を□□□□各々の力に応じて出金し、今の不完全をも顧みず、力の及ぶだけ、手の届くだけ、伝道に着手するは、基督《キリスト》信徒各々の今日欠くべからざる大急務なりと信ず。教ゆるは学ぶが半《なかば》と申して、伝道せざる教会の信仰もまた振わざるべし。

第二、間接伝道

間接伝道を二分して、一を基督教主義の新聞、雑誌、著書、他は基督教主義の学校なり。

（甲）新聞、雑誌、著書等のごときはなお我が基督教社会において甚だ不完全なれば、我輩速やかにこの事に着手せん事を希図するなり。

兄弟にも知らるる通り、今日の新聞は幾分か社会を益せずとは云わざれども、かの淫々なる雑報に至りては、親子の間などにおいて決して読み得ざるほどの事もあり。別して或《あ》る画《え》入《い》り新聞のごときは甚だ風俗を乱すものと云わざるを得ざるものもあり。我輩先《ま》ず基督教主義の新聞、雑誌を発兌《はつだ》して、この弊風を矯《た》めざれば、また他に望《ねが》うべきものなし。

且《か》つ現今著書の類を見られよ。多くは政事上の書にして、現時政事の志操を起こすは大切なりと云うと雖《いえど》も、これらの書類は人間の徳義をすすめ、人の志操を高尚ならしめ、人をして克《よ》く人間の終局に達せしむるの目的にあらざれば、これらの書のごとき、唯一《いち》分《ぶ》の益を為《な》すものにして、この徳義を重んずべき社会に取りては、最も必用とも見做《みな》すべからず。また近来の著書中、往々基督《キリスト》教に反対するものも少なしとせざれば、彼等もし著書をもって我輩にいどまば、我輩もまた宜《よろ》しく著書をもってこれに答うべし。且つ新聞のごときは未《いま》だ基督教伝道師の入りこまざる山村僻地《へきち》の人々迄《まで》にも、克く基督教の動波を及ぼし得るものなれば、この伝道に急なるの際に当たり、我輩一日もこれをゆるがせにすべからざるなり。且つ世間に道を慕うものあるも、役目がらまた仲間親類に対し、陽に我輩と全く隔絶し、断然と教会に来るを好まざるニコデモ流の人物も少なしとせざれば、我輩これらの人に伝道するに、著書にあらざれば能《よ》く我輩の目的を達する能《あた》わず。これ口をもって耳に達する能わざるより、文をもってその耳目に接し、遂に心の根底に迄この活種《かっしゅ》を播《ま》かんとするには、新聞、雑誌、著書にあらざれば、克く為し能わざるなり。

諸兄弟も新聞、雑誌等の必用なる事は兼て知らるる事ならん。されども今日迄これに着手せざりしは、各々全力をもって伝道にそそぎ、余力のこれに及ばざりしならん。今一派の教会をもってこれに当たらんとすれば実に難事なるべきも、日本全国のプロテスタント教会の有志連中、連合してこれに着手せば、事甚《はなは》だ容易なるべし。

今全国に五千の信徒ありとせば、各々一円ずつ出しても五千円となるべし。また二円ずつ募らんとし、これに二を乗ずれば一万円たるべし。この五千円を一ヶ年中に募れば、各々信徒の一ヶ月の出し前は僅かに八銭参厘。一万円を一ヶ年中に募らんとせば、各々一ヶ月の出し前はなお僅かに十六銭六厘なり。いかに貧窮の人なりとも、僅かに十六銭六厘を出し能《あた》わざるものあらん。

その上諸教会の中より然《しか》るべき人物を択抜《たくばつ》し、新聞、雑誌に任《あた》らしめば、我輩伝道の一大部分に着鞭《ちゃくべん》せしと云うべきなり。この場に集れる牧師、伝道師、長老諸君、幸いにこの動議を賛成し賜《たま》い、各々の教会員に計り、今回より直《ただ》ちに募集の法方着手せば、事必ず成るべし。兄弟よ、これを為すの法は他なし、すなわち断然これを為すにあり。

(乙) 基督《キリスト》教主義の学校

基督教主義の学校は幼稚園より大学に至る迄実に必用のものと信ずれども、当時我輩の力なお微々たり。尽《ことごと》くこれに着手し得ざるべし。今日の急務はキリスト教の皇張にあれば、学校において多くの俊才等を集め、これにこの道を伝うる事こそ実に急務なれ。維新以来の大改革を見賜え。壮年書生の手になりしものならずや。今日なお克《よ》く日本を動かし得るものはこの壮年書生なり。この勢力ある活発なる壮年書生にこの道を伝うるは、恰《あたか》も肝心なる所に木桿《てこ》をかせ、重き物を動かさんものが如《ごと》し。或る人は「学問はあぶない、少年学問を為すと遂に豪慢に流れ、信徒を失うに至るべし」。成程学問のみに走らせ、信仰の道その脳中に働かざれば、学問はあぶない。学問を除き、信仰さすとは、乃《すなわ》ち学問を好み、理屈を重んずる人物をこの信仰の外に逐《お》い出さんとするの策と同種にて、策の最も拙なるものなり。学問にのみ頼み、また誇るからあぶない。学問を主の為に用ゆ、豈《あに》あぶない事あらんや。

昔時より基督《キリスト》教に従事せしは、当時無学者なるか（十二門徒は格外の事）。オリシン〔オリゲネス〕、オーグスティン〔アウグスチヌス〕、ジェロミ〔ヒエロニムス〕、クリススム〔クリソストム〕、ウィッキリフ、ジョン・ホス〔フス〕、ルーサ〔ルター〕、メランクトン、カルウン〔カルヴァン〕、スウィングル〔ツウィングリ〕、ウェスレー、ホイットフィールド、チールマル〔?〕、トーマス・アーノルド、フィネーのごとき、皆当時の学者なり。然らばこの日本を動かさんとするもかくのごとき学者が入用なり。現今幸いに東京においても、また他所にも基督教主義の学校ありて、逐々《おいおい》この事に着手し、特に神学校の設《もうけ》あるは実に喜悦に堪えざるなり。

願わくは今一層学校において力を竭《つく》し、その学課を高尚ならしめ、生徒の益々振るうて勉励し、振るうて勤学し得る様にならしめ、また教会よりは成《な》る丈《たけ》少年を奨めて就学せしめ、父母は己れの子を惜しまず神に捧げ、伝道に従事せしめば、伝道者の続々輩出するは疑いなし。予はこれをもって満足せず、基督主義の大学を設立し、広く奥邃《おうすい》の学術専門科を授け、広く基督教の感化力を及ぼし、真に真理の為、邦家の為には身命をも抛《なげう》ちて尽力する所の人物を養成せば、水の上流を澄ますの策と云うべきなり。

今やわが基督教を襲うものは、現今自ら学者と称するものならずや。ミル、スペンサーの糟粕《そうはく》をなむるものならずや。彼《かれ》無神論を吐露して我を襲わば、我輩《わがはい》宜《よろ》しく有神論をもってこれに答うべし。彼学術をもって来らば、吾《われ》学術をもってこれに答うべし。故に吾人決して平常の用意修練に怠るべからず。奈須〔那須〕の与市〔余一〕は源家《げんけ》の弓取りならずや。平常弓矢に熟練せしにあらずや。平家より扇の的をかけて、これを射よと云われたるとき、源軍に一の弓取りのこれを射落すべきものなければ、実に源軍の恥辱と云うべく、軍の鋭気《えいき》くだくべし。さりながら、一の与市なるものあり。一発もってこれを射落したるは源軍の大面目ならずや。与市なるものは当時辞するも死し、辞せざるも死するものなりき。故に彼は死を決して海中に騎《の》り込み、矢を放たんとするに波あらくし、船動揺して的を射る能《あた》わず。彼の目をねむり、黙祈《もっき》して待つ事漸時、風波の少しく穏やかなりしかば、直《ただ》ちに矢を放ちて古今未曾有《みぞう》の面目を握取《あくしゅ》せり。我輩は世人の面目を要するものにあらず。特に主の僕の職務を尽くさん事を望むなり。

兄弟よ、以上論ぜし所は、人に先立ち伝道する事を論じたるものなれば、予の伝道論はこれをもって尽きたりとせず、只《ただ》伝道に必用なる手段を論じたるなり。この三つの手段は恰《あたか》も三軍のごとし。直接伝道は中軍、新聞、雑誌、著書と学校とは左右翼なり。これは平時の戦の用意なり。さりながら、危急の場に至れば、必ず他の力を借らざるべからず。

昔に、ロシヤのセバストポールの戦においては、婦人も子供も出かけ、土足となり、砲台を築きし事ありと。今日はわが邦の伝道において、非常の時と見做《みな》さざるを得ず。故に学不学、才不才、貧富貴賤、老幼男女を論ぜず、皆尽《ことごと》くキリストの兵丁となり、この戦を為《な》さば、大敵を降伏せしむるは決して難事にあらざるべし。

兄弟よ、この道なくんば、わが同胞三千万余は罪に死すべし。この命のパンを食い、命の水を飲まざれば、彼等は飢餲《きあい》に死すべし。神を知らず、神を聞かざる三千万余の的あり、神の為これを射落さねばならぬ時なり。

今や非常に我輩の伝道に勉励するのときなり。明治十六年五月のこの一周間は非常の時なり。大阪に宣教師の集り会あり、またこの三月以来、横浜、東京、安中の諸教会には特別に聖霊の降臨あり、罪を悔い、主に随うもの百をもって数うるに至るの際に当たり、この大親睦会を開くに至りたるは決して偶然にあらず。在天の父の特別に我輩に賜《たま》ものあるべしと確信す。東京を動かすは大切、また東京に大学を立つも必用。（メソディスト兄弟に大学の挙あるを喜ぶ。）

この時をもって、わが国伝道の維新とすべし。国会開設前に五千の信徒一年に二人ずつ導かば、開設の年には三千二百八十万五千人は信徒となる。今東京にある二千の信徒年二人ずつ導かば、六年を出でずして東京の人民は皆信徒となるべし。この事難事（なれど）神の力、聖霊の助けを受けば、事成るべし。

東京を動かすは大切。東京の兄弟、我輩を先導し賜《たま》え。我輩地方より離れしもの共、今回この精神を振るい興し、地方に互いに主《しゅ》の御国《みくに》を来たらす為に働かば、地方を動かすもまた容易なるべし。人において難し。神において難事にあらず。

ジョン・ノックスの祈り、「スコットランドを吾《われ》に与えよ」と。我輩今回、この大親睦会に臨み、実に伝道の必用なるを感じ、わが日本をキリストの為に我輩に与えよ。わが同胞を天国の民とせよ。

30 『宗教要論』序

〔Ⅰ–四五七〕 新島にとってアーモスト大学のシーリー教授は、生涯の恩師だった。学生時代、体が頑健でなかった新島は、病気になるとしばしばシーリー邸に引き取られ、シーリー夫妻から暖かい庇護を受けた。シーリーはアーモスト大学の一八四九年の卒業生で、ドイツに留学して哲学と神学を学び、帰国後牧師になった。それから五年後、母校から哲学の教授として迎えられ、学生たちに深い感化を与え、アーモスト大学長を十三年間務めた(一八七七—九〇)。彼がインドで行なった講演は *The Way, the Truth, and the Life* として一八七三年に出版され、それを小崎弘道《こざきひろみち》が抄訳し、『宗教要論』(一八八一)として東京の基督教書類会社から出版する際に、新島が書いたのがこの序文である。（北垣）

予が友小崎君、此《こ》の頃米国鴻学士《こうがくし》ジュリオス・エイチ・シーレー先生所著の、『途也《みちなり》、真也《まことなり》、生命也《いのちなり》』と題する書中より数章を訳出して、これを世に公にせんとし、序を予に徴《ちょう》す。

それシーレー先生は目今、米国屈指の鴻学士にして、その学深く、その芸達し、政事学、経済学、理学、神学等はそのもっとも長ずるところとす。かつて聘《へい》せられて馬州《マサチュセッツ》アーモスト邑《ゆう》のアモルスト大学の教員となりしに、居る数年間、一生徒の先生に向かって片言隻語《へんげんせきご》の不平を鳴らせし者なく、且《か》つ先生の名望を慕い、千里を遠しとせずして笈《きゅう》をこの校に負い、その薫陶を望む者陸続踝《くびす》を接したり。

嗚呼《ああ》先生の如きは啻《ただ》に学識に富み、教育の術に達せるのみならず、その徳望の高くして、その品行の正しき、その容貌の偉にしてその言論の簡なる、一見人をしてその風を仰ぎ、その人となりを賛歎して措《お》かざらしむ。あに希代の碩学《せきがく》と謂《い》わざるべけんや。

我が文部理事官某《ぼう》〔田中不二麿《たなかふじまろ》〕、かつてアモルスト大学に赴いて先生を尋訪せしとき、先生を評して曰《いわ》く、「先生に対するは恰《あたか》も春風に吹かるるが如し。自ら爽快を覚ゆるの外《ほか》、更に余念を生ずるなからしむ」と。

先生かつて地球を周遊し、日本支那を経て印度《インド》に至りしに、かの地の紳士学者輩《はい》、皆欣迎歓待し、かの地将来の進歩に関し、その見る所を吐露せん事を乞《こ》いたるに、先生辞せず、屢《しばしば》演説場に昇って、何者が文明の基礎にして国家の興隆、安寧を醸生すべきやを論明し、一々その実証を明示せしかば、紳士も学者も皆その説に悦服し、夫《そ》の洋人を敵視して、特にその奉ずる所の基督《キリスト》教を嫌憎せる波羅門《バラモン》派の一富人も大いに感ずる所ありて、切に先生に乞うて、その演説中もっとも著しき者を採択し、自費を以てこれを上梓《じょうし》し、普《あまね》くその国人をして先生の確論を与《あずか》り聞くを得せしめたり。

すでにして先生の本国に帰るや、本国の友人門徒も亦《また》先生に乞うてその演説の著しき者を編み、これを名づけて『途也《みちなり》、真也《まことなり》、生命也《いのちなり》』と題し、これを世に公にしたりと。今小崎君の抄訳せるもの即《すなわ》ちこれなり。

先生帰邑《きゆう》の後再び大学に在り、教育に従事し幾《いくばく》もなく、また州民の公選に由《より》て華盛頓《ワシントン》大政府上院議員〔正しくは下院議員〕に挙げられ、その期満ちて家に返るや、忽《たちま》ち又アモルスト大学の教頭〔学長〕に択挙《たくきょ》せられ、今尚その職に在りて、偏《ひとえ》に人才を陶冶《とうや》するを以て己《おの》れの責任とせり。嗚呼《ああ》天若《も》し米国を憐れみ、先生をして長くその任に当たり、多くの人才を陶冶してその国を益せしめなば、米国福沢《ふくたく》の余波施しきてわが邦に沾被《てんぴ》せんと。予の曩《さき》に米国に遊学せしや、親しく先生の教誨《きょうかい》を受け、屢《しばしば》食卓に侍り、遊歩に随い、家族同一視の眷顧《けんこ》を蒙《こうむ》りたれば、この訳書を閲読するに当たり、懐旧感恩の情已《や》む能《あた》わざる者あるなり。因《よ》りて予が親睹《しんと》せし一、二の事項を記して附言とす。

江湖《こうこ》の君子《くんし》、この書中論旨の基督《キリスト》教より出《いず》る故を以《もっ》て、猥《みだ》りにこれを嫌忌せず、又匆々《そうそう》にこれを看過《かんか》せず、沈思復読、幸いに国家の依《よ》りて安んずる所の基礎と、文化の依りて発する所の淵源とを確認して、これを実際に施行せば、わが旧来の弊風も一洗すべく、真実の文明も期すべきなり。

明治十四年三月　　西京《さいきょう》　新島　襄

31『ジョージ・ミュラー氏説教集』序文

〔I-四六二〕ミュラーはドイツ生まれの説教家で、「孤児院の父」と呼ばれた。一八三六年に英国ブリストルに孤児院を創設した。一八八七年に同志社を訪問、一月七日に同志社チャペルで講演、翌八日には説教を行なった。ミュラーに対する新島の尊敬の念が反映している文章である。

同志社の卒業生の中から留岡幸助《とめおかこうすけ》、山室軍平《やまむろぐんぺい》などの社会福祉事業の先駆者が生まれる源泉は、ミュラーに対する新島のこのような思慕の念にあったのかもしれない。　（北垣）

余《よ》かつて英国ブリストル府に於《おい》て孤児院を創設し、その芳名を世界に轟《とどろ》かしたるジョージ・ミュラー氏が信仰の生涯を聞き、窃《ひそ》かに欽情《きんじょう》の情を抱き、いつか同氏に面接し、その経験を聞かん事を希望したりき。然《しか》るに図らずも氏は世界漫遊の路次、去る今春日本に来遊せられ、特に途《みち》を京都に枉《ま》げ、わが同志社英学校に来り、「信仰」と、「神と共に歩む」の二題を以《もっ》て、その自《みず》から実験せし所を証明し、懇《ねんご》ろに吾人《ごじん》に語らるるを聴くを得しは、百世の一遇、余の満足は云う迄《まで》もなく、校友の大幸これに如《し》くものなく、真に天恵と云わずして何ぞや。

わが校中二、三の輩《やから》、氏の説教を筆記せしものを編纂して一小冊子となし、同窓の友に頒《わか》たんと欲し、余に一言の序を求む。余これを読むに、氏が説きし所の信仰の性質、その勢力、その結果等より、神と共に歩むは人生の最大幸福なる事等に及び、又かって氏が設立せし所の孤児院に於《おい》て、創業以来不思儀にも六百万弗《ドル》の巨額を受領し、貧窶《ひんく》その生を寄すべき所なき数千の孤独を薫陶撫育《ぶいく》し、それをして人たるの道を弁《わきま》え、口を糊するの業に就《つ》かしめ、かつ数百の伝道者を派遣し、数千万巻の聖典を頒与《はんよ》して、罪悪に沈溺《ちんでき》したる数万の生霊《せいれい》をして前非を悔い、生命の途に登り、天国の門に進むの幸いを得せしめし等に至る迄《まで》、尽《ことごと》く登記して偏《あま》す所なきのみならず、氏が確乎不抜の信仰、純乎無私の目的、廉潔の品格、至愛の行為も、歴々自《おのず》から文外に顕《あら》われ、余をして再び老師の足下に坐し、その訓誨《くんかい》を受くるの感を起こし、益々その品格を欽慕《きんぼ》し、その高徳を讃歎して止まざらしむれば、他の読者もまた或《あるい》は然《しか》るならんと信ずるなり。

それ氏は、素《も》と射利求名の一書生たり。神霊一度《ひとた》びその心を動かすや、氏はその目的を豹変《ひょうへん》し、爾来《じらい》名利の為に汲々《きゅうきゅう》たらず。一挙手一投足、尽《ことごと》く天意を奉戴して、人類の福祉を計るに出ざるはなし。而《しか》してその齢《よわい》すでに八十二年に超越すれども、矍鑠《かくしゃく》尚為《な》すあるに足るべく、世界を周遊し、侃々《かんかん》真理の証《あかし》を為して止まざるに至る。何《なん》ぞそれ盛んなるや。嗚呼《ああ》この人にしてこの信あり。この信あり、而して後、克《よ》くこの美行を見るべきなり。聊《いささ》か所感を陳《の》べ、諸子の求めに応ずと云う。

明治廿年五月

32 『基督教之基本』序文

〔I-四六三〕『基督教之基本』は新島の死後、一八九〇年四月に大阪の福音社で印刷され、「米国聖教書類会社」から発行された六八二頁の神学書で、訳者はデイヴィスの教え子で伝道者だった寺澤精一《てらさわせいいち》である。第一編自然神学、第二編基督《キリスト》教証拠論から成る。著者はアメリカン・ボードの宣教師デイヴィスであり、新島襄、山本覚馬《やまもとかくま》と並ぶ同志社の創立者である。デイヴィスなしに同志社英学校は出発することができなかった。彼は日本ミッションでは京都の宣教師団の指導者であり続けた。同志社英学校運営の苦労を新島と共にしてきた同志であっただけに、デイヴィスに対する新島の信頼感と尊敬の念が、この序文には生き生きと表現されている。

（北垣）

わが同志社神学校教授、米国神学博士ジェー・デー・デウィス先生、頃《このご》ろ『基督教之基本』と題する一書を著わし、これを邦語に訳せしめ、余に嘱《しょく》するに序を以《もっ》てす。顧《おも》うに先生の甫《はじ》め京都に入るや、実にわが校創立の際に在り。これを内にしては百事紛糾未《いま》だ緒《しょ》に就かず、これを外にしてはわが釁《すきま》を窺い、わが校運を遮断せんと欲するものあり。わが校の存亡その間髪《はつ》を容《い》れず、この時に於《おい》て経営拮据《きっきょ》、わが校基をして巍然《ぎぜん》卓立せしめ、遂に今日あるを見るに到らしめたるもの、先生の才能、堪忍、剛胆、与《あず》かりて力多しと謂《い》うべし。

先生のわが校に従事する已《すで》に十有余年、諄々誨《じゅんじゅんおし》えて倦《う》まず、汲々《きゅうきゅう》勉めて怠らず、授業の余、今やこの好著述を為せり。蓋《けだ》しこの書や広く宇宙の大原《たいげん》を探り、これを事実に質《ただ》し、材料富胆、考拠精深、これに加うるに近来、先生米国に帰航し、該国文物《がいこく》の淵藪《えんそう》とも称すべきオハイオ州オベリン邑《ゆう》に滞寓し、該邑大学の図書館に就き、旁引《ぼういん》博証《はくしょう》大いに得る所あり、弥《いよいよ》以て先生平素の意見を精確ならしめ、遂にこの書を成すに到りしものにして、真に神学新説の萃《すい》を抜き、醇《じゅん》を鐘《あつ》めたるものと謂《い》うも誣言《ふげん》にあらず。

余窃《ひそ》かに先生がこの書を著わすの精神を察するに、わが邦青年を愛するの哀情禁ずる能《あた》わず。これをして宇宙の大原を探り、随って人間の本分と国民の義務とを知らしめ、身を以て真理に委ね、邦家の為《た》めにその一分《いちぶん》を竭《つ》くさしめんと欲するものの如《ごと》し。嗚呼《ああ》、前途洋々たる希望を担える青年諸君よ、幸いにこれを熟読翫味《がんみ》し、天地の大本に遡《さかのぼ》り、布《し》いて人事に及ぼし、先《ま》ず己《おの》れを達し、而《しか》して后《のち》、克《よ》く人を達し、善く社会をして真正の福利を蒙《こうむ》らしめば、余は確《かた》く信ず、先生この書を著したる労、始めて酬《むく》ゆべく、而して先生の志望、始めて達すべく、又先生多年の苦学も空しく徒為《とい》に属せざる事を。

余先生を識る茲《ここ》に年あり。而して余亦《ま》た先生と志を同じうするものなり。故に不肖《ふしょう》を顧《かえり》みず本書に序するに際し、先生が本書を著述したる所以《ゆえん》の精神を闡明《せんめい》し、あわせて先生素志の存する所を開陳する事かくの如《ごと》し。余が先生の素志を開陳するは、乃《すなわ》ち亦《ま》た余が素志を開陳する所以なり。

明治廿二年□月

京都同志社　新島　襄

〔教会合同問題〕

33　教会合同に関する覚書(一)

〔II―四九九〕一八八七年五月、一致教会(長老派系)と組合教会(会衆派系)はそれぞれ東京で総会を開き、両教派は合同をめざし、それぞれが五人の委員を出して基本協定案を練り、合同教会の「憲法」草案を起草することにした。一致教会代表のインブリーと、組合教会代表のグリーンが協力して草案を作り、一八八八年のそれぞれの総会で草案を可決し、半年後にそれぞれの臨時総会で最終的に合同を決議するところまできた。

ところが、組合教会臨時総会では安部《あべ》磯雄《いそお》が新島の代理として合同反対の意見を述べたこともあって議論は紛糾した。一八八九年三月、両派の委員は協議して、双方が受入れられるように憲法草案を修正した。五月、一致教会はそれを可決したが、組合教会はそれを再び修正して一致教会に送った。そこで一致派の代表三人が、組合教会総会の開かれていた神戸に急行して再折衝しようとしたが、教会の総会は終っていたので、結局合同案は流れてしまった。

ここで注意すべきことは、小崎弘道《こざきひろみち》、横井時雄《よこいときお》、宮川経輝《みやがわつねてる》、金森通倫《かなもりみちとも》、湯浅治郎《ゆあさじろう》、松山高吉《まつやまたかよし》のといった組合教会の指導者たちが合同推進派だったことである。アメリカン・ボード宣教師の中でもグリーン、ラーネッド、デフォレストらは合同推進派、デイヴィスは合同に慎重、真正面からの反対派はO・H・ギューリックと、その甥のS・L・ギューリックであり、新島は同僚や教え子たちとの相克に苦しまねばならなかった。

新島の教会合同に関する覚書はすべて一八八八年十一月のものと考えられる。新島はその憲法草案が会衆派の伝統である各個教会主義をふみにじるものとして、危惧《きぐ》の念を抱いた。教会政治の観点からすると、一致派は中央集権的かつ寡頭主義的であるのに対し、組合派は自由主義的かつ民主主義的である。教会の自由と自治は、新島にとって、譲ることのできないものであった。この覚書(一)には「廿一年十月三日」と記入されている。 (北垣)

▼寡人政府主義(中央集権)の教会と、共和政府主義(地方分権)の教会をいかにして聯合《れんごう》し得るや。

▼双方の主義を程よく折半して合併し得るや否《いな》。いずれへかの傾向なかるべからず。

▼今の憲法はいずれの主義に迄《まで》寄りおるや。中央集権に迄寄り、その方に傾向ありと云わざるべからず。もし将《はた》して然《しか》らば、中央集権は我が邦《くに》将来の教会を利すべき主義なるや。中央集権の貴族的主義に傾向ある我が日本に取り、我が教会にもこの主義をイントロデュースするは如何《いかが》。この十九世期〔紀〕は自由共和自治平民主義の益々発達し来《きた》るの

時世ならずや。吾人《ごじん》この時世風潮の趣く所なる自由自治共和平民主義を捨てて、この時期と共に将《ま》さにその跡を隠さんとする中央集権貴族的主義、すなわち寡人《かじん》政府主義を取揚げんとするは、策の上なるものなるや。

▼抑《そもそも》聯合相談の初まりし原因は何ぞや。

▼一致会の兄弟が吾人の受け居る自由を該会《がいかい》に納《い》れて、該会の改革を計らんとする工風《くふう》ならずや。○○氏一滴の涙を以て、該会を救わんと云いたるに非《あら》ずや。

▼一致会に我が自由を納《い》るる注文なるも、憲法大体の外形は依然一致会の仕組ならずや。彼の分子多くして、我の分子の甚だ僅少なるは何ぞや。一致会袋の口の収縮は、出来る丈《だ》けは広くも狭くもなし得べし。然《しか》れども吾人は到底袋中に入るものたるを免れず。

▼かくのごとく聯合は聯合にあらずして、彼、我を呑併《どんへい》せりと云うべきなり。否、我は彼の家に嫁し、彼の家格に随うの形なり。ユナイテッド・トゲザル〔united together〕に非《あ》らず、寧《むし》ろ彼にユナイト・インツー〔unite into〕と云わざるべからず。

▼故にこの聯合体は寧ろモデーファイド・プレシバテリヤニスム〔modified Presbyterian-ism〕と云うて可ならん。

▼憲法なき教会と憲法の厳格なる教会と合すれば、憲法なき教会の損する幾干《いくばく》ぞや。彼は有を以て来る。我は無を以て合す。アメリカン・ボールドは当時純然たるコングリゲ

ーショナルなり。プレシベテリアンに傾向すると見做《みな》さる。アメリカン・ボールドは恐らくは将来手を引き、他の国にその鉾《ほこ》を転ぜんか。

▼ニューヨルク北方にその適例あり。

▼中央集権の教会は将来我が人民の自由自治の気象を発達せしむるに佳適なるものか。任地主義に陥るの憂いはなきものか。僅々《きんきん》の手に政権を帰せしめば、教会員全体の教会に置く所のインテレストは如何《いかに》。現に我が教会の自治の元気に富むは如何なる原因ぞや。各教会を我が物となし、その重荷を分担するにあらずや。各《おのおの》特殊のインテレストをおくにあらずや。

▼ディスプリン・アッピール〔discipline appeal〕を除きては如何《いかん》。キリシチャン・グレース〔Christian grace〕に富めるものは互に相争うべからず。又訴詔《そしょう》の門を置くべからず。

▼合併は大切の事なり。軽々に委員並びに牧師の手位《ぐらい》に任せ、教会より充分に意見を述べざるは、甚だしく我が自由主義に背《そむ》くものと云わざるべからず。

▼利害得失は充分研究せざるべからず。

▼又己《おの》れに満足せざれば、決して合併すべからず。

▼米国辺には一個人の結婚さえ三年、五年の星霜を消し、而《しか》して相約し、又数年を待ちて結婚するにあらずや。

▼今度の結婚は数万人の結婚なり。又一人の命の五、六十年なるの類《たぐい》にあらず。数百年、数千年迄《まで》もその命を持つべきものならずや。かくのごとく貴重の結婚を僅々《きんきん》の宣教師牧師の手に放任し、己れ自らに研究せず、唯々《いい》諾々然《だくだくぜん》としてこの両会を結婚せしむるや。考えざるの甚だしきものと云うべし。ある人は教会から段々と六ケ敷《むつかし》き説が起こるから、速やかに合併せしむるに如《し》かずと。不親切の甚だしきものならずや。かくのごとき人では、吾人の権利を如何《いか》に軽々のものに見做《みな》すや。

▼不満の廉《かど》あらば、結婚前に飽くまでも論究すべし。結婚すべき程の満足を得ざるならば、見合わせにすべし。

▼我より合併を求めしにあらず。彼、我が自由を取り、彼の欠点を補わんとするの策ならずや。彼に益あり、我に損多し。我が自由を減殺して彼を補わんとするは、仁人《じんじん》の所《しょ》為《い》かは知れざれども、彼の注文通り、尚多分の自由を容《い》れては如何《いかん》。自由を以《もっ》て来《きた》れと云いて、遂に憲法と称するかごの中に入るるの類なきを保証し難し。

▼合併成らずば、上毛《じょうもう》教会と榎坂の教会にて独立の旗を立つべし。一、二会ならば甚だ弱きも、六、七会も聯合《れんごう》共同せば、何ぞ独立し得ざるの憂いあらんや。宜《よろ》しく委員を派し、組合派の諸教会員と一致共同するの計を為《な》すべし。

▼延期の説を陳《ちん》ずべし。

34　教会合同に関する覚え書(七)

〔Ⅱ—五〇七〕新島は合同運動が一致・組合教会それぞれの宣教師の主導のもとに進んでいることを深く憂慮している。彼はこの合同を一致教会に嫁入りする組合教会の花嫁にたとえ、結局花嫁は嫁入り先に呑《の》み込まれてしまうことを恐れるのである。両派が連合するのはよい、しかし結婚は時期尚早だとする。組合派の自治自由を失うくらいであれば、自分は筵旗《むしろばた》を立てて自由のために戦わざるをえないとまで、極言している。　（北垣）

▼聯合《れんごう》に付き、両主義不両立。誰か斃《たお》れ、誰か立たざるべからず。然《しか》らば吾人《ごじん》は誰の主義を取る。

▼寡人《かじん》政府主義。中央集権力。寡人政府主義は古来の遺伝物。

▼衆治主義。地方分権力。衆治主義は近世の新発明。

▼今日世界の傾向を察するに衆治主義の傾向あり。然《しか》し今の日本の教会、我が組合会の内にも何か少しく規律を求むるの傾向あり。何か寡人政府主義を容《い》るるの傾向を発見せり。今この両主義を合するの傾向を見るに、幾分かの自由は存するも、これを蓋《おお》い、これを含むものは寡人政府主義なり。

▼今聯合の仕立ては、自由主義働きて益あるべし。然し中央集権は規則、細則、附則等を出来《しゅつらい》すの傾向ある分子を含むものなり。この主義は向来《こうらい》規則を以て検束するに至るの傾向あるものなり。

▼今両教会にしても、会員充分、両主義の教育を受けおらず、外国教師の誘導により何《いず》れへも傾き易き憂いあり。且《か》つ牧師にも日浅ければ、両主義の内容を愛する精神は深からざるべし。

▼何れでも今日伝道の都合よければよいと云うならんか。又時日を経ば、双方頑固に流る。左《さ》れば両会の一致は到底期すべからずと思うならん。然《しか》るに今日両教会の一致は、恰《あたか》も日本の条約改良に当たり、草案は外国人の手になる、それと同じく、我が両会草案は外人の手にてなる。第一の草案は一致会の教師の手になる。今何か改正を加えらるよしなれども、その大体は一致会の形を取るものなり。組合会は独立の聯合にあらず。恰《あたか》も一致会によめ入りに行くが如《ごと》し。よめ入りもよし、双方納得なればよし。予《よ》はこの聯合は何か少年男女が親の手により早婚するが如し。予は両教会インテレジェント〔intelligent〕の婚姻を望む。

▼予つらつら千百年の為に計らば、我輩《わがはい》が今我が教会を他年規則に陥らしむるの傾向を持つものなしとすれば、後世の活眼を具せる教会史家は我輩をさして何とか云わん。

▼予は望む。我輩の自由主義は我が国一般の自由を存し、自治の精神を養う「泉」となるべき事を。然《しか》るに今些少《さしょう》の情実の便利の為に、他日漸々《ぜんぜん》とこの自由を絶たれ、教会の主権は教会にあらずして遂に「牧師集合体」に帰するに至らば、新発明の自治主義を去り、従来の寡人《かじん》政府主義に戻ると云わざるべからず。

▼今日の動議となりたる一致論は甚だ面白くあるも、我が邦家千百年の後の世迄《まで》自由の泉となるべき「民治衆治主義」を失うの憂いあれば、我が必ずむしろ旗を立て、我が自由の為に戦わざるを得ず。

▼兄弟よ、吾人の喜ぶ所の自由は、古来英米の信徒が熱血をそそぎ、買い得たる自由なり。この自由主義は輸入物なり。吾人若《も》しその真価を知らずしてこれを安売りするに至らば、吾人は今日、差少眼前の情実の為に、我が千百年の自由を売るものなり。

▼予は恐る。今の一致は早婚なり。インテレジェント・ユニヨンと云うべからず。

▼今日、一致会に行わるる事を伝聞せり。(大儀見《おおぎみ》〔元一郎《もといちろう》〕長崎行きを中会より命ぜらる。これを辞せしかば、月給を与えずと云えり。Can you bear such an oppression?)

▼又ヘボン氏は本国に書を送り、組合会が我が一致会に入会すとす。一の旅人プレシベテリヤン人。into/no/unite together 米国プレシベテリヤンの人に取り、甚だ喜ぶべき事件なり。誰かも大賛成。

▼昔時《せきじ》新克《ニューヨーク》の北方、組合会あり、一致に合併す。伝道上の便宜よりす。今は純乎たるプレシベテリヤン会となる。自治は漸々と去る。

▼聯合は可なり、よめ入は甚だ不同意なり。我が自由を失うは決して政治上の日本に対して得策ならず。

▼一致の目的。競争を避く。聯合は大運動を為すべし。一致の語、一時人を瞞着《まんちゃく》するに最美なる語なり。決して千百年の後世我が自由を減殺するは得策ならず。予は早婚を避け、インテレジェントの一致、真の一致を望む。

(第一)一致を為せず心の一致、

(第二)外形上の一致は充分の注意を要せん事を望む。

今一致せずとも我が短を取り、彼が長を取れ。彼も彼の短をとり、我が長を取れ。不知《しらず》不知一致聯合するに至らん。アーテフィシェル・ユニヨン〔artificial union〕は他日瓦解《がかい》の憂いあるべし。

▼Proposal/We have got to be cautious. コングリゲーショナルの主義を明《あきら》かに為《な》し、各教会の会員に知らしむ。一致会の組織を学ばしむ。両会を比較す。会員に負担せしむべし。

▼イズムなしに来《きた》りたるは甚だ幸い。所謂《いわゆる》真の福音会と称するも可なり。然《しか》るに今不幸

にして一致論の起こりしは、すなわち新たにイズムを作るの時機来ると云うべし。一方はイズムを尊ぶ教会なり。我が方イズムに関せざる、規則をかまわざる教会なり。故に我が会は、随分イズムの一点に至りては甚だ無頓着なり。無頓着にしてイズムに厳格なる教会と一致すれば、自然家格なきの家の娘が、家格のある家に入嫁《にゅうか》するの体なり。然しこの入嫁する事が自然中央集権の弊を生ずべし。

▼自然、牧師長老の手に教会の権を帰せしむべし。予はこの主義に向かい反対論を取るものなり。主義がその方に傾向するものと言わざるべからず。自然自然、衆治民治自治主義を失うに至るの憂いあらん。

▼去《さ》らばこの時に当り、非常の注意を要せざるべからず。オンインテレジェントリー〔unintelligently〕に結婚すべからず。今の日本の有様に為《な》しおくつもりならば可なるべきも、日本の有様を進めんとならば、民治主義を減殺するの傾向ある分子は、容易に我が教会に入るべからず。これ予の注意を牧師諸君に求むる所なり。

▼一致論を求むるものは、矢張り我が自由分子を求むるなり。然《しか》し今の一致のコンディションなれば、将来自由を減殺する傾向あるものと云わざるべからず。然れば我輩も真の自由を失うに至るか、彼も亦《また》その目的を達し得ざるに至るか、是《こ》れ非常の思考を要せざるべからず。

35　教会合同に関する覚え書(十一)

〔II−三二七〕　新島は封建制度の下で、武士も百姓も町人も厳しい従属関係にいかに呻吟《しんぎん》してきたかを思い出させ、自由の喜びを強調する。しかし日本人は封建制度になじむあまり、支配されることを喜ぶ傾向があり、とりわけ教会の内部にそれが顕著である。教会の自由・自治にはそれ相応の訓練と教育が必要であると新島は主張する。　（北垣）

▼士族連中は圧制諸侯の下に生成し、足軽は徒士《かち》の下に制せられ、徒士は徒士頭《かちがしら》に制せられ、番頭〔徒士頭?〕は大目付、大目付は番頭、番頭は家老、家老はその主君の下に服従したる習いの中に生息したる人間に、真の自由の志操を期すべからず。百姓又は町人はこの圧制の下にある士族糊口《ここう》の土地を受け、その藩主に納税し、町人は毎度毎度圧制の手段にて御用金を仰せつけられ、少々金を出して帯刀《たいとう》御免の特典を以《もっ》て瞞着《まんちゃく》せられたる、これを喜ぶの風習あり。

▼身の上に自由なき、志操に自由なき人間より俄然明治の時代と変化し来《きた》るも、人民中十に八、九は維新前の残物なるべし。陽に自由を好むも自由の人民にあらず、矢張り上に干渉すべき頭を戴きたがる傾向なき能《あた》わず。まして教会の如《ごと》きはこの種類の人十に八、

九を占めたりと云わざるべからず。
▼試みにわが党の教会を見られよ。真に自治主義、コングリゲーショナル主義を知りて、これを履行する人物は幾人ぞある。これを誘導すべき牧師連中にも、教会の自治は我が掌握内にあり、協議を以《もっ》て事を決するにもせよ、つまり我輩の意見は行わるべければ、向来《こうらい》教会の或《あ》る事務はプレシバテリー〔Presbytery〕に付し、決行せしむるも別に差異なしと。
▼兄弟よ、わが自由主義の教会にてすら、牧師連中にはすでにすでにこの傾向あり。これに加うるに中会の如きものを設け、これに権柄《けんぺい》を取らしむれば、今の時代はともあれ、百年の後には必《かな》らず干渉主義に漸々《ぜんぜん》進入し、遂に規則検束さるべき教会となるは疑いを入れざるなり。
▼銘々をして自治会の会員たるに価するだけのものたらしめよ。これを教育するにはこれにオブゼクトレッスン〔object lesson〕を与えて、自ら自由の政治を取らしめよ。すでに始めたるを止めて、この古来の寡人《かじん》政府主義にもどる勿《なか》れ。
▼イスラエル人民はモーセ、ジョシュア〔ヨシュア〕等をその先導者となしたる時分、ダビデ、ソロモン以降諸王の下に支配を受くると誰が苦な□る、人爵《じんしゃく》を以て先導したる、人爵を以て支配したるの苦なき能《あた》わず。

Ⅲ 文明論

幕末の一八六四(元治元)年、満年齢二十一歳の新島襄は、生死を賭して日本脱出を試み、みごと成功した。脱国の動機には、西洋軍艦の威容に触れたこと、たまたま読んだ和文抄訳の『漂荒紀事(ロビンソン・クルーソー)』から夢をかきたてられたこと、未来の見えない幕末社会での生活に愛想を尽かしたこと等が作用していた。そして、アメリカを中心に十年近く海外生活をおくり、恵まれた高等教育を受け、一八七四(明治七)年、折しも文明開化ブーム真っ只中の日本に帰朝した。

その新島の目に御維新の日本がどう映じたかは、興味深い問題である。ここに取り上げた文明論の論稿は、明六社同人のような書物派知識人の啓蒙活動とは一味ちがう文明紹介、日本批判の記録となっている。日本脱国時すでに一通りの人格形成を終えていた新島青年が、アメリカ・ニューイングランドで市民文化生活を享受した稀有《けう》な異文化体験者として発言していることに留意してほしい。いわば生活者としてアメリカ市民社会文化を肌で知っている者ならではの具体的指摘が、発言の端々《はしばし》にちりばめられている。この点で貴重な記録である。

滞米生活中に、新島襄はキリスト教に入信し、その伝道事業に生涯を捧げる人間になっていた。また岩倉使節団の田中不二麿《たなかふじまろ》文部理事官の教育調査に協力したこともあり、自身、学校づくりを宿志とする教育事業家となっていた。新島には、明六社知識人のようなまとまった論述こそないが、Ⅲ部は本格的な異文化生活体験の先駆者として、また旧社会の旧慣、旧習の復活を防止せんとする者として、社会変革の情熱がちりばめられた記録といえる。

いささか物騒なタイトルの「36 人種改良論」では、進化論に関心を示しながら、親が自分の子どもの伴侶を選定するこの国の婚姻制度をヤリ玉にあげ、あるべき夫婦選択法を提示する。つまり新しい人間関係の制度化、さらには「平民主義」への理解が自然体で語られている。さらに「40 愛人論」においては、「愛国」の観念が人間の尊厳、人権を前提にはじめて存在するものであることを「偏頗《へんぱ》な愛国心」と対比させながら説明する。とくに自発的結社の思想(これは後の教会合同論義のなかで強く主張されるのだが)が展開されているが、これなどは、江戸時代の徒党禁止に慣らされてきた当時の人々には斬新すぎる見識であるのみならず、今日でも新鮮である。

この点では、ここに取り上げた新島の文明論は、社会教育家としての新島の姿を示しているともいえる。

（伊藤彌彦）

36 人種改良論

〔I―三五五〕 本稿には「〔明治〕十三年十一月二十日、これを熊本唐人町伊勢屋の旅店に記す、安巳橋通にて演説す」のメモ書きが付いている。新島襄はダーウィンの進化論を肯定的にとらえており、進化論を文明化の過程に応用する。人類を進歩させる要因、退歩させる要因について、衣食住、職業、教育、宗教等に関して吟味している。とくに結婚相手の選択方法の東西比較に力をいれ、自由意思による伴侶の選択を採用することが女性の向上ならびに「東洋人種」の改良、文明化への道であることを論じる。この演説の草稿と思われるものがこれ以外にも一篇残っている(I―三六五)。 (伊藤)

鳩を改良する事、羊の種類を永続するの法、人種も改良を斯《か》くすべし、と注目せり。第一、人種を改良せんと欲せば、先《ま》ず人種を下らしめし源因に溯《さかのぼ》り、これを推究せざるべからず。然《しか》らばその源因たる何等《なんら》の者ぞ。

衣、食、住、職業、教育、宗教、国法、風俗習慣

この八事件は克《よ》く人智開き、脳力を強むると否《いな》との大関係を有す。

一、衣。衣服の製《つくり》の人種を退歩せしむる等は、譬《たと》えば欧羅巴《ヨーロッパ》婦人の腹部を細縮し、支那

婦人の足を短小ならしめ、日本人衣裳の濶大にして風を求《もとむ》るに便に、且《か》つ遊惰に便に、働くに不便。且つ衣裳の製《つくり》、自《おの》ずから人を座せしむ。但《ただ》し人、座するときは自ずから身体を湾曲せざるを得ず、湾曲の風、肺に害あり。肺病党を醸《かも》し、又脚気《かっけ》病を引き起こすべし。帽子を用いざる事、目力を衰えしむ。寒中に脛《すね》を出し行く事。

二、食。スターチ、油、肉類。この三種を適宜に食すべきを、或《ある》いは一種のみを多く食すれば食物の益、多からざるべし。

塩、砂糖

仏法の誤りて魚肉を禁ぜし等は人種を退却せしむるの最上法にして、我輩仏法の本家印度《インド》人に不足を言わざるべからず。食物に汚穢《おわい》と云うなし。不消化物、毒となる食物と腐敗物を除かば尽《ことごと》く食によろしと云うべし。

飲料にしても注意せざれば、是《こ》れ亦《また》大いに人種を退却せしむべし。汚物の浸入せる水、井戸の傍《かたわら》に吸込みあり、又田地近き所に井を掘る。あまり強き茶、強き酒、烟草《タバコ》類、支那人の阿片等、暴飲美食。

三、住。空気の流通殊《こと》に甚だしく人を冒寒せしむるの家製《づく》り、比々《ひひ》見るべく、又は空気融《とお》らず、且《か》つ太陽の光線の入らぬ家等は健康を害する甚だしくて、必ず人種を退却せしむべし。坐する事は肺病を醸す。畳の上に寝《い》ぬる事は炭酸気を吸い込ましむ。又一室に沢山寝てて戸を厳重に閉じ、空気の流通を止むる事、又明けひろげて非常に空気を流通せしむるも又害あり。雪隠《せっちん》、住室に近くに雪隠の臭気を平常呼吸するに至る。

四、職業。古来人民の多く、魚漁牧畜等に代々従事する者は智識の鈍になり、遂には脳力も減じ往々頭が狭小となるよし。又通商交易に従事する、又は学術に達したる人民の頭、前に比すれば往々大なるよしなれば、全く脳力を用い、脳をして〔以下不明〕。

脳力を用いざる職業は必ず人種を退却せしむべし。漸々乎《ぜんぜんこ》と大ならしめしならん。職業上、大いに人間の志操《しそう》を活発にすると否とに関するならん。大和魂の盛んなる等は殊《こと》に日本の武士中多くありしは、職業の然《しか》らしむる所。その志操なりその気象なりその廉《れん》恥《ち》の風なり愛国心なり、漸々と子々孫々に伝わり、気象の烈《はげ》しき人物を養成する事その例なり。我が日本は武士の職廃せり。随《したが》って廉恥の風、地に落つ。別にこの気象を養成する方を求むべし。

農家、漁師、商人にして各真正の教育を加えば、向来《こうらい》は脳力を養い且《か》つ廉恥の風をも起こさしむべし。版木司、縫い物、仕立て屋、書生。

五、国法。圧制政府漸々乎として人間の権力を奪い自由を取り除く。今のカルナル、スパニア等これなり。

六、教育。鉄腸男子を作り出す事。教育の力、若《も》しその宜《よろ》しきを得ば、よく人智をして発達せしむるに、その宜しきを得ざれば人を愚鈍、頑固物とし、卑屈、無気力の物とし、浮薄破廉恥《はれんち》の人物を醸生《じょうせい》するの憂いあれば、愛国の士人この要点に沈思回想せざるべからず。

教育の道、一度《ひとた》び失せばこれを挽回する決して容易ならず。譬《たと》えば支那人の道徳のみを学問として、実を軽んじて虚名に走り、論語読みの論語知らずと云う様なる教育は唯《ただ》学問の名のみを尽くし、今日開進欧米に流行せる理学等は一切置きて研窮《けんきゅう》せざるによる。故に古聖人の時代を仰ぎその時に及ばざるを歎き、日一日に新進を期さざるは古来支那風の教育なり。孔子も夢に周公《しゅうこう》を見ざるを歎じ、「鳳鳥《ほうちょう》至らず、何ぞ」とて、出《いで》ざるを悲しまれし等を以《もっ》て見るべく、向来《こうらい》、唐宋の学者輩は又孔子に及ばざるを歎じ、唯、古聖人の轍《てつ》を踏まん事を要して学術を研窮、日々新《あら》たにて亦《また》日々新たなるの学術を求めず。遂に当今、欧米の文明には遥か数歩を譲るに至りしは痛歎の至り。又印度《インド》国の如《ごと》きも昔時は隆盛を窮《きわ》めし国なるも、教育その度を失い、遂に世界の頑固人民となり行けり。或いは又古来より伝来の学問をよしとしてこれを固守して日新の学術等を求めざれば、見識も自然狭くなり、随って脳力も減じ、愚迷に陥る等の憂いあれば、これを防ぐの策如《いか》何《なる》ぞ。事物の理を究めざるにより、事々物々に恐怖の心を生ずる類、我が東邦亜細亜《アジア》に多かるべし。

さらばとて欧米の学術を講究すれば智識は開達すべしと思い、従来古聖人の道徳を廃棄して、西洋文明の中心なる道徳を捨て、その皮相なる学術のみを取りてこれを学べば、現今日本教育の結果を得るに至るべし。

今小学校の教え方は実に以前の寺子屋学問とは遥かに優等なる者なれども、唯々《ただただ》智識発達主義にして更に廉恥《れんち》の風を引き起こす等の事には力なく、その教員たる者は多く些少《さしょう》の月給を貪《むさぼ》るの徒にして、恐らくは人才《じんざい》を養成したきと云う精神には乏しく、甚だしきに至っては教員が生徒を誘導して酒店に入り妓楼《ぎろう》に登り、淫乱放蕩を少年に教ゆる風もまま世間にあれば、現今、世を憂うるの人、これに痛歎せざるはなし。且《か》つ洋学者流も近来は銭《ぜに》取り仕事を最上の学問とし、人を詐《あざむ》きても銭さえ取れば最上の学問と云い、智識が発達したと云い、己《おのれ》の品行等を破り恥を恥ともせざるの徒、往々世間にあれば、これ等の教育学問は人の志操をして卑賤下等に向かしめ、随って人種も退却せしむべし。且つ教育中最も人種退歩に関せる大事件は婦女に教育を加えざる事なり。

男子は天と云い、婦人は地と云う。男子よりも一層卑しき者と見做《みな》し、これを奴隷視して更に適宜の教育を与えず。婦人の要道を学ばしめず。これを御《ぎょ》するに唯《ただ》圧制を用い、婦人の才を発達展張せしめず。全く卑屈とならしむる等人種退却の源因なり。見識なき母に子供を預ければ、その母だけの人を養い出《い》だすなり。

七、宗教。支那人のいわゆる道徳なるべし、予は宗教と云う。如何《なん》となれば宗教は矢張り道徳と一途に出で、欧米国に於《お》いて道徳の基となれり。
天命これを性と云い、性に随いてこれを道と云い、道を修むるこれを教えと云えば、乃《すなわ》ち天命の在る所を知りこれを学び行うにあり。西洋各国の耶蘇《ヤソ》教と云うも矢張り天命の在る所を知り、これを学び、これを行うにあり。予、故にこれを宗教と云う。

然《しか》れども宗教にも種々の類多き者なれば、人に益利を与うべきもあり、又大いに社会の進歩を妨げ人智を愚鈍ならしめ、又或《ある》いは唯《ただ》神仏を有り難く思わしめ、唯々卑屈心のみを起こさしめ、或いは人間の手にて作りたる金仏木偶を拝して人間の幸福を得せしむると思わしむる等の教えは、決して国を開明の点に進むる能《あた》わず。

彼《か》の印度《インド》の婆羅門《バラモン》宗の如《ごと》きは、その堅き事盤岩《ばんじゃく》の如く、これを子々孫々に伝えて更に変易なからしめ、一旦これを廃止する者あらば親子、夫婦の間と雖《いえど》も直《ただ》ちに隔絶して他人と見做《みな》すのみならず、実に大敵と見做しこれを拒絶し又擲撃《てきげき》し更に交通あらざらしむ。

都爾古《トルコ》の如きは回々《フイフイ》教を奉じて一人に数妻を娶《めと》り、且《か》つ何事も天命と云い更に新進の学術等を求め学ばず。政府の圧制を受くるもこれを天命と云う。夫より束縛を受くるとも妻はこれを天命と云う。怱卒《そうそつ》火ありて家のもゆるときも、これを天命と云いけす事をせず。病気に罹《かか》り死に至らんとするもこれを天命と云いて治療を加えず。智識を開達し又道徳を進捗《しんちょく》せしめ、国家を欧亜の二大洲に振興せしむるの念慮もなく、何《いず》れの出来事も皆これは天命と云う。天命に任《ま》かせ遠大の策も立てず。国体の改良も計らず。日々に国勢も衰頽《すいたい》危急の場合に至るも安心して天命などと云う。更に進歩を計らざる等の宗教はその害たる甚だしきなり。米国にあるモルモン宗は教旨として数妻をめとる。これ等は皆人種退却せしむるの大源因なり。

〔八、風俗習慣。〕過食過飲、酒は百薬の長、過淫、売淫女を擁する事、男女の交際を乱《みだ》る一夫数妻、又は妻妾、虚言、ウソ八百、ウソで通る世の中。

日本にも教育なきにあらず。又多くの宗教なきにあらず。別して支那古聖人の道は実に結構なる教えなるに、この悪風俗を克《よ》く一洗し、これを変換し得ざるは何等の事ぞ。教えを授くる者のこの点に注目注意せざると、教えを受くる者拳々服膺《けんけんふくよう》してこれを奉ぜざるによるなるか。

欧米人は我が日本人をさして「ウソツキ」と云うも過言にあらざるべし。如何《なん》となれば、「ウソ八百」と云う言葉もあり。「ウソで通る世の中」と云う語も、大分ウソの通行する国たるは明らかなり。我が日本も亜細亜《アジア》の東海に位して神国とも君子国とも云いて慢《おご》りたる国柄も、この風習あるは遺憾にあらずや。

過食、食う事なれば何時でもと云う。

過飲、場合あれば何時でも酒を飲みて深更《しんこう》に至る事。

過淫、少年の手淫等は往々俊才少年の才力を断絶して張展せざらしむ。又は夫婦にも閨中の楽しみを過ごし身体をして虚弱ならしめ、遂に虚弱病を子孫にのこすに至る。

西洋の夫婦の如きは、夫婦一体と云いて、造物主のこれを一《いつ》にせる者と確信し、容易に離別捨棄せず、松柏《しょうはく》の親交をなし、生涯共に終わるの良風俗あり。我が日本に至りては兎角《とかく》夫婦の間親密ならず。

娶《めと》るも早ければ又逐出《おいだ》すも早きと云う等の風俗あり。人の妻たる者は今日は如何《いかん》、今日は逐出されはせずやと憂いなき能《あた》わざれば、夫婦の間に真の交際、真の信愛を期し難し。且《か》つ又親、親戚より男子の為に妻を娶るの風俗もあれば、縦令《たとい》男子はその妻を好まざるもこれを娶らざるを得ざるの場合もあれば、生涯、真の交際、愛情に乏しく互いに相嫌いて共に老うるの夫婦もなき能わず。

又は男子たる者はその妻を好まざるも両親の、、《ママ》せし者なるを以てこれを離縁し得ざる所より不平《ヤケ》心を起こし、遂には妓楼に登り、又己《おのれ》の身分に少しの我儘《わがまま》も出来《いで》くれば、直《す》ぐに己の本妻を家の隅におしつけ公然と妾を置き、朋友の来《きた》りてこれに供応するに妾をしてその席に侍《はべ》り、莚《えん》に侍さしめ恬《てん》と恥ずる色もなく、又本妻の心緒は如何《いかん》を問わず、一言も喋々《ちょうちょう》するを許さず。遂には妻をして嫉妬心を抱かし、妾をしてその権を専《もっぱ》らせしめ、往々に一家斉《ととの》わざるの憂いを醸し妻妾相怨《うら》み、妻妾の子供相憎むに至る。これ何人《なんぴと》の罪ぞ。

妻は妾を怨み、己の哀情を述べんとするも、男子の圧力、よくこれを制し、卑屈心と不平心と怨心と交《こもご》も生ぜしめ、而《しか》してその婦人に子を生ましめば、その卑屈心、その不平心、その怨恨《えんこん》心、子供に伝染して、母に類せる心を以《もっ》て生まれ来《きた》るべし。

又妾の子たるも然《しか》り。己の寵を専らにし弥《いよいよ》跋扈《ばっこ》し、その佞姦《ねいかん》、百方至らざるなく、遂には本妻の位置を奪掠《だつりゃく》せんと計る者あれば、その心底悪《にく》むべきなり。斯《か》くの如《ごと》き悪念を以て子を生めば、その子の心も思い見るべし。斯くの如く一家の内、互いに敵視し和せざれば、又家訓の厳ならざる事は、主人の命令も行われざる事は知るべきなり。

一夫一婦の規則立たず、誰の子だやら分からぬと云う子が出来たならば、斯くの如き子を産む親ならば決して胎育も出来ぬ。生まれた後教育もろくには出来ず、吃《きっ》と親に似たる子が出来るべし。一夫数婦の国は人種の退歩あるべし。

近来、男女交際の立たざる事。

西洋では若き男女が朋友となり交わるも、更に他人の疑いを受けざるは、男女の道を全く守れるによる。去《さ》り乍《なが》ら我が日本では、若き男女の互いに談話することはなし。さりとて全く無きかと申せば売淫女に近く親しくなり、少年の往々親の産を敗《やぶ》り、又己の身にも毀傷《きしょう》し黴毒《ばいどく》に感染し、父母の存在の時には父母を憂悲せしめ早く墳墓に趣かしめ、且《か》つ妻を娶《めと》り子を設くるに至れば、己の受けたる黴毒を子に伝染せしめ不幸の子、病心の子、不活発の子、無脳力の子、不具の子となすに至れる等は、男女の交際その宜《よろ》しきを失い、宇宙の主宰、造物者の規律に触れ、随いて受くる所の罰と云わざるを得ず。黴毒検査ある国にして黴毒尚多きの憂いあるは、人検査あるを以て安心し売淫女に触るるによるなり。

又甚だしきに至りては、往古グリシヤ羅馬《ローマ》国の如き、男子の互いに交通する事、人倫の道に背《そむ》き、造物者の律を敗れる者と云わざるべからず。故《ゆえ》を以《もっ》てその国久しく永続せざるなり。

以上陳述せし数件は一時見えざるも漸々乎《ぜんぜんこ》として人種を妨害すべし。西哲の言に「一人の衰弱は一国衰弱の基なり」と、真なる哉《かな》この言や。一人貪戻《たんれい》なれば一国乱を起こすと云える言によりてもこれを証すべし。然らば愛国心を抱ける士人予《あらかじ》め一人の衰弱を防ぎ、随いて一国の頽敗《たいはい》を防ぐのみならず、一層工風《くふう》をなし力を尽くし、一人各己《かっこ》の改良を計り、遂に我が日本人種を改良する事こそ今日の一大急務にして、国家隆興の基礎たるべし。

以上に掲げし衣食住、職業、教育、宗教、国法の改良は人種改良の基たる明らかなれば、向後、互いに衣食住に注意し、教育に尽力し、家訓はその宜《よろ》しきを得せしめ、学校にては真正の学問を教え、智識を養い徳道を修めしめ、広くこれ学ばしめ、審《つまび》らかにこれ問わしめ、脳力を練り上げ、身体をも強壮にせしめ、且《か》つ特別に夫婦選択方を施すにあり。

然《しか》らば如何《いか》にしてこれを施すべきや。男女互いに相選ばしむるにあり。人恐らくは「以《もっ》ての外《ほか》の法なり」と云うならん。成程《なるほど》、日本も今の有様なれば選択方は施し難きも、これを施さしむるに自ずから法方のあるなり。今何故《なにゆえ》に選択法の入用〔なるか〕を問えば、それは乃《すなわ》ち男女をして各々遇《おのおのあ》って安ぜしむるにあり。如何《なん》となれば父兄若《も》しこれを遇わせば愛情薄かるべし。愛情薄きときは恐らくは薄情の子を生むべし。夫婦互いに清き愛情を以て子を生み、夫婦の間に自由行われ互いに相憐れみ相愛し、母の胎内よりよき教育を加え、又真正の家訓を加え真正の愛を以て子を育《やしな》えば、必ず立派なる人間も出来るべし。

自由の心ありて一点の恐怖なく、更に奴隷心もなく、目に悪色を見ず、耳に淫声を聞かず、清浄の心と情愛の極度より生ずる子なれば、前上に掲げし仕方にて生ずる子とは大いに異なるべし。これ選択法の行わずにある可《べ》からざる以謂《ゆえん》なり。然《しか》りと雖《いえど》も我が日本にてこれを行うは若き男女の間に大なる過《あやま》ちあるべし。

然《しか》しながら男女に頗《すこぶ》る道徳を修め、その道に非《あら》ざる事を避け、第一に夫婦とならざる前に男よりは克《よ》く女子の「人となり」を知り、女子よりも然《か》くして、互いに「その人のなり」を知り、互いに老うべきを知り、然る後契約し、然る後婚姻を結ぶに至る。然しこれは我が日本において行うべきや。道徳の教え足らず、故に行うべからず(古来の学者も往々婦人の為に身を過《あや》まる)。英米諸国にはこの選択法行われ、且《か》つ婚姻をせざる前に上等社会には過ち等は至りて少なく、至愛至情遂に夫婦となるを以て大いに後生の子孫の改良も期すべく、且つ斯《か》くの如《ごと》き輩は婚姻をせざる前に婦人に触るる事なく、身体も心も清潔なれば子供に彼《か》の悪しき胎毒等は断じて無かるべし。これ人種改良の最上法と云うべきなり。

日本にては夫婦相愛すると云えば恥ずかしき事なれども、西洋にては大切の事と見做《みな》す。且つ日本にては何楼の妓を愛すと云えば人は別に笑わざれども、己《おの》れの妻を愛すと云えば大いにこれを笑うに至る。これ誤りの甚だしき者なり。

女子の学を進む。

今日本に三千四百万余の人民中婦人を半分とせば、今の有り様は人、兎角《とかく》婦人を粗末になす事なれども、これに良き教育を加え良妻良母となれしめば、三千四百万の半分乃《すなわ》ち一千七百五十万は有用の人となり、男児の相談相手となり、遂には国に立派なる豪傑を生ずるに至らん。文王《ぶんのう》の母は文王を懐胎せるとき、目に悪色を見ず、耳に淫声を聞かず。孟母《もうぼ》は孟子《もうし》にうそを教えず。且《か》つ三度《みた》び居を転ぜし等は頗《すこぶ》る教育に注意せる良母と云うべきなり。我が日本にて婦人の教育法立ち、夫婦選択法行わるに至らば、数万の文王の如《ごと》き聖人も、数万の孟子の如き賢人も続々輩出して我が東洋人種を改良し、且つ真正の文明を来《きた》らしめ、我が日本をして東洋に光暉《こうき》を発し、近隣の国も照らすに至らば、豈《あに》愉快ならずや。

一地方にて親戚の結縁する事も人種を退歩せしむべし。吉野十津川《とつかわ》の近辺に一村あり。村中に婚姻するにより身は短小に智は魯鈍に、他に比すれば余程の相違あるよし。

陸軍の規則に、弾薬二百五十発、食料四日分、ケットウ〔毛布〕一枚、服下衣上衣三枚、靴一個を付け、五、六里の行軍に疲労す。故《ゆえ》を以《もっ》て人種の弱くして改良せずんばあるべからざる事。熊本陸軍武士の説。

一人改良の道立ち、万物の霊たる以謂《ゆえん》で、克《よ》く万物を使役しこれが奴隷とならざれば人種退却せざるべし。

37 文明を組成するの四大元素

〔I-三八七〕キリスト教講演用の原稿メモである。欄外には「〔明治〕十五年七月　安中に於て　十六年一月五日　園部に於て」の記入がある。新島は一八八二(明治十五)年七月三日に京都を出発し、中山道を経て、関東、東北への伝道旅行に向かい、九月十五日に京都にもどった。この演説は最初群馬県安中《あんなか》の養蚕所で行なわれ、さらに翌年、京都府園部で行なわれた。「文明」という近代化の構成要素として「知識」、「財産」という資源のほかに「自由」、「良心」という精神的要素を加えて、聴衆にキリスト教を説いていたのである。類似の草稿がもう一篇残っている(I-三八九)。　(伊藤)

智識、財産、自由、良心の働きを養生する事。

この内一《いつ》も欠くべからざる事、恰《あたか》も卓の四脚あるが如《ごと》し。この内誰をか重んじ誰をか軽んずるや。君子国を為《な》すには、天国を為すには、良心を養生する事を最も貴重とすれども、文明国を為し、文明の社会を組織するには、この四大元素の内、一も欠くべからず。

未開の人あり、如何《いか》にして進むや。

・智識の開発を要す。

家の改良、道具の改良、製造、運搬、旅行等、随いて生じ、随いて財産の増殖を生ず。

・財産の増殖

資金を、、《ママ》と元とし、又それを以《もっ》て増殖の元手とす。財産は最も常人の要する所、これあり文明の民たるに足らす(一の金満家)。財産増殖に無理を為す。独乙《ドイツ》〔皇帝〕の言

・自由の皇張

身分上の自由、財産・土地所有の権の自由、国民たるの自由。公平適宜の法あり、克《よ》く自由を獲《う》る。縄墨《じょうぼく》あり克く画《かく》を為すがごとし。

二種——外来の自由、心中の自由

・道心の発達

神の愛する所を愛し、神の悪《にく》む所を悪む。

智識、財産、自由を運転せしむ者、□《ママ》の譬《たと》え

安中《あんなか》の信者に望む所、良心の働きを為さざれば、私の論は兄姉《けいし》の為に打《うち》つぶさるるなり。

38 『将来之日本』序

〔I―四五九〕 徳富《とくとみ》猪《い》一郎《いちろう》(蘇《そ》峰《ほう》)を一躍、天下の世論指導者に押し上げた著書『将来之日本』の第三版(一八八七年三月刊)に付されたもの。三版は初版からわずか四ヵ月後に出された。蘇峰は三版の「緒言」で特に新島襄に言及し「首《こうべ》ヲ転ズレハ既ニ十年、余カ西京《さいきょう》ノ同志社ニ在ルヤ、

屢々《しばしば》新島襄先生ノ教ヲ奉ズ。不肖ニシテ、未タ先生ノ望ニ副《そ》フ能ハスト雖トモ、余豈《あに》平生服膺《ふくよう》スル所ナカランヤ」と述べている。「序」はこの時期新島と蘇峰の二人が「平民主義」を介して思想的にきわめて接近していたことを示す。同年十一月の蘇峰宛の新島書簡には「君ニハ政治上ノ平民主義ヲ取ルモノニシテ、僕ハ宗教上ノ平民主義ヲ取ルモノナレハ、ツマリ平民主義ノ旅連レナリ」(Ⅲ-四六)との発言もみられる。なお『将来之日本』第二版には田口卯吉《たぐちうきち》と中江兆民《なかえちょうみん》の「序」がある。

（伊藤）

余《よ》が友徳富猪一郎《とくとみいいちろう》君、曩《さき》に『将来之日本』と称する一冊子を編著し、これを余に贈り、併《あわ》せて余の一言を求めらる。余、不文と雖《いえど》も君と旧交のあるあり。豈敢《あにあえ》て君の好意を空《むなし》うすべけんや。余これを読み、その第壱回より第十六回に至る、毎回恰《あたか》も新佳境に入《い》るの感なき能《あた》わず。蓋《けだ》しその論や卓々、その文や磊々《らいらい》、余をして屢《しば》ば巻を蓋《おお》い覚えず快哉《かいさい》と呼ばしめたりき。それ君の著書たる広く宇内《うだい》の大勢を察し、詳《つまび》らかに古今の沿革に徴し、苟《いやしく》も天意の存する所、万生の望む所、早晩平民主義を以《もっ》て世界を一統すべく、これに抗するものは亡《ほろ》び、これに順《したが》うものは存し、一国民一個人の克《よ》くその勢いに激《げき》し、その力に敵す可《べ》からざるを説き、これを過去現今の日本に論及し、遂に将来の日本を図画し、その取らざる可からざる方針を示すに至り筆を止《とど》む。

これを要するに、君の図画する所は他なし、即《すなわ》ち公道正義を以て邦家の大本となし、武備の機関を一転して生産の機関となし、圧抑の境遇を一変して自治の境遇となし、貴族的社会を一掃して平民的社会となすにあり。而《しか》して君の論旨中、含蓄する所の愛国の意は、全国を愛するにあり。全国を愛するは全国民をして各《おのおの》その生を楽しみ、その宜《よろ》しきを得せしむるにあり。これ実に君の活眼大いにここに見る所あり。満腔の慷慨《こうがい》黙々に附するに忍びず、直《ただ》ちにその血性をのべ、発して一篇の著書とはなりしなり。而してこの書初めて世に公布する客年十一月にあり。未《いま》だ四ヶ月を経ざるに已《すで》に再版に附し、又これを三版に附せんとす。何ぞそれ世人購求の神速《じんそく》にして夥《か》多なるや。蓋《けだ》し君が論鋒の卓々なるによるか、将《はたま》たその文章の磊々なるによるか。然《しか》り而《しこう》して余は断じて曰《い》わん、君がこの論を吐く徒論に非《あら》ず。君がこの文を作る徒文に非ず。天下の志士汲々《きゅうきゅう》これを読む、徒読に非《あ》らず。これ天下大勢の然らしむる所以《ゆえん》なり。嗚呼《ああ》これ天下の大勢、今已《すで》にここに至れるなり。

明治二十年二月　　　　　　西京《さいきょう》　新島　襄

39 平民主義

〔I-四四七〕冒頭に聖書からの引用があるように、説教用のメモである。平民主義に対比して置かれた概念は寡人《かじん》主義、貴族主義であった。明治十年代のキリスト教伝道活動の説教では、このような政体論も語られていたのである。平民主義が実現しているモデル国として米国を念頭に話が作られている。それと平民主義の世界は自己努力の世界であることも語られている。文中に引用される西欧の史実は聴衆の心に新奇さを植え付けたであろう。また聴衆が馴染《なじ》んでいた日本や中国の故事・人名や当時の政治家名を数多く登場させて、理解を促す工夫がみられる。（伊藤）

平民主義　平等　同等

1 Pet. 1: 13–21, Eph. 6: 9, Rom. 2: 11, Gal. 2: 6

God has respect of persons.

昔時：クリシア、ローマ、この分子の盛〔栄〕うるとき国は盛んなりし。衆治、民治　寡《か》人《じん》政府主義と相反す。

商法　殖産主義。

平和主義　柔和。

寡人主義は一手で大事業を出来るか。秦の始皇帝《しこうてい》、万里の長城。一人の豪傑の左右する所とならず、一人つまずかば一国斃《たお》る。

平民〔主義は〕全国民斃れざれば一国斃れざるべし。故に、平民は国にとり不為《ふため》にあらず。事あれば各《おのおの》財力を出す。全身を差し出す。全力を竭《つく》す。如何《なん》となれば平民主義〔は〕天下を以《もっ》て己《おの》れの業となし、また己れの家を以て天下と見做《みな》す。寡人主義と違い一時に著しき事業を為す能《あた》わず。長い内には勝ちを呈す。独立軍を見よ、平民社会の好結果(己れの家のため、妻子のため戦う)。平民主義は戦争を他国に仕懸けず、他を奪掠《だつりゃく》せず。平民主義は節約主義、無益の事に費やさず。

米国の礼儀儀式等、甚《はなは》だ簡易なり。平民主義は人物を養成す。平民主義は真の愛国心を養成す。米国大学の数を見よ、一ヶ人の寄付に関わる。独乙《ドイツ》の大学は一ヵ人の寄付ならざるべし。

貴族的主義は僅々《きんきん》の愛国家を出来《しゅったい》し、又そのものが僅々の人に竭《つく》す。昔時の忠臣義士を見よ、皆僅々の人の為全身全力を竭したるなり。

日本従来の平民、無学無智、故に賤し。然《しか》るに米〔国〕の平民は、学識あり、有為の気象に富む。世が開明に進むに随い、貴族主義は漸々《ぜんぜん》と跡を絶つ。平民主義は漸々と世に出ず。これは天意。

貴族主義は人これを尊敬す。故に人己《おの》れは貴いものと思い、又人物と思う。人これに食《むしば》ましむ。故に労して今日の糊口が出来る。漸々と労せず、工風せず。働かず。脳漿《のうしょう》をしぼらず。上品の人となる。世襲華族は食うにこまらず。

平民主義は人をして己れの卑しき地位にあるを知らしむ。山の下にあればいっそう上つら見るべしと云う心が起る。

蘇秦張儀《そしんちょうぎ》　城南二頃の田

卑賤より上がるは難し。故に人を精選す。上がらんとすれば直《ただ》ちに下げ付けらる。又これを試む。遂に上達す、働きを為すを見よ。

Self help 勉めざれば出来ぬ様に神が仕懸《しか》けられたり。少しばかりの困難に逢うて己《おの》れの素志をまげる人は造物者が捨つるのみならず己れ自身を捨つるなり。

平民主義を取れと云うにあらず。平民の地位は人を出来《しゅったい》す。好《よ》き地位、人を為すあるの元気を起《おこ》さしむ。大望を抱かしむ。謙遜ならしむ。

ヘース　人のために鶏を打つ。ホプキンス　客の靴をみがく。

徳と富は経済上に在る。予〔余か?〕は人物上にある。

昔の武門時代ですら、太閤、小西行長《こにしゆきなが》、加藤清正《かとうきよまさ》。林道春《はやしどうしゅん》、米屋の子。当時〔現在をさす〕、伊藤大臣、岩崎、渋沢、福沢先生、大倉、藤田

土倉《どぐら》、心が少ならず。

米、グラントは革なめし。マントロウ・ジョンソンはテーロル〔仕立て屋〕

40　愛人論

〔I－四三九〕作成年月日不詳の演説草稿。国会開設運動などへの言及が多いので、明治十年代中葉の演説と推定される。新島蔵書のなかには政論雑誌『近事政論』が、ほぼ全巻保存されており、新島が民権運動の動向を注視していたことがうかがわれる。新島は民権運動に否定的ではないが、批判的であった。「従来の弊風」を一洗し文明に導くという「吾人《ごじん》の急務」のためには、「他人を愛する」というキリスト教の教えが不可欠であること、排外的な「偏頗《へんぱ》の愛国心」や、出世ねらいの「書生の空論」を克服する必要性を説く。類似の論稿に「愛国の主意」（I－四三六）がある。（伊藤）

世上喋々《ちょうちょう》と愛国を論ずる者、多々有りといえども、その愛国たる多くは書生の空論にして、実切に功を奏せず。或《ある》は曖昧乎《あいまいこ》として何《いずれ》の点に帰するやを知り得難《がた》き者なり。或は真に愛国の心に乏しきも、口にはこれを大言し、ただ世に空名を貪《むさぼ》る者なり。或はこれを以《もっ》て風雲に登るの階梯《かいてい》となす者あり。或はこれを以て私欲を逞《たくまし》うする糊口の道具、羽翼となす者あり。嗚呼《ああ》それ愛国たる何等《なんら》なる奇怪なる者ぞ。又は何等の利益を国家に与うる者ぞ。予《よ》平素この点に論及する毎《ごと》、未《いま》だ曾《か》って長大息《ちょうたいそく》せざる事あらざるなり。

予、潜心深思、愛国の何たるかを考うるに、予の見る所少しく、世上流行の愛国とは違異する所あり。然《しか》らば乃《すなわ》ち、予の見る所の愛国は如何《いか》なる者ぞ。

愛国は名利を射《いと》り、私欲を満たし、糊口の道具となすが如《ごと》き卑賤の者にあらず。愛国は乃ち己《おの》れの名利を顧みず、全く己れの一身を抛《なげう》ち国家の為に竭《つく》すにあり。偏頗《へんぱ》の愛国心――去《さ》り乍《なが》ら愛国と云う語はすなわち己れの一国を愛し、何事も一国の為に止《とど》まりて、兎角《とかく》愛国より偏頗の心生じ、我が日本を愛して外国人を敵視するの憂いなき能《あた》わず。古来、人物の往々この弊害に陥り、愛国心を憤起せしむるには必ず外国人を悪《にく》ましむるにありと云われ、或《ある》は議論を為《な》し、或は著述を為し、屢々《しばしば》内国人をして外国人を憎ましむるの策略を設くる者ある事少々ならず。予これを見、これ彼《か》の先生方の心の狭くして識者より笑いを受くべき策略と云うべき者と了知す。

且《か》つ愛国と云う、何か全国のために計るに似て、全国の為に事業を起さざれば愛国の途《みち》開けず、愛国の功立たざるに似たり。且つ愛国を人々に教ゆるも宜《よろ》しき事なれども、ただ大なる志のみ抱きて実際愛国の事業もあがらず、空《くう》をうつの如きの類やや見ゆ。故にこれを実際に施さんと欲せば愛国を説く、甚《はなは》だ危なき者なり。或はただ志操のみ大にしてただ空論を吐き、更に実際に功なき人物を養生するの憂いなき能《あた》わざれば、予請う、愛国はさておき愛人に論及し、実際、愛国の行われん事を希望す。如何《なん》となれば、当時の愛国論者の着目着手する所を見れば、多くは輸出入の不平均を歎抗《たんこう》し、或は人権論を旨張《しちょう》し、又は国会開設を願望する等を以《もっ》て当国愛国者、最上の論点と為せる、又その責任とするに似たり。

斯《か》くの如《ごと》く当時論者のこれ等の点に着目するに至りしは、当時文明の風潮にして、勢い然《しか》らしむるの気運と見做《みな》さざるを得ず。且《か》つこれ等の事は皆愛国憂国の点より出ずる者なれば、一日もこれを軽忽《けいこつ》にすべからざるの事なれども、もし誤りてこれを最上の愛国と見做し、殖産を盛んにして輸出入をして平均を得せしめ、人権をして広張、人民を自由にせしめ、又国会をして開設せしむ、人民国政に参与するを得せしめば、乃《すなわ》ち国家万世不易《ばんせいふえき》の大業成就すと思える者あるべし。

然《しか》るにこれは大きな過誤と云わざるを得ず。如何《なん》となればこれ等の事はただ愛国の一部分にして、愛国の最上点乃ち愛国の精神、愛国の佳境には達するの者とは云い難き也《なり》。その理如何《いかん》、予乞《こ》う、これを論ぜん。

若《も》し輸出入の平均を得せしめ、恐らくは紙幣の相場旧に復し、物価下落し、金子《きんす》の流通相付かば、商《あきないかた》方盛んに成り、貧富各々《おのおの》その宜《よろ》しきを得べし。

然《しか》しこれに物価下落し、金融相通ぜば、人民の品行改良し、一国これにより幸福を受くるや――否《いな》……。金あるもこれを散ずるの憂いあり。

ただ職人のみを出来《しゅったい》し、道徳の教え立たざれば
民権を広張し、人民をして自由を得せしめば
道徳の教え立たざれば
人を罵詈《ばり》するの民を増す。
ローソー〔ルソー?〕の不品行
自由を得るも又これを我儘《わがまま》に用ゆるの憂いあり。人民は政府に向い我儘を申し立て、子供は親に向い我儘を申し立て、妻は夫に向い我儘を申し立て、貴重の民権を下して下等の我儘と混ずるの憂いあれば、国の幸福期し難く、我儘起り国家の滅亡の基礎となるも計り難し。
国会開設、人民国政に参与し得るも、
名利を射《いと》るの徒《と》をして志を達せしむ。
民間の不平党、名利を射るの徒、風雲に乗じ平生《へいぜい》の志願を達せんとする憂いあれば、これを永久に維持し、官民和合、上下一致、各々その所を得せしむるの策は自《おの》ずから国会の外にあり。道徳の区域に達せしむ、後、初めて全功を奏すべし。
殖産のみを主とすれば、利のみに趨《はし》るの憂いあり。公事を詐《いつ》わり人の田地まで掠《かす》め取るの憂いなき能《あた》わず。

人権皇張を主とせば、遂に民権の貴重なるを忘れ、ただ人に抗敵するを民権とし、これを以て他人を罵詈誹謗《ばりひぼう》して、世人の心を争動せしむる等に至るは……

国会開設のみを主とせば、遂には私名利を射《いと》るの徒《と》をして志を天下に得せしむるの憂いなき能《あた》わず。又日本の人民未《いま》だ選択の法を仕用し得ず。

然《しか》らば如何《いか》にせばこれ等の弊害を防ぎ得るや。これを防ぐの道他なし、各人をして愛人の心を抱かしめ、これを行わしむるにあり。愛人とは何ぞ。且《か》つ如何《いかが》せば人を愛し得るや。

答、愛人とは他人を愛する也《なり》。且つ如何せば人を愛し得るや。

予、西聖基督《キリスト》の語を用いこれに答えん、すなわち曰《いわ》く、「己《おの》れを愛する如く爾《なんじ》の隣人を愛すべし」。

「凡《すべ》て人にせられんと欲する事は爾も亦《また》人にその如《ごと》く為《せ》よ」。

「己れの欲せざる所は人に施す勿《なか》れ」。

孔子曰《いわ》く、「君子〔夫子〕の道は忠恕《ちゅうじょ》のみ」、忠恕はすなわち愛也。

又曰く、「己れ達せんと欲せば先ず人を達せよ」、と。

この愛人とは至って貴重の事にして、各人、人を愛するの心なき者あらず。人を愛するの心は自然、天の人間に賦与《ふよ》せし所なるべし。

然《しか》るに今人間の所業を見るに、大いにこれに反する所あり。

・人はどうでもよい、己れさえよくばよい。

・人の苦しきは三年忍ぶ、と。

・人をあざむき人に損亡をかけ、己れを益し、大いに我が子など人智者と云いて、ほこる人多し。

　これ各人にこの心の存するは、人に愛人の教えなきによるなり。天地の主宰の大意は愛人なり。人その意を敬《つつし》み人を愛すべし。

　然《しか》らば如何《いか》にして愛人の教えを施すべきや。人各々《おのおの》己れの欲を去り、己れに克《か》ち、一身を脩《おさ》めざるべからず。如何となれば一身をも脩め得ざるの人は決して他人の為に益を与うる能わず。一身を脩め一家を斉《ととの》え得ざるの人は、他人の行ないを正し、又——鴻《ママ》——一国の標準ともなる能わず。

　己れの身は甚だ不品行千万にして、ただ己れの力と才をかり、国の為になす、人の為になす、と云う人々は、一事業に付きては何か成し得るとも、人の手本となる人に非《あら》ず。

　少年輩斯《か》くの如き人物の真似をせば、乃《すなわ》ち虎を画いて狗《いぬ》に類するの例に斉《ひと》しかるべし。これ等の輩はただ事業さえ上げればよいと云いて、己れの貴重なる心には墨をぬり付け、心を汚れたる者となし、更に恥じる色もなき者なれば、到底、万物の霊たる人間一人の貴重なる事を知らず。ただ世間に名望を得んと欲して、公益となるべき事業には取り懸《かか》れども、一家内の有様等を見れば、我儘《わがまま》千万の旦那様にして、家族を奴僕《ぬぼく》の如く使役し、甚だしきは己れの妻を打ち捨て、隠居部屋にさしおき、己れの愛妾と共に杯をくみ、風月を楽しむの人も随分世に沢山なきに非《あら》ざれば、天下の少年輩、これ等の人にならい、これ等の人の所業を羨《うらや》み、最上の出世となしてこれを学ばば、如何《いか》にしてこの国を文化の国に進むるを期せんや。

今日本に於《お》いて才気万人に卓越し、大いにするあるの人にして、往々この弊害に陥り、この不品行に流れ、平気にして恥じざるの人なきにしもあらざる也。人縦令《たとい》風雲に乗じ高尚の位置に進むとも、己れ一身を修《おさ》めず一家をも斉《ととの》え得ず、頭をあげて衆人の上に立つの人々の心をたたき、これを煎《せん》じつめば如何《いか》なる者ぞ。

世に出て事を取るは真に愛国、愛人の点より出ずるや。これ等の人、もし苟《いやし》くも愛国、愛人の心を抱けるならば、宜《よろ》しく注意して自ら君子となり、国民の標準となるべし。この人にしてこの点に注意せざれば、この人は愛国、愛人の心に乏しき者と云わざるを得ず。

今世の先導者となり言を発す。才は天地を動かすに足り、筆を取れば鬼神をして哭《な》かしむるに足る。新聞雑誌記者、先生方、又著述家翻訳家の志操をたたけば、先生方の志操は如何《いかが》ぞ。愛国、愛人の志を抱けるや。

予に於《お》いて決して先方を差し、愛国、愛人の心なしと断言する能わず。去《さ》り乍《なが》らただ了解し難き所は、新聞に甚だ見苦しき新聞を記し、又は罵詈《ばり》千万《せんばん》、雲助社会の用ゆる如き語、雑誌上に掲ぐるは、何の目的なりや。淫わいの言なくば新聞はうれぬ、官吏を罵詈せねばうれぬ、高き書はうれぬ、金次第で何でも書くと云う人あり。

　これにより看官をして大いに愛国心を憤起せしむるの意なるや。又他人の行状を罵詈して己《おの》れは頗《すこぶ》る独《ひと》りを慎《つつし》むの君子なるや。或る記者連中の所業を視察するに、決して衆人の標準となり得るの所行《しょぎょう》あらざるに似たり。或は柳橋〔の〕月に吟じ、墨田の花に酔い、以《もっ》てウブの少年をしてその身を誤らしむるに至れば、何等の□《ママ》。若《も》しこの輩にして天下向来の人物、俊才少年を誤らし、無頼《ぶらい》の遊冶郎《あそびやろう》と変化せしむれば、今何人《なんぴと》に向い良き手本を求めんや。

　吾人《ごじん》、愛人主義を論ず。吾人今より愛人を主張、これを全国に波及せしむるにあり。

　愛に二種——有形物を愛す。無形物を愛す。

　姑息の愛。

　人を愛するは人の価ある霊を愛する也《なり》。人の目鼻口付きを愛する等は甚だ下等の愛にして、往々人を淫欲を起さしむるに至る。

一家の夫婦、親子、親戚、隣人、朋友、遂に全国に及ぼすべし。

基督《キリスト》曰《いわ》く、人、他人の為に身を捨つるは、愛においてこれより大なるはなし。

米の大統領リンコロン(黒奴を自由にする論を発し、遂にその為に身を捨てたり)の家に衆人来たり、彼に見《まみ》えんを乞《こ》う。彼先に一老婦人を見てこれに接す。

一人一人君子とならしめねば、殖産、民権、国権等、恰《あたか》も死に翼を附するが如し。

英国人ローラント・ヒル、盗賊一人を助け人間となれり。(コリント前書の十三章を見よ)

一人一人を愛するの説は大いに愛国よりは狭きに似たれども、人を愛するは、一国に限らず世界の人をも人と見なしてこれを愛せば、決して区域の狭き者にあらず。

米国の一婦人、己れの子を戦場に出す。米国の婦人、南北の戦《いくさ》、自ら戦場に行き、負傷者の世話を為す。愛の道立ち、勇気生ず。

英国のウィルバホース、阿弗利加《アフリカ》の黒奴売買禁止の論を発す。

英国のジョン・ハオルド、欧州の牢獄を改革せる等。

吾人の急務は早く従来の弊風を看破一洗、当時、何者が文明の元素たるかを発見し、人々をして誤らしむる事なく、空論を吐かせず、これを実際に行うにあり。夢想を空中に架せず。

愛人の道立〔たば〕、万事追って機械に油を付くがごとし。
食物に味を付けるが如し。
一人の衰頽《すいたい》は一国の衰頽に関わり、その一人を救うにあり、自由を与えるにあり。

41　条約改正を促すの策

〔I－四五〇〕紀行文「出遊記」の明治十七(一八八四)年二月七日の項に「夜来、条約改正ノ策ヲ工風ス」とあり、翌日の項に「八日　五時半ヨリ起キ、其ノ策ヲ記ス」とある(V－二五〇)。この日に予定されていた伊《い》藤博文《とうひろぶみ》訪問のために作成された文章であろう。新島は明治政府の条約改正の動きをうまくキリスト教主義学校の建設に結び付けた。外国人宣教師の内地移動を自由化し、キリスト教学校を全国展開することが外国人の信頼を増し、条約改正に寄与すると説く。なお井上馨《いのうえかおる》外相が条約改正に着手したのは、一八八四年八月四日であった。　(伊藤)

先《ま》ず外人の信用尊敬を得る事を要す。その信用尊敬を得んとなれば、先ず基督教《キリスト》を奉ずるに如《し》くはなし。基督教に数派あれば何《いず》れを取るべき。羅馬《ローマ》教〔カトリック教〕に非《あ》らず。グリーキ教に非《あ》らず。即《すなわ》ち、プロテスタント教たるべし。該《がい》教を布《し》くに方法あるや。曰《いわ》く、あり。有為の外国教師を聘《へい》し、一基督《キリスト》教主義の学校を起し、先《ま》ずその生徒をしてこれを信奉せしむるの法を設くるにあり。生徒若《も》しこれを信ぜば、彼等の中、必ず伝道に従事するもの起るべし。

学校は一《いっ》にして足るか。速やかに伝道せんとなれば一にして足らず。東京、仙台、弘前、札幌。金沢或《あるい》は新潟、西京、四国に一。九州に一。これを為《な》すは、必ず外国宣教師の内地旅行を今一層自由にするにあり。縦令《たとえ》ば学術の為《ため》とか、養生の為とか定めずして、厳に外国人の内地商法さえ禁ずれば、他に不都合はあらざるべし。学校の支配は内国人の手に置くべし。

基督《キリスト》教の利益(布《し》くの必用なる事)――維新以来、泰西《たいせい》の学術輸入せしより、神仏両道は勿論《もちろん》、我が同胞の元気を養い来たりし支那の古哲の学も亦擯却《またひんきゃく》せられ、孝悌忠信の道は泰西の学術と併行する能《あた》わず。遂に民権自由と交換せられたるに似たり。且《か》つ無神論者の説の如《ごと》き、益々《ますます》勢力を逞《たくま》しうし、一派の学風を惹起《じゃっき》し、古きを捨て、新しきを撰《えら》び、我が東洋をして、知らず知らず西洋社会党虚無党の轍《てつ》を踏ましむるや必《ひっ》せり。

長者をしのぎ、定律を嫌い、道理と称して、その実、毫《ごう》も道理にあらず。真理と称すれども、その実真理に似たるもの、その結果は遂に破壊主義に流れ、稍《やや》もすれば政府に抵抗し、転覆すべしなど奇怪の説を立つるに至る。今これが鉾《ほこ》を挫《くじ》くの策を立てざれば、他日我が東洋に第二の仏国革命を画き出すも計り知るべからず。

人智の発達あるも人心の改良なし。

教育と宗教を併行せしむるにあり。

偶像教は今日の文明と併行すべからず。偽《いつわ》りの宗教は人心を乱《みだ》り、人をして愚ならしむ。無宗旨の民は人倫大義を敗《やぶ》り、徳義を重んざるべし。政者
人間――アニマル(animal)、ナーチュア(nature)　インテルチュル(intellectual)

モラル(moral)　スピ《マ》ィチュル《マ》(spiritual)　パワル(power)――

人、智識を開発せざればアニマルに陥る。アニマルと智識のみなれば二性《ママ》の為に動く。進みてモラルの点に至るも、スピ《マ》チュアル《マ》・パワルの克《よ》くこれを制御するにあらざれば、決してモラルの区域をも完全ならしむる能《あた》わず。

宗教の要《かなめ》はスピ《マ》ィリチュアル《マ》・パワルを養成し、人をして神を敬し人を愛せしむるにあり、自己の霊魂を重んじ、良心の指図に順うべし。敬《つつし》みて天の命ずる所に順《したが》うべし。人ここに進み、初めて人間は万物の霊なる事を了すべし。而《しか》して人、自立に事を得べし。これ一箇人、改良の階梯なり。夫婦は人の大倫なれば、自己の霊を重んじ、他人の霊魂を重んずる。一夫一婦、相合して清浄なる一対、否《いな》、一体の人たるべし。ここに一夫一婦の良風を起す。一夫一婦の風起こり初めて家斉《ととの》うべし。家斉いて後国治まるべし。

ここに於《お》いて社会の風俗の改良を期すべし。而《しか》してその徳以《もっ》て全社会に波及すべし。

神霊の力、克《よ》く徳義を全うせしめ、又交□《ママ》義務を尽くさしむべし。神霊に道徳の力、克く智識、欲情とを補翼し、人をして滅亡より免れしむ。

〔数行の欠損〕

〔破損〕見えざるが如く浅近なる学者輩は

〔破損〕真理にして治国の平天下の基なり。

〔破損〕基督教《キリスト》は人をして偽りを嫌厭《けんえん》し、真実を尊し重んぜしむべし。

〔プロテスタント〕教は克《よ》く天主教、グリシヤ教の蔓延を防ぐを得べし。

〔プロテスタント〕教の盛んなる所はグリシヤ教入るを得ず。これ生等《せいら》の実験なれば、願わくは速やかに新教を以て北海道に伝播せしめん。

仏国は伝道師を以て海軍殖民の一部分に当つ。

基督教は信徒をして政者に違背せしむるものに非ず。英政府の秩序ある如きは、基督教預かりて力多しと云うべし。クリスト曰《いわ》く、「シーサルのものをシーサルに返せ、神のものを神に返せ」。

故に今、信徒の急務は盛んに基督教を伝播するにあり。政府の急務は、

〔その一〕　基督教を公認し、天皇陛下も一夫一婦の制を初め賜《たま》うにあり。

その二　宣教師をして従来よりも尚一層の自由便宜を与え、内地旅行を許すにあり。

その三　基督教主義の学校を要地に開設するにあり（神学部を置くにあり）。

札幌・大学　学科予備　農学、神学（開・三人）、文学（二人）――八千元《ドル》

仙台　関西

弘前〔美《メソジスト》〕　本科（二人）、理（二人）・神（三人）・文（二人）――一万六千元《ドル》

東京〔一致《プレズビテリアン》・美〕　金沢〔一致〕　西京〔関西〕

山口或は広島〔一致〕　高知〔関西〕

東京大学――医、法、理、文、神〔独〕　宮内省よりの寄付

九州〔一致〕　鹿児島〔熊本〕

札幌――大学となし農学、理学、文、神〔米〕

東京

非常の事を為すに、非常の果断なかるべからず。

天皇自ら属し賜う教会勿《な》かるべからず。

政府の特に一教会を助くるは得策にあらず。

全教会に自由と保護を賜うれば足れり。

国是の方向定まり、基礎強国、王家万歳

私立専門校――東京、西京、仙台、熊本、〔弘前〕、〔金沢〕、〔山口、広島、松江、高知

42 道徳論

〔Ⅱ―四三七〕場所、日時不詳。新島は中国古典の教えや儒者たちの言動にもよく通じていたが、キリスト教に入信後は懐疑的となった。彼の中国古典批判は、キリスト教をベースに置いて、儒者たちの欺瞞《ぎまん》性を鋭く指摘する点が、ユニークである。中国では、学者や学問は個人が徳を修めるためではなく、「治国平天下」のためのもの、と思われている。「聖人の学問」があれほど盛大にもかかわらず、「聖人の道」は行なわれていない。賄賂《わいろ》の横行振りや虚言の日常化が立証するところである。すべては、神に対して、「己《おの》れの心を清くし、正直になれ」という教えが欠けているせいなのか、と推測する(Ⅱ―三六八)。　（本井）

道徳と申せば、何かばっとして、一寸《ちょっと》これを談じ申して、中々これを尽《つく》す能《あた》わず。去《さ》れども、支那《しな》古聖人、堯舜《ぎょうしゅん》、〔夏《か》、殷《いん》の〕禹湯《うとう》、〔周の〕文武《ぶんぶ》、周公《しゅうこう》――「大学」に云うは、明徳を明らかにするにより脩身と治国平天下を主とし、中庸その中を執《と》るを主とし、「論語」には、夫子《ふうし》の道は忠恕《ちゅうじょ》のみと。又己れの欲せざる所、人に

施す勿《なか》れ。孟子《もうし》に浩然の気と云う事を説かれ、唐の韓退之《かんたいし》の如きは、厚道に仁義道徳を説《と》え出し、宗儒幾分、又古聖人の道を回復し、明の王陽明《おうようめい》の如きは、先代の儒者流を看取したる積もりにて、知行合一を説かれました。去りながら、支那《しな》に行なわるる道徳は如何《いかん》。その結果は如何を尋《たず》ぬるに、或《あ》る米国人〔J・H・シーリー〕の談には、(支那程、偽りを云う国はなしと)。

遠き支那はさておき、今日、本邦の儒者は、社会の文明を進むるに如何《いか》なる関係のある者か。何か舶来の学術等に圧せられ、口も開かず。且《か》つ、今日、自ら上等社会の人物と称する人々も、多少儒学を学んだ人なるに、今日の風俗衰頽《すいたい》を見て、更に意とせざる如《ごと》く、或《あ》るいは意とするも、これを救う法を回《めぐ》らさず。矢張り、順説に下□回が如し。

盗賊は日に増し、男女の間は交《まじわ》り乱れ、廉恥《れんち》の風、殆《ほとん》ど地を払う。実に実に我が学者輩には道徳を軽蔑、十露盤《そろばん》勘定の世となり行き、流涕長大息《りゅうていちょうたいそく》に堪えざるの秋《とき》なり。今や幸いに欧米諸国に説かるる基督《キリスト》教も近来わが国に舶来し、漸々《ぜんぜん》我が邦同胞の兄弟の心を改良、大いに教化を助け、風俗を一洗する兆《きざ》し、近来に著しく顕《あらわ》れ、近来は已《すで》にこの道を奉ずる、この道を人間の行なうべき道と認可する者、その数已に三、四千人に及びし。

予《よ》に於《お》いて唯《ただ》、頭数の増ゆるを喜ぶにあらず。人々この道を修《なら》う様になりたる事を喜ぶなり。

何か支那人の道徳は、人間に立派の上下《かみしも》を着せた様な道徳にて、上部に立派にあれど、社会に入り、社会を改良、改進せしむるの勢力は、少しく見えず。

去りとも、ひとりキリスト教に至りては、この教えを心に入るや否や、心を更新する事が始まり、それより行が改まり、道を立つる事を出来出す処なくして、御□人も少年も、上等社会も下等社会も、この教えを奉ずるや否や大いに改良の色を呈し、社会を一新する事が始まります。

文明の形、出来る

その精神を要す

宗教はその精神

新島襄略年表

一八四三年(天保一四)
一月一四日(新暦では二月一二日)、姉四人に続いて江戸神田一ッ橋の上州安中藩邸で生まれる。幼名は七五三太《しめた》。父は民治(安中藩祐筆)、母はとみ。祖父は弁治。

一八四七年(弘化四)
弟双六生まれる。

一八四八年(弘化五)
父から習字のけいこを受け始める。

一八五一年(嘉永四)
絵、礼儀作法を習う。

一八五三年(嘉永六)
安中藩の学問所で、漢学・剣術・馬術のけいこを始める。

一八五六年(安政三)
藩主板倉勝明に抜擢され、田島順輔に蘭学を習う。

一八五七年(安政四)
元服して諱を敬幹とする。
一八六〇年(万延元)
江戸湾でオランダ軍艦を見て、その威容に驚愕する。
幕府の軍艦教授所(軍艦操練所)で数学・航海術を学ぶ。
一八六一年(文久元)
藩主、板倉勝殷の護衛で初めて安中へ行く。
一八六二年(文久二)
眼病のために軍艦教授所を一時休学、のち退学。
甲賀源吾の塾に入り、兵学・測量・数学などを学ぶ。
翌年にかけて二カ月間、備中松山藩の洋式帆船快風丸で江戸から玉島(現、岡山県倉敷市)まで往復する。
一八六三年(文久三)
英学を始める。『ロビンソン・クルーソー』(日本語訳)や『聯邦志略』、聖書物語などを読んで、アメリカ事情や「天父」を知る。
一八六四年(元治元)
函館の武田塾に入るために、再び快風丸で品川から函館まで航海する。

ニコライ司祭宅に移り住み、「脱国」の機会をうかがう。
アメリカ商船ベルリン号(W・T・セイヴォリー船長)で密出国、上海でアメリカ船ワイルド・ローヴァー号に乗り換える。H・S・テイラー船長から「ジョウ」(Joe)と呼ばれる。
一八六五年(慶応元)
七月二〇日、函館出港(前年七月一八日)後、約一年を経てボストンに入港。
一〇月、ワイルド・ローヴァー号の船主A・ハーディーと夫人の庇護を受けることになる。
一八六六年(慶応二)
一二月三〇日、アンドーヴァー神学校付属教会で洗礼を受ける。
一八六七年(慶応三)
六月、フィリップス・アカデミー修了。
九月、アーモスト大学に入学。
一八七〇年(明治三)
七月一四日、アーモスト大学卒業式で理学士(B. S.)の学位を受ける。
八月一〇日、祖父弁治死去、八四歳。
九月、アンドーヴァー神学校に入学。
一八七一年(明治四)
三月二七日、弟双六死去、二四歳。

八月二二日、森有礼少弁務使(駐米公使)からパスポートと留学免許状が郵送される。

一八七二年(明治五)

三月八日、ワシントンで岩倉使節団の田中不二麿文部理事官と会う。

三月九日、岩倉使節団に三等書記官心得、理事官随行として協力することが決定。

三月二二日、岩倉使節団副使の木戸孝允に初めて会う。

五月一一日、神学校を休学し、ヨーロッパ諸国の教育視察のため田中不二麿とともにニューヨークを出港。

一二月二六日、田中(翌年一月三日にベルリンから帰国)に出す報告書(のちに文部省から刊行された『理事功程』の草稿の一部)を脱稿。

一八七三年(明治六)

九月一四日、アンドーヴァー神学校復学のためにイギリス経由でニューヨークに戻る。

一八七四年(明治七)

四月一四日、アメリカン・ボード日本ミッションの準宣教師に任命される。

七月二日、アンドーヴァー神学校卒業。

九月二四日、ボストンのマウント・ヴァノン教会で按手礼を受け、正規の牧師資格を得る。

一〇月九日、ラットランドで開催されたアメリカン・ボード第六五回年次大会の最終日に登壇して挨拶し、日本にキリスト教主義学校を設立することを訴えて、約五千ドルの献金を得る。

一〇月三一日、サンフランシスコを出港(翌月二六日、横浜入港)。

一一月二九日、安中で家族らに一〇年ぶりに再会する。

一八七五年(明治八)

一月二二日、大阪に赴任、アメリカン・ボード宣教師M・L・ゴードン宅に仮住まいする。

四月、見物で訪れた京都で、槇村正直京都府大参事(後に知事)や山本覚馬京都府顧問らと面談、山本から学校を京都に「誘致」される。

六月七日、アメリカン・ボード宣教師J・D・デイヴィスとともに京都に山本覚馬を訪問。学校敷地として旧薩摩藩邸跡地を山本から譲渡してもらうことが決定。

八月二三日、山本覚馬と連名で「私塾開業願」を京都府に出願、九月四日、認可。

一〇月一五日、山本覚馬の妹八重と婚約する。

一一月二二日、京都府に対して、校内では聖書を教えないことを誓約する。

一一月二九日、デイヴィスならびに山本覚馬らの協力を得て、同志社英学校を京都府寺町通丸太町上ルに開校。生徒八人、教師は新島校長とデイヴィスの二人。

一八七六年(明治九)

一月三日、デイヴィス宅で山本八重と結婚式を挙げる。

八月以降、「熊本バンド」が次々と入学。

九月一八日、英学校を旧薩摩藩邸跡地に移転させる。

一〇月二四日、女性宣教師A・J・スタークウェザーがデイヴィス宅で女子塾(京都ホーム)を開始。

一二月三日、自宅に京都第二公会を設立し、仮牧師となる。

一八七七年(明治一〇)

四月二八日、京都ホームを引き継いで同志社女学校を開校する許可を京都府から得る。

一八七八年(明治一一)

七月四日、同志社女学校を今出川校地に移転させる。

九月七日、自宅(「新島旧邸」として現存)を新築し、引っ越す。

一八七九年(明治一二)

六月一二日、同志社英学校第一回卒業式を第二寮一階で行う。卒業生は「余科」(神学科)の一五名で、全員が熊本バンド。

一八八〇年(明治一三)

四月一三日、いわゆる「自責の杖」事件。

五月、学園紛争で、徳富猪一郎(蘇峰)、河辺鋿太郎ら数名が退学する。

一八八一年(明治一四)

一一月一六日、医学校設立のために岡山に医療宣教師のJ・C・ベリーを訪ねる。

一八八二年(明治一五)

四月一七日、岐阜で遭難した板垣退助を大津に出迎え、見舞う。

六月二九日、同志社女学校第一回卒業式を行う(卒業生は五名)。

一一月七日、同志社英学校を大学に昇格させる運動に着手。

一八八四年(明治一七)

四月六日、保養のために神戸港から欧米旅行(イタリア、スイス、ドイツ、ベルギー、オランダ、イギリスを経てアメリカへ)に出発。

五月、山本覚馬と連名の「明治専門学校設立旨趣」(新島公義が執筆)と「同志社英学校設立始末」とが公刊される。

八月六日、スイスのサン・ゴタール峠を散策中、容体が急変、山頂のホテルで英文の遺言を書くが、その後回復する。

九月三〇日、ボストンに到着し、ハーディー夫妻らと再会する。

一八八五年(明治一八)

一二月一二日、アメリカから帰国し、一八日、同志社創立一〇周年記念会を挙行。

一八八六年(明治一九)

三月、一致教会と組合教会との教会合同運動が始まる。

九月、将来の医学部のために同志社病院ならびに京都看病婦学校を設置。正式開業は翌年一一月。

一〇月一一日、仙台に同志社分校ともいうべき宮城英学校(翌年、東華学校と改称)を開校し、自ら校長に就任。

一八八七年(明治二〇)

一月三〇日、父民治死去、八〇歳。

八月一三日、札幌で静養中、A・ハーディー死去(七二歳)の知らせを受ける。

一八八八年(明治二一)

四月一二日、京都の知恩院に地元の名士数百人を招いて、大学設立募金集会を開く。

四月二二日、井上馨邸で政財界の有力者と大学設立集会を開く。

七月二日、医師から心臓病による突然死の警告を受ける。

七月一九日、大隈重信と井上馨が外相邸に政財界の有力者を集め、大学設立のための集会を開く。席上、三万一〇〇〇円の寄付申し込みを受ける。

一一月一六日、「同志社大学設立の旨意」(徳富蘇峰が執筆)を『国民之友』に発表。引き続き全国の主要な雑誌・新聞にも発表。

一八八九年(明治二二)

五月八日、アメリカのJ・N・ハリスから理化学校設立のための第一回寄付(後日の寄付を合わせて通算一〇万ドル)を受ける。

八月、母校アーモスト大学から名誉学位(LL. D.)を贈られる。

一〇月一二日、病気を押して同志社大学設立募金運動のために関東へ出張。

一一月二八日、群馬県前橋で発病。

一二月二七日、温暖な神奈川県大磯の旅館百足《むかで》屋の離れで転地療養。

一八九〇年(明治二三)

一月二一日から翌日にかけて、死を覚悟し、遺言を徳富蘇峰に口述筆記させる。

一月二三日、午後二時二〇分、急性腹膜炎で死去、四六歳一一カ月。

一月二四日、真夜中近くに遺体が京都の七条駅に到着。約六百人が出迎える。

一月二七日、同志社チャペル前のテントで葬儀。参列者は約四千人。生徒たちが交替で棺を若王子山頂(現、同志社墓地)に運び、土葬する。当初は木柱の墓標であったが、一年後に石碑(墓碑名は勝海舟の筆による)に建て替えられた。

あとがき

本書は、既刊の同志社編『新島襄の手紙』（岩波文庫、二〇〇五年）の続刊である。前作と同様に、その狙いは新島自身の筆致で、自己を語らせようとするところにある。

ただし、収録作品に違いがある。前作は、具体的な経歴や足跡に加えて、種々の人たちとの交遊の消息を明らかにする。それに対して本書は、彼独自の学生観や教育方針、大学観、さらには説教や教会観、文明観といった教育・宗教思想を知るうえで、不可欠の材料を多数、収録した。

新島は生涯を通して、まとまった書物を一冊も著さなかった。それだけに、本書は新島の思想を捉えるうえで、きわめて有効な手がかりを提供するはずである。

今回も、『新島襄の手紙』同様に、新島自筆の草稿、資料（『新島襄全集』）からいくつかを抽出した。原文通りの再現を原則としたが、原文の格調を損なわない範囲で、読みやすさも心がけた。そのために施した種々の配慮と工夫については、巻頭の「凡例」をご覧いただきたい。

本書は小著ではあるが、編集には相当の時間と精力を投じて、完璧を期すべく努めた。編集委員会の開催は、二〇〇七年十二月の初会合以来、二年半以上にわたり、延べ四十数回にのぼった。前作との整合性と連続性を損なわないためにも、委員会の構成は、前回と同一である。メンバーは次の四人である。

委員長　同志社総長・同志社大学名誉教授　大谷《おおや》　實
委　員　同志社大学名誉教授　北垣宗治
同　　　同志社大学法学部教授　伊藤彌彦
同　　　同志社大学神学部教授　本井康博

委員の間では、おおよその分担を決めた。各自が持ち寄った草稿を編集委員会では一点一点つぶさに検討し、合議した上で、最終稿とした。それぞれの章の冒頭に付した「概説」、ならびに各資料に付した「解題」の場合も、同様である。

いずれの場合も文末に、担当した原稿作成者の名前を入れたが、すべての原稿は、委員会でチェックした上で完成稿としたので、最終的な責任は編集委員会が負う。

それ以外の分担では、「まえがき」と「あとがき」を本井が、英文の翻訳と「索引」

は北垣が原稿を準備した。

残念なことに、今回、内容とページの関係で採録できなかったものが、いくつか残った。英文の「私の青春時代」(My younger days)や「密航理由書」(Why I departed from Japan)といった自伝的手記をはじめ、日記、紀行、エッセイ、詩歌、学校記録、遺言、弔辞などである。「積み残し」とでも言うべきこれらも将来、文庫化され、出版の日が迎えられることを切望する。

最後に謝辞である。本書を記念すべき同志社創立百三十五周年にあたる節目の年に刊行することができるのは、奇《く》しきことであり、感謝に堪えない。編集作業を進めるために、事務上の協力をしていただいた同志社社史資料センターのスタッフの方々、同志社創立百三十五周年記念事業実施委員長の植田弘氏、ならびに印刷、校正、出版に際してお世話になった岩波書店の文庫編集部編集長、入谷芳孝氏、および『新島襄全集』からの自由な引用を認めていただいた同朋舎にも厚くお礼を申し上げたい。

二〇一〇年七月十七日

『新島襄　教育宗教論集』編集委員会

仏弟子の告白 —テーラガーター— 中村元訳

尼僧の告白 —テーリーガーター— 中村元訳

ブッダ神々との対話 —サンユッタ・ニカーヤI— 中村元訳

ブッダ悪魔との対話 —サンユッタ・ニカーヤII— 中村元訳

三論玄義 嘉祥大師撰 金倉円照訳註

選択本願念仏集 法然 大橋俊雄校注

法然上人絵伝 全二冊 大橋俊雄校注

高僧伝 全四冊 慧皎 吉川忠夫 船山徹訳

ブッダが説いたこと ワールポラ・ラーフラ 今枝由郎訳

《東洋思想》〔青〕

- 易経 全二冊 — 高田真治・後藤基巳 訳
- 論語 — 金谷治 訳注
- 孟子 全二冊 — 小林勝人 訳注
- 老子 — 蜂屋邦夫 訳注
- 荘子 全四冊 — 金谷治 訳注
- 新訂 孫子 — 金谷治 訳注
- 荀子 全二冊 — 金谷治 訳注
- 列子 全二冊 — 小林勝人 訳注
- 韓非子 全四冊 — 金谷治 訳注
- 伝習録 — 山田準・鈴木直治 訳註
- 史記列伝 全五冊 — 司馬遷／小川環樹・今鷹真・福島吉彦 訳
- 春秋左氏伝 全三冊 — 小倉芳彦 訳
- 陶庵夢憶 — 張岱／松枝茂夫 訳
- 千字文 — 小川環樹・木田章義 注解
- 大学・中庸 — 金谷治 訳注
- 孫文革命文集 — 深町英夫 編訳
- 高僧伝 全四冊 — 吉川忠夫・船山徹 訳
- 実践論・矛盾論 — 毛沢東／松村一人・竹内実 訳
- ガンディー 獄中からの手紙 — 森本達雄 訳
- ウパデーシャ・サーハスリー —真実の自己の探求 — シャンカラ／前田專学 訳
- インド思想史 — J・ゴンダ／鎧淳 訳

《仏教》〔青〕

- ブッダのことば —スッタニパータ — 中村元 訳
- ブッダの真理のことば 感興のことば — 中村元 訳
- 般若心経・金剛般若経 — 中村元・紀野一義 訳註
- 法華経 全三冊 — 坂本幸男・岩本裕 訳注
- 日蓮文集 — 兜木正亨 校注
- 浄土三部経 全二冊 — 中村元・早島鏡正・紀野一義 訳註
- 大乗起信論 — 宇井伯寿・高崎直道 訳注
- 臨済録 — 入矢義高 訳注
- 碧巌録 全三冊 — 入矢義高・溝口雄三・末木文美士・伊藤文生 訳注
- 無門関 — 西村恵信 訳注
- 往生要集 全二冊 — 源信／石田瑞麿 訳注
- 教行信証 — 親鸞／金子大栄 校訂
- 歎異抄 — 金子大栄 校注
- 親鸞和讃集 — 名畑應順 校注
- 正法眼蔵 全四冊 — 道元／水野弥穂子 校注
- 正法眼蔵随聞記 — 懐奘 編／和辻哲郎 校訂
- 道元禅師清規 — 大久保道舟 訳注
- 南無阿弥陀仏 —付 心偈 — 柳宗悦
- 一遍上人語録 —付 播州法語集 — 大橋俊雄 校注
- 一遍聖絵 — 聖戒 編／大橋俊雄 校注
- 蓮如上人御一代聞書 — 稲葉昌丸 校訂
- 日本的霊性 — 鈴木大拙／篠田英雄 校訂
- 新編 東洋的な見方 — 鈴木大拙／上田閑照 編
- 禅堂生活 — 鈴木大拙／横川顕正 訳
- 大乗仏教概論 — 鈴木大拙／佐々木閑 訳
- 浄土系思想論 — 鈴木大拙
- 仏教 全二冊 — ベック／渡辺照宏・渡辺重朗 訳
- ブッダ最後の旅 —大パリニッバーナ経 — 中村元 訳

読書子に寄す

——岩波文庫発刊に際して——

岩波茂雄

真理は万人によって求められることを自ら欲し、芸術は万人によって愛されることを自ら望む。かつては民を愚昧ならしめるために学芸が最も狭き堂宇に閉鎖されたことがあった。今や知識と美とを特権階級の独占より奪い返すことはつねに進取的なる民衆の切実なる要求である。岩波文庫はこの要求に応じそれに励まされて生まれた。それは生命ある不朽の書を少数者の書斎と研究室とより解放して街頭にくまなく立たしめ民衆に伍せしめるであろう。近時大量生産予約出版の流行を見る。その広告宣伝の狂態はしばらくおくも、後代にのこすと誇称する全集がその編集に万全の用意をなしたるか。千古の典籍の翻訳企図に敬虔の態度を欠かざりしか。さらに分売を許さず読者を繋縛して数十冊を強うるがごとき、はたしてその揚言する学芸解放のゆえんなりや。吾人は天下の名士の声に和してこれを推挙するに躊躇するものである。このときにあたって、岩波書店は自己の責務のいよいよ重大なるを思い、従来の方針の徹底を期するため、すでに十数年以前より志して来た計画を慎重審議この際断然実行することにした。吾人は範をかのレクラム文庫にとり、古今東西にわたって文芸・哲学・社会科学・自然科学等種類のいかんを問わず、いやしくも万人の必読すべき真に古典的価値ある書をきわめて簡易なる形式において逐次刊行し、あらゆる人間に須要なる生活向上の資料、生活批判の原理を提供せんと欲する。この文庫は予約出版の方法を排したるがゆえに、読者は自己の欲する時に自己の欲する書物を各個に自由に選択することができる。携帯に便にして価格の低きを最主とするがゆえに、外観を顧みざるも内容に至っては厳選最も力を尽くし、従来の岩波出版物の特色をますます発揮せしめようとする。この計画たるや世間の一時の投機的なるものと異なり、永遠の事業として吾人は微力を傾倒し、あらゆる犠牲を忍んで今後永久に継続発展せしめ、もって文庫の使命を遺憾なく果たさしめることを期する。芸術を愛し知識を求むる士の自ら進んでこの挙に参加し、希望と忠言とを寄せられることは吾人の熱望するところである。その性質上経済的には最も困難多きこの事業にあえて当たらんとする吾人の志を諒として、その達成のため世の読書子とのうるわしき共同を期待する。

昭和二年七月

新島襄《にいじまじょう》 教育宗教論集《きょういくしゅうきょうろんしゅう》

2010年10月15日 第1刷発行
2018年4月26日 第3刷発行

編 者 同《どう》志《し》社《しゃ》

発行者 岡本 厚

発行所 株式会社 岩波書店
〒101-8002 東京都千代田区一ツ橋 2-5-5

案内 03-5210-4000 営業部 03-5210-4111
文庫編集部 03-5210-4051
http://www.iwanami.co.jp/

印刷・理想社 カバー・精興社 製本・松岳社

ISBN 978-4-00-331062-5 Printed in Japan

索　引

あ　行

か　行

さ　行

た 行

な　行

は 行

ま　行

や　行

ら　行

わ 行